책임경영

경영학의 큰 전환

책임경영

경영학의 큰 전환

Responsible Management

The Great Transformation in Business

박용승 지음

율곡출판사

들어가는 글

오늘날의 인류는 역사적인 분기점에 서 있다. 산업혁명 이래 자본주의 체제가 이룩한 물질적 풍요와 함께 우리 인류는 생태계의 지속가능성 위기를 동시에 안고 있는 것이다. 인류 공동체가 인간적인 보람을 지속할 수 있는 새로운 미래를 창조할 것인가 혹은 인간 사회와 지구 생태계가 함께 공멸하는 종말을 맞이할 것인가의 선택은 오롯이 인간의 의식에 달려 있다.

인간 삶의 영역에서 가장 큰 부분을 차지하는 우리의 직장과 일은 우리가 사는 세계를 바라보는 방식에 지대한 영향을 미친다. 산업혁명 이래 기업의 발전은 분명 인류에게 물질적인 풍요와 인간 삶의 안락을 가져다주었다. 하지만 시장의 경쟁과 효율의 메커니즘에 매몰된 이익의 맹목적인 추구는 보다 큰 맥락에서 인간 공동체와 자연 생태계 안에서의 기업의 역할을 망각하게 했다. 일과 조직의 본원적 정체성을 잊게 한 극단적 분업화와 자본 중심의 효율화의 논리는 점점 더 기업과 사회, 환경 그리고 인간 자신과의 단절을 심화시켜 왔고 기업의 발전은 생태계적 지속가능성의 희생을 요구해 왔다. 산업화의 역사는 나와 타인을 구분하는 단절적 세계관을 우리 모두에게 익숙하게 만든 것이다.

오늘날의 기업은 탈산업화 시대의 새로운 환경을 맞이하고 있다. 가상공간과 물리공간이 통합되어 가는 새로운 4차 산업혁명의 기술 발전과 깨어나는 인류의 공동체적 시민의식은 지속가능한 미래를 향한 새로운 방식의 기업경영을 요청한다. 기업의 경영전략은 더 이상 배타적 자기이익의 추구가 아니라 생태계적 선순환 안에서 상생을 추구해야 하는 시대로 접어들게 되었다. 이는 무엇보다도 기업의 지속가능한 성장과 이익을 위해서 필요하다. 새로운 시대의 기업경영은 나와 타인을 서로 연결된 공동체로 인식하는 통합적 세계관을 우리에게 심어줄 것이다.

책임경영은 기업이 공동선의 추구라는 우리 사회에 존재하는 목적에 깨어 있고 기업의 사회적 가치와 경제적 가치를 창의적으로 통합하는 새로운 기업경영의 패러다임이다. 21세기 책임경영의 비전을 통해 상생의 이해관계자 자본주의를 구현할 수 있다. 서로 촘촘히 연결된 지구촌에서 자본과 기술과 조직 시스템을 지닌 글로벌 기업의 힘은 실로 막강하다. 인류가 서 있는 역사적 진보 혹은 공멸의 분기점을 결정짓는 열쇠는 기업이 지니고 있다고 해도 과언이 아니다.

서구사회를 시작으로 19세기 말에서 20세기 초반에 걸쳐 대학에서 가르치는 사회과학의 한 교과체계로 시작된 경영학 교육은 마치 의사나 변호사처럼 한 사회에 큰 영향력을 미치는 전문인력인 경영관리자의 역량과 사회적 책임의식을 양성하기 위한 것이었다. 이후 산업사회의 눈부신 발전과 함께 기업이 인간의 삶에 미치는 영향이 날로 증대하면서 전 세계 대학의 경영대학은 근현대 고등교육의 역사에서 가장 역동적인 성장세를 이루었다.

경영대학은 이제 기업 스스로 자본주의의 본령을 망각하게 한 책임으로부터 자유로울 수 없다. 그동안 경영대학에서 가르쳐 온 제로섬적 경영 전략과 인간을 이기적 대리인으로만 가정하는 거래비용 이론의 논리는 후발 사회과학 학문으로서의 열등감과 겹쳐져 경영학의 교육과 연구를 극단적인 환원주의적 지식으로 파편화시키고 인간과 조직에 대한 소극적 가정에 매몰시켰다.

이 책의 목적은 책임경영의 패러다임에 기반하여 기업 경영학의 원론적 개념을 조명하는 데 있다. 기존의 대부분의 경영학 원론은 주주 중심 자본주의에 근거하고 있지만 책임경영 패러다임 안에서의 경영학 원론은 이해관계자 중심의 자본주의를 바탕으로 한다. 또한 책임경영은 기업의 목적부터 세부 기능부서의 전략에 이르기까지 주주 중심의 기업경영 관리에서 이해관계자 중심의 기업경영으로 전환을 이루어냄을 의미한다. 주주 중심 기업조직 관리에서 주주 가치의 극대화를 위한 조직 활동의 감독과 통제의 개념이 중심을 이루었다면, 이해관계자 중심의 조직 관리에서는 기업 생태계 안의 여러 이해관계자의 다중적 목적과 복리를 균형적으로 다루며, 교섭, 조정, 협력 그리고 상생 등의 개념으로 그 중심이 옮겨진다. 따라서 책임경영은 기업의 본원적 목적에 대한 성찰로부터 전략경영, 조직구조, 리더십, 성과 관리 등 조직 관리 각론의 전반에 걸쳐 새로운 차원의 논의를 요구한다. 이 책은 경영학에 입문하는 학생들로 하여금 책임경영이 등장하게 된 역사적 맥락과 본령을 이해하고 우리 시대의 기업경영이 새로운 책임경영 패러다임으로의 진정성 있는 전환을 이루기 위해 필요한 주요 이론과 개념을 소개한다.

21세기의 우리 인류가 당면한 미증유의 복합적 위기 원인도 그리고 요원해 보이기만 한 해법도 기업경영에 달려 있다는 점에서 오늘날의 경영학 교육과 연구는 큰 도전과 기회에 직면해 있다. 아무도 의도하지 않았지만 지난 세기의 경영학 교육은 사회와 환경에 대한 기업의 책무에 소극적이었고 분과적 효율성 중심의 기술적 교육에만 몰두했다.

자기 중심적인 주주 자본주의에서 생태 중심적인 이해관계자 자본주의로의 전환은 기업 리더의 인식의 전환으로부터 출발한다. 오늘날의 경영대학이 부여받은 책임경영학 교육은 윤리적이고 창의적인 기업가정신을 일깨울 수 있는 존재의 학습을 지향해야 한다. 지난 2012년부터 경영대학의 전공 기초과목을 책임경영학 원론으로 전환한 경희대학교 경영대학은 그동안 UN PRME(책임경영교육 원칙 사무국)의 원년 창립 회원 대학으로서 책임경영교육에 매진해 왔다. 이 책은 매 학기 강의를 맡아 온 필자의 강의록과 우리 사회 미래의 기업 리더들인 경희대학교 경영대학 신입생들과의 토론을 바탕으로 쓰여졌다. 그동안 수업에 참여하면서 기업의 진정한 목적에 대해 진지하게 공부하고 인류 공동체를 희망의 미래로 이끌 수 있는 훌륭한 기업경영에 대해 열정적인 질문을 던지고 창의적인 나름의 해법을 고민했던 학생들에게 감사한다. 이제 강의를 듣고 사회에 진출한 졸업생들이 책임경영을 실천하는 훌륭한 기업 리더로서 그들의 이야기를 들려줄 수 있는 날이 빨리 오기를 고대해 본다.

인류는 세 번째 새 천년기에 접어들면서 전 세계적으로 금융위기, 기후위기 그리고 Covid-19 판데믹의 위기에 이르기까지 비현실적이기조차 한 절망적인 상황에 맞닥뜨리게 되었다. 하지만 인류에게 희망의 빛을 가지게 하는 것은 인류가 스스로 자신의 멸절 가능성을 인식할 수 있는 지구상 최초의 생명 종이고 그동안 인류가 그토록 성공적으로 전 지구 생태계를 파멸의 길로 떨어뜨릴 수 있었듯이 지구 행성의 생명력을 복원할 힘도 있다는 점이다. 이를 위해서는 인류의 의식 전환이 필요하다. 세상을 바꿀 수 있는 인간 의식의 전환과 이를 실천에 옮길 조직과 기술의 힘은 모두 우리 시대 기업의 진정성 있는 책임경영의 실천에 달려 있다.

이 책이 세상의 빛을 보기까지 도움을 주신 모든 분들께 감사드린다. 가르칠 수 있는 용기를 늘 예상치 못한 방법으로 전해주는 학생들과 바쁜 시간에도 기꺼이 우리 학생들에게 특강을 통해 책임경영 사례를 들려주었던 여러 기업 임원들께도 감사드린다. 경희대학교의 설립 목적인 '문화세계의 창조'는 물질적으로 풍요롭고 인간적으로 보람 있는 지구 공동체를 지향하는 책임경영교육 학풍의 모태가 되었다. 책의 편집과정에서 율곡출판사 편집팀은 세심한 지원과 함께 큰 도움을 주었다. 어느덧 대학생이 되어 우리가 사는 세계의 옳은 미래에 대해 함께 토론할 수 있는 상대가 되어준 아들과 미국 유학 이후 귀국하여 대학의 강단에 선 지 벌써 20년이 넘는 세월 동안 늘 한결같이 편을 들어준 아내에게 감사의 말을 전한다. 끝으로 소명이 이끄는 인간의 삶은 기도가 될 수 있음을 일깨워주신 부모님께 이 책을 드린다.

2021년 6월
고황산 연구실에서
淸庵 朴容昇

차 례

기업경영의 존재론적 목적

1장

1. 기업은 왜 존재하는가? / 2. 훌륭한 기업경영을 향한 세 가지 물음
3. 기업조직의 의미 / 4. 그렇다면 경영학이란 무엇인가?
5. 전환의 시대 올바른 경영학 이해의 틀 / 6. 책임경영과 인류의 미래
7. 요약과 성찰과제

경영학은 훌륭한 기업경영에 대해 체계적으로 이해하기 위한 사회과학의 한 영역이다. 여기서 '훌륭하다'라는 우리말의 표현은 기업의 심원한 존재 의미를 되짚게 한다[1]. 이는 기업이 우리 사회의 한 책임 있는 주체로서 생존이 목적이 아닌 존재적 소명이 있음을 내포한다.

기업은 왜 우리 사회 안에 존재하는 것일까? 그리고 '그 스스로 완전하여 모자람이 없다는' 의미의 '훌륭'한 기업경영이란 무엇인가? 경영학의 탐구는 기업의 존재 목적에 대한 물음에서 시작된다. 18세기 서구사회의 산업혁명 시대에 탄생한 경영학은 인류문명의 위기와 기회의 시대인 21세기의 우리에게 기업의 존재 의미를 다시 묻는다. 새로운 경영학의 패러다임은 기업경영의 본령에 대한 근원적인 성찰로부터 비롯한다.

1. 기업은 왜 존재하는가?

경영학을 처음 공부하는 경영대학의 신입생에게 기업이 왜 존재하는가의 질문은 어쩌면 쉬운 질문처럼 들릴지도 모른다. 말할 것도 없이 이익 극대화를 통해 자본의 수익성을 극대화하는 조직이 바로 기업이고 기업의 이러한 활동을 위한 도구적 합리성에 바탕을 둔 여러 방법을 배우는 것이 경영학이라는 답이 흔하게 나올 수 있다. 하지만 근대 산업혁명 시대에 아담 스미스Adam

Smith의 『국부론』(1776)이 출간된 이래 '시장'이라는 보이지 않는 손에 의해 지난 200여 년 동안 인류사회에 지속되어온 자본주의의 여정 안에서 21세기를 맞이한 우리 모두에게 경영학은 기업의 존재 이유에 대해 진지하게 다시 묻는다. 기업은 우리의 사회 안에 왜 존재하는가?

2020년 세계경제포럼에서 채택된 기업의 목적선언서는 4차 산업 시대 기업의 보편적 목적은 기업이 모든 이해관계자로 하여금 지속적인 공유가치 창출에 헌신하도록 이끄는 것임을 천명하고 있다(다보스 선언 2020)[2]. 이는 자본주의 역사에서 주주 자본주의shareholder capitalism와 국가 자본주의state capitalism를 넘어 이해관계자 자본주의stakeholder capitalism의 시대가 도래한 것임을 의미한다.

자본주의의 역사에서 주주 자본주의는 산업혁명의 선발 주자였던 서구 기업에 의해 포용된 개념으로서 기업의 최우선 목표가 바로 이익 극대화에 있다고 보았으며, 자본주의의 보편적인 기준이 되어 왔다. 반면 국가 자본주의는 경제정책의 전반적인 방향을 국가 정부의 결정에 의존하는 모형으로 중국 등 신흥시장 국가에서 주로 채택하는 모형이다. 주주 자본주의와 국가 자본주의보다 한 걸음 더 나아간 이해관계자 자본주의는 기업이 본원적으로 사회로부터 일정한 허가license를 받아 기업생산 활동을 수행하는 신탁 관리자trustee로서의 역할을 갖는다고 본다.

즉, 이해관계자 자본주의의 패러다임은 기업경영의 궁극적 목적이 이해관계자와의 상생을 통해 기업 경제 생태계의 생명력을 보육하는 것이고, 이것이야말로 주주의 건강하고 지속가능한 이익을 담보하는 길임을 제시한다. 이러한 기업과 이해관계자 사이의 공유가치를 창출하기 위해 기업은 주주뿐만 아니라 모든 이해관계자(즉, 종업원, 고객, 협력업체, 지역사회 및 국제사회, 자연환경 등)를 섬기는 것이다.

산업사회에 등장한 기업의 자기 중심적 생산 활동 때문에 오늘날의 인류가 당면한 여러 환경문제, 사회문제 그리고 인간 스스로의 지속가능성 문제가 일어났다. 자본과 기술의 영향력이 커진 기업의 사회적 책임 활동이 인류가 당면한 문제에 가장 확실한 최선의 대응책으로 논의되기 시작한 시점에서, 제3의 자본주의 모형인 이해관계자 자본주의에 대한 시대적 요청이 최근 급격히 부상하고 있다.

산업혁명 이후 자본주의의 발전은 인류에게 큰 발전을 가져다주었다. 무엇보다도 기업의 생산 활동을 통해 인류가 이루어낸 기술적 진보, 물질적 풍요 그리고 세계화 등 역사적 발전은 인간 삶의 조건을 고양시켰고, 빈곤과 질병으로부터 인류를 해방시키는 영웅적인 역할도 수행해왔다. 하지만 다른 한편 산업화와 기술진보는 지구온난화, 물 부족, 생물 다양성의 파괴 등과 같은 환경문제와 빈부격차, 각종 차별, 획일적 세계화에 따른 문화 다양성 파괴와 같은 사회문제 그리고 인간 스스로의 실존적 위기의 문제 등

심각한 부작용도 함께 가져왔다.

국제 컨설팅 기구인 에델만 신뢰도 설문 조사에 의하면 한국을 포함한 대부분의 산업국가에서 국민의 기업에 대한 신뢰도 점수는 NGO, 미디어, 국가정부 등 그 어느 사회조직보다도 낮은 수준으로 나타난다. 이는 기업과 자본주의의 발전의 역사의 명암을 보여주는 단적인 사례라 하겠다([그림 1-1]).[3]

[그림 1-1] 4대 사회기관에 대한 한국 국민의 신뢰도

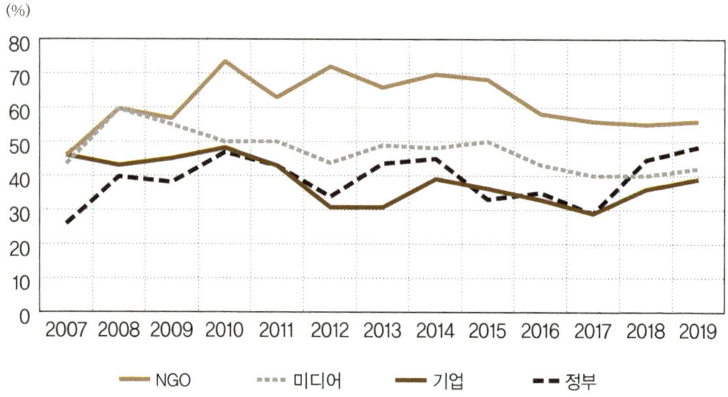

자료 : 에델만 신뢰지수(Edelman Trust Barometer), 한국 국민 설문 결과의 각 년도 자료(https://www.edelman.com/)

인간의 훌륭한 삶이란 하루 하루의 생존을 넘어 삶의 소명이 이끄는 목적이 있는 인생일 것이다. 인간이 충분한 적혈구를 만들지 않으면 살 수 없지만, 인간의 삶의 목적이 적혈구를 만드는 것이 아니듯이 기업이 이익을 창출하지 않으면 생존할 수 없지만 기업의 목적은 이익(만)을 창출하는 것이 아님은 자명하다. 이해관계자 자본주의의 출현은 기업경영의 본령이 기업 경제 생태계가 지속가능한 건강한 생명력을 가질 수 있도록 돌보는 사회적 책임에 있고 이를 통해 지속가능한 이익을 창출할 수 있다는 자본주의의 본원적 목적에 깨어 있는 것, 즉 자본주의의 자아실현을 의미한다.

책임의식 : 깨어 있는 기업가 정신

근대 이후 산업혁명과 함께 탄생한 경영학은 4차 산업혁명을 맞이하고 있는 21세기의 오늘날 새로운 전환을 맞이하고 있다. 이해관계자 자본주의는 바로 경영학의 거대한 전환을 의미하는 것이며, 그 핵심에는 기업경영의 본령인 사회에 대한 책임이 곧 자본의 지속가능한 이익으로 이어지는 것임을 각성하는 깨어 있는 기업가 정신이 있다.

책임responsibility이란 주어진 어떤 상황에서 실존적 인간으로서 가지는 의식 있는(즉, 깨어 있는) 감응感應 our ability to respond을 의미한다. 예를 들어 우리 주변에서 일어나는 어떤 상황에 대해 우리는 어떻게 반응할 수 있는가? 가족의 문제에 대한 우리의 책임 있는 반응은 무엇인가? 연말에 구세군 종소리를 들으며 우리는 어떠한 반응을 보이는가? 사회적 불의를 바라보며 우리는 어떠한 반응을 보일 수 있는가?

우리의 책임 있는 반응의 능력은 온전히 우리의 사명(소명) 의식에 달려 있다. 깨어 있음에 달려 있는 것이다. 깨어 있음(즉, 의식意識, consciousness)에는 두 가지 중요한 인식awareness의 축이 있다.

첫 번째 축은 실존적 삶의 사명mission에 대한 인식이다. 나의 실존적인 삶의 궁극적 목적은 무엇인가? 나는 누구인가? 즉, 자신 안의 존재Self에 대한 성찰과 인식이다.

두 번째 축은 내 행동이 세상에 남기는 발자국(즉, 영향impact)에 대한 인식이다. 나의 실존적인 목적에 비추어 보았을 때 나의 행동이 다른 생명 주체에 미치는 영향은 올바른(즉, 정의로운justice) 것인가? 이는 자신과 사회 환경과의 공존과 평화에 대한 인식을 의미한다.

깨어 있는 자만이 책임 있고 주체로서의 능동적인proactive 감응感應을 할 수 있다. 보다 본원적인 삶의 목적에 대한 성찰과 인식이 선행되어야 책임 있고 능동적인 반응을 할 수 있는 것이다.

책임경영은 깨어 있는 기업의 책임 있는 경영을 의미한다. 이는 곧 기업의 본원적인 사명에 깨어 있고, 기업의 활동이 사회에 미치는 영향에 깨어 있는 기업경영을 의미하는 것이다.

책임경영은 기업이 전일적인(holistic 즉, 하나 되는) 경제 생태계 안에 공존하며, 상생의 가치 안에 전체 기업 경제 생태계의 건강함을 지속적으로 보유해 감으로써 궁극적으로는 기업의 건강함(즉, 이해관계자의 행복과 자본의 이익)도 극대화할 수 있도록 하는 이해관계자 자본주의 관점의 새로운 기업경영 패러다임이다.

깨어 있는 기업경영은 깨어 있는 기업 리더에 의해서만 가능하다. 새로운 전환의 시대를 살고 있는 경영학도로서 경영학 공부를 통해, 우리 시대 기업의 사명은 무엇이고 깨어 있는 기업으로서 책임 있는 경영을 다하기 위해 우리 스스로 갖추어야 할 리더십은 무엇인지 그리고 구체적으로 이해관계자 자본주의와 책임경영의 패러다임 안에서 기업의 전략경영 관리를 어떻게 이해하고 실천해야 하는지에 대해 고민해야 한다.

또한 이해관계자 자본주의와 책임경영 패러다임의 실천을 위한 여러 가지 현실적 도전에 대해서도 치열한 토론과 함께 해법을 찾아나가야 한다. 치열한 글로벌 기업경영의 현장 안에서 이타적인 사회적 책임 활동이 기업의 이익을 담보할 수 있는가? 기업은 과연 사회적 공동선의 가치 추구와 현실적인 자본 이익의 추구를 생산 활동 과정에서 통합할 수 있는가? 미래의 경영학 교육은 어떻게 이루어져야 하는가? 이러한 질문들은 이 책이 독자들과 함께 고민하고 해법을 모색해보고자 하는 핵심적인 주제다. 경영학 원론의 중요한 고전이론을 소개하고 급변하는 21세기 현대 기업경영 환경의 여러 도전들을 함께 검토함으로써 전환의 시대에 훌륭한 기업경영을 향한 희망의 여정을 올바르게 이끌 나침반을 제시

후기 인상파 화가 폴 고갱(1848~1903)의 그림, '우리는 어디에서 왔는가? 우리는 누구인가? 우리는 어디로 가는가?(Where Do We Come From? What Are We? Where are We Going?'). 화가는 20세기의 산업화 사회의 본격적인 출현과 함께 당시 동 시대를 살아가는 근대인들에게 시대정신과 '깨어 있음(consciousness)'의 의미에 관한 중요한 질문을 던지고 있다. 이는 산업화와 함께 본격적으로 탄생한 경영학 역사 가운데 21세기의 새천년을 맞이한 우리에게 경영학의 본령과 미래에 대해 묻는 중요한 질문이기도 하다.

하고자 한다.

우리가 매 순간 책임을 다함은 우리가 생애에 남기는 발자국이다. 물론 어떤 발자국을 남길지의 선택은 오롯이 우리의 몫이다. 깨어 있는 삶과 깨어 있는 기업에 대한 우리의 고민은 존재 스스로 던지는 존재적 질문에서 시작된다. 우리는 누구인가? 나를 바라보는 지혜가 세상을 바꾸는 힘이다.

2. 훌륭한 기업경영을 향한 세 가지 물음

경영을 의미하는 영어 단어인 manage는 라틴어 managgiare에서 유래했다. 이는 인간의 손hand을 뜻하는 manus가 어근語根인 단어로 '말을 훈련시키다'는 의미를 가지고 있다. 잘 훈련된 말은 '목적지'에 '가능한 빨리' 그리고 '마부와의 일체감을 이루어' 도착할 수 있다. 이는 경영의 본원적인 의미를 음미하게 하는 기막힌 은유다.

효과성, 효율성 그리고 형평성

기업경영에서 훈련(즉, 관리)의 대상인 '말'에 해당하는 것은 인간 집단인 조직組織, organization이다. 그리고 '목적지에 제대로 도착할 수 있는 잘 훈련된 말'의 은유로 훌륭한 경영의 첫 번째 의미를 풀어보면, 경영이란 조직이 지향하는 목적을 달성하도록 관리하는 활동이다. 조직이 지향하는 목적이란 궁극적인 조직 사명mission부터 부서와 개인에까지 이르는 마치 피라미드와 같은 목표goal의 체계라고 할 수 있다. 이러한 기업조직의 목표체계와 함께 궁극적으로는 조직의 사명을 달성했는가의 여부를 효과성effectiveness이라고 한다. 효과성이란 바로 조직의 관리 활동, 즉 경영을 통해 옳은 일doing the right thing을 하는가의 문제이다.

'빨리 달리는 말'이 목적지에 도달하기까지의 과정에서 '잘 훈련된 말'을 나타내는 은유이듯, 경영 활동에서도 올바른 과정과 방법에 관련한 두 가지 중요한 개념이 있다. 우선 기업의 생산 활동에 소요되는 자원의 활용에 관한 문제이다. 즉, 기업은 제품과 서비스를 생산해 내는 데 인적자원human resource, 재무자원financial resource, 원자재, 정보자원, 기술technology 등과 같은 자원이 필요한데, 유한한 이들 자원을 기업이 활용하기 위해서는 일정한 자원비용을 지불해야 한다. 따라서 기업은 조직 사명과 목표를 달성하기 위한 생산 활동을 수행하는 과정에서 제한된 예산의 범위 안에서 자원비용을 최소화할 필요가 있으며, 이러한 자원비용의 최소화 정도를 효율성efficiency이라고 한다. 기업이 구조조정을 통해 노동비용을 절감하거나 기술혁신을 통해 생산비용을 절감하는 활동은 기업이 효율성 제고를 위해 하는 노력의 예라고 하겠다. '효과성'이 '올바른 일'을 하는 것인가의 문제라면, '효율성'은 기업의 이익 극대화profit maximization를 위한 '올바른 방법'으로 올바른 일을 하는가에 관한 물음이다.

그런데 책임경영 시대에서 기업 활동의 '올바른 방법'으로 또한 가지 중요한 기준이 있다. 바로 기업 활동을 둘러싼 이해관계자의 인간관계human relationship에 관한 문제이다. 즉, 종업원employee, 소비자customer, 투자자investor, 협력업체partner, 지역과 국제사회society, 자연생태 환경nature 등 이해관계자와 기업이 가지는 관계의 공정함과 정의로움의 정도이다. 다시 말해, 기업의 생산 활동 과정에서 종업원은 보람 있는 일에 헌신하며 자신과 가족의 생계를 유지하기에 충분한 임금을 받는가, 소비자들은 공정한 가격으로 제품과 서비스를 접하는가, 투자자는 적정 수준의 투자수익을 얻는가, 협력업체는 인격적으로 존중되는 상생의 협력관계를 유지할 수 있는가, 지역공동체는 그들의 공공자원이 공동선에 투자되고 증가됨을 아는가 그리고 지속가능한 자연생태 환경을 담보할 수 있는가의 물음이다. 이해관계자stakeholder와의 공정하고 정의로운 관계에 대한 각 이해관계자의 인식perception 정도를 형평성 혹은 공정성equity이라고 한다. 책임경영 시대에 '형평성'은 기업이 사회적 가치social value를 추구하는 것을 의미한다. 형평성은 훌륭한 기업경영을 위한 또 다른 중요한 '올바른 방법'이다.

경제적 가치(효율성)와 사회적 가치(형평성)의 상호 배타성 혹은 상호 보완성

이해관계자 자본주의와 책임경영의 시대에 훌륭한 경영을 위한 이상의 세 가지(즉, 효과성, 효율성, 형평성) 개념과 이들 간의 관계를 올바로 이해하는 것은 매우 중요한 일이다. 특히 기업경영에서 경제적 가치(효율성)의 추구와 사회적 가치(형평성)의 추구가 상호 배타적인 개념인가 혹은 상호 보완적인 관계인가의 문제에 대해 고민해보자.

지금까지 가장 지배적인 자본주의의 모형이었던 주주 자본주의shareholder capitalism는 1970년대 이후 미국을 중심으로 본격적인 기반을 다지게 되었는데, 그 대표적인 학자인 밀튼 프리드만Milton Friedman을 중심으로 한 시카고학파는 기업이 단지 이익 극대화만을 추구하는 기관이지 결코 사회적 책임의 주체는 아님을 주장했다. 극단적으로 기업의 외부효과externality로 간주되는 사회적 비용을 감수하더라도(예를 들어 공해와 산업재해 등) 기업 내부의 자본이익만을 극대화하는 것이 기업 본연의 임무라는 것이다. 기업은 다만 내부 생산비용의 극소화를 통해 기업의 부를 증진하고, 신흥시장을 개척하고, 새로운 일자리를 만들어 나가면 된다는 입장이다. 밀튼 프리드만은 "기업이 가지는 최선의 사회적 책임은 이익을 창출하는 것이다"라는 유명한 말을 남기기도 했다.[4]

그러나 기업경영의 글로벌화가 가속화되고 시장경쟁이 심화됨에 따라 단기 성과 중심의 이익 극대화 추구가 가지는 부작용이 드러나기 시작했다. 특히 금융산업에서 전문경영인에 대한 단기 성과 압력이 심해짐에 따라 예의 사회적 비용을 바탕으로 한 기업의 단기 성과 추구의 관행이 더욱 심화되었고 주주 자본주의는 실물경제the real economy와 점점 유리되기 시작했다. 기업이 점점 더 사회적 문제를 야기시키면서 이익을 극대화하기 시작한 것이다. 이렇듯 기업(나)과 사회(너와 세상)를 구분하는 단절적 세계관divided world view은 지구온난화와 같은 환경 생태계의 지속가능성 문제(나와 환경의 단절), 빈부격차와 같은 사회 생태계의 지속가능성 문제(나와 타자와 사회의 단절) 그리고 자살률 증가 등 인간의 실존적 위기와 같은 인간 생태계의 지속가능성 문제(나와 내 자신과의 단절)를 가져왔다.

주주 자본주의가 가져다준 물질적 풍요라는 나름의 장점에도 불구하고 생태계의 지속가능성 문제라는 엄정한 현실적 위기는 우리에게 자본주의에 대한 본원적인 질문을 던지는 계기를 가져다주었다. 기업의 존재 목적은 무엇인가? 과연 기업은 사회적 문제의 해결에 동참해야 하는가?

경영학의 큰 전환은 바로 주주 자본주의에서 이해관계자 자본주의로의 전환을 의미하며, 그 핵심은 기업이 사회적 문제를 해결하고 사회의 정의와 평화를 증진하는 등의 사회적 가치를 창출하는 활동이 기업의 경제적 가치와(즉, 이익 극대화와) 통합될 수 있다는 관점에 있다. 즉, 단절적 세계관을 극복하고 통합적 세계관integrated world view으로 의식의 각성을 이루는 데 있는 것이다.

4차 산업혁명의 기술과 글로벌 경영 환경 안에서 오늘날의 기업은 점점 더 상호 의존성의 시대로 진입하는 생태계적 환경에 놓여 있다. 기업이라는 존재는 결코 진공상태에 홀로 놓여 있는 것이 아니라 경제 생태계 안의 관계적 존재인 것이다. 기업은 기업을 둘러싼 사회와 자연생태 환경 그리고 지구와 우주의 한 구성 개체로서 기업조직의 내부와 외부의 열려 있는 경계를 통해 부단하게 영향을 주고받는 생태계적 존재이다.

기업 경제 생태계의 건강함은 생태계의 일원인 기업에게도 도움이 된다. 이해관계자 자본주의 안에서 기업의 이익 추구는 이타적인 사회적 책임 활동과 통합되어 있다. 생태계의 건강함은 곧 나의 이익으로 돌아오는 것이므로 이타적인 것이 곧 이기적인 것이 된다. 이해관계자 자본주의는 이러한 생태계적 각성에 기반을 둔 자기이익 추구, 즉 계몽된 자기이익 추구enlightened self-interest의 관점이다.

오늘날의 다국적 기업은 세계화가 진행되면서 나타나는 문제를 해결할 능력을 갖추어야 한다. 때문에 기업은 지구촌에 대해 국가정부를 넘어서는 영향력은 물론 자본과 기술 그리고 조직력의 측면에서 가장 풍부한 역량을 가지고 있는 조직이 되었다. 이처럼 기업은 정부나 비정부 기구Non Governmental Organization ; NGO보다도 강력한 해결능력을 가지고 있으므로 기업의 사회적 책임이 요구되기도 한다. 정부 간 협력기구인 국제연합UN이 2000년에 건립한 유엔 글로벌 콤팩트UN Global Compact ; UNGC는 글로벌 어젠다에 대한 다국적 기업의 참여를 요청하는 상징적 사례라고 할 수 있다. 현재 유엔 글로벌 콤팩트는 170개국 13,000여 기업이 참여하고 있고, 인권, 노동권, 환경, 반부패 등 10개 원칙 아래 국제사회의 2030년 글로벌 어젠다인 지속가능개발목표Sustainable Development Goals ; SDGs 달성을 위해 전 세계 국가정부 및 시민사회와 협력하고 있다.[5]

2020년 세계경제포럼(World Economic Forum)에서는 4차 산업시대 기업의 보편적 목적 선언문(Davos Manifesto 2020 : The Universal Purpose of a Company in the Fourth Industrial Revolution)을 채택했다. 이는 기업의 본질적 사명이 주주뿐만 아니라 모든 이해관계자(즉, 종업원, 고객, 협력업체, 지역사회 및 국제사회, 자연환경)로 하여금 지속적인 공유가치 창출에 헌신하도록 이끄는 것임을 천명한 것이다. 이는 사회적 공동선에 대한 봉사를 통해 지속가능한 부를 창조하는 자본주의의 본령을 찾는 역사적 이정표이다.

출처 : Flickr

이렇듯 주주 자본주의에서 이해관계자 자본주의로의 전환에 대한 논의는 기업계와 학계 그리고 사회의 이해관계자 모두에게 점점 더 많은 관심을 끌고 있다. 21세기의 새로운 경영 환경에서 이해관계자 중심의 기업경영이 새로운 기업경영 패러다임으로 떠오르고 있다.

이해관계자 자본주의 시대의 도래

주주 자본주의를 넘어서 이해관계자 자본주의로의 전환을 이루는 것은 기업경영과 경영학 교육에 있어서 시대적 도전이자 기회이다. 오늘날 지구촌 인류 공동체가 당면하고 있는 절체절명의 지속가능성 위기를 기회로 바꿀 수 있는 희망의 미래는 새로운 패러다임의 자본주의 안에서 책임경영의 기업가 정신에 달려 있다. 또한 이해관계자 자본주의로의 전환은 우리 시대의 복합적 위기를 통해 성찰하게 되는 자본주의의 자아실현이기도 하다.

책임경영의 새로운 기업경영 패러다임을 실천하기 위해서는 기계론적 세계관에 기반을 둔 인식의 틀과 행위의 방식에 결별을 고하고 생태계적 상호 의존성의 새로운 기업경영 관점을 정립하는 것부터 시작해야 한다. 경영학 교육은 학생들로 하여금 기업과 사회의 생태계적 상호 의존성을 일깨우고, 기업 생태계 안에서 이해관계자와의 상생의 가치를 만들어 기업의 지속가능한 성장을 선도하는 윤리적이고 창의적인 리더십을 함양할 수 있도록 해야 한다. 기업경영의 패러다임 전환은 경영대학이 새로운 책임경영 교육 패러다임으로의 전환을 완수함으로써 가능해진다.

3. 기업조직의 의미

훌륭한 기업경영의 뜻을 되새기기 위해 경영 활동의 대상인 기업조직의 의미를 짚어볼 필요가 있다. 그리고 이로써 경영의 정의도 완성될 수 있다.

첫째, 조직은 우선 목표성을 가진다. 즉, 조직은 목표 지향적 개체goal-directed entity이다. 둘 이상의 사람이 모여 조직을 만드는 근원적 목적은 바로 그 조직의 존재 목적 혹은 사명을 달성하기 위해서이다. 조직이 지향하는 목적과 그 안의 목표체계는 조직 활동의 올바른 방향을 제시하고, 궁극적으로 조직 효과성의 기준이 된다.

둘째, 조직은 결국 사람들의 모임이라는 점에서 사회적 개체social entity다. 경영학은 인간의 문제를 대상으로 한다는 점을 상기할 필요가 있다. 사람에게는 기계와는 달리 도구적 합리성을 초월하는 감성적 심지어는 영적 영역이 존재한다는 점을 경영학의 논의에서 간과할 수 없다. 경영학은 과학이기도 하고 예술이기도 한 것이다.

셋째, 조직이라 함은 일정한 경계identifiable boundary를 정의할 수 있어야 한다. 기업조직의 경계는 구성원의 소속이나 생산 활동 범위로 정의할 수 있다. 즉, 경계로 경영 활동의 영역이 결정되며, 이를 통해 우리 조직은 다른 조직과 구분된다. 식별 가능한 조직의 경계 안에서 구성원 사이의 경제적 거래를 연구하는 학문이 경영학이다. 이는 경계 없이 개방된 시장에서의 상거래를 연구하는 경제학과 구분된다.

넷째, 기업조직은 생산 활동 시스템system으로 정의할 수 있다. 시스템이란 일정한 목적을 달성하기 위해 질서를 이루는 요소들의 모임이다. 이때 각 부분 요소는 부분으로서 작동을 하지만 각 부분의 산술적 합을 넘어서는 시스템 전체로서의 성과를 이룬다. [그림 1-2]에 나타난 바와 같이 기업 생산 활동 시스템의 각 부분 요소는 투입, 전환 그리고 산출 등 각 부분 요소로 구분된다.

투입input은 기업의 생산 활동에 필요한 요소를 의미한다. 가장 중요한 투입 요소는 기업의 생산 활동에 임하는 당사자들의 패러다임이다. 이해관계자 자본주의의 패러다임에 따라 기업 리더와 종업원을 포함한 이해관계자들이 가지는 기업경영에 대한 인식과 관점이 변하면 기업의 전략과 생산방식은 주주 중심의 경영 패러다임의 경우와 달라질 것이다. 그리고 투입 요소로서 원자재, 재무자원, 인적자원, 정보자원 등과 같이 가시적이고 물질적인 자원도 중요한 요소이다. 기업은 조직경계 외부에 존재하는 환경으

[그림 1-2] 기업 생산 활동의 시스템적 접근

로부터 필요한 투입자원을 확보한다.

전환transformation process은 기업이 일정한 생산 활동 과정을 거쳐 투입 요소에서 가치를 창출하여 제품과 서비스와 같은 산출로 변환시키는 기업의 생산 활동 과정이다. 생산기술, 설비, 작업조직 설계, 종업원의 지식 등이 복합적으로 영향을 미친다.

산출output은 기업이 전환과정을 거쳐 생산하는 제품과 서비스를 의미한다. 이는 기업경영을 통한 조직 생산 활동의 최종 성취물 그 자체다. 기업의 제품과 서비스는 사업 선택의 과정에서 기업의 조직 사명이 이미 함축된 것이어서, 이를 시장에 방출함으로써 이익을 창출하는 동시에 궁극적으로는 조직 사명을 달성할 수 있다.

기업 시스템의 투입, 전환 그리고 산출 등 생산 활동 과정은 연속성을 가지고 있고 조직 경계 외부 요소인 환경과 영향을 주고받는다. 기업의 환경 요소로는 경제 환경, 정치 환경, 사회문화 환경, 자연생태 환경 등을 들 수 있다. 기업조직 시스템은 생산 활동 과정에서 더 큰 시스템과 상호작용하면서 역사성을 가지고 오늘의 산출이 미래의 투입으로 이어지는 피드백feedback의 연결고리를 가진다. 기업조직의 생산 활동 시스템은 외부 환경에 열려 있는 개방적 시스템open system이고 피드백 작용의 역사성을 가지는 역동적 시스템dynamic system이다.

기업조직은 목적을 가진 '우리'라는 공동체 안에서 사람들의 모임이 시스템적으로 작동하는 사회적 개체이다. 그리고 조직 시스템은 더 큰 사회적 · 환경적 시스템과 영향을 주고받는 기업 경제 생태계economic ecological system를 이룬다. 훌륭한 기업경영을 이해하기 위해서 기업조직의 실존적 목적, 심원한 인간 존재의 가능성, 조직공동체의 의미 그리고 기업 생태계의 의미 등을 되새겨 볼 수 있어야 한다.

4. 그렇다면 경영학이란 무엇인가?

결국 기업경영에서 핵심적인 과제는 인간 행위 관리이다. 즉, 종업원, 고객, 투자자, 협력업체, 지역사회, (의인화한다면) 자연환경 등 인간집단의 행위를 우리 기업에 우호적이고 충성스러운 행동으로 이끌 수 있는 방법을 고민하는 것이 기업경영의 요체인 것이다. 그리고 경영학의 각론은 곧 창의적이고 생산적인 종업원의 행위를 이끌 수 있는 인적자원 관리human resource management, 충성스럽고 의미 있는 소비자의 구매 행위를 이끌 수 있는 마케팅 관리marketing management, 장기적이고 충성스러운 투자 행위와 합리적인 자산 관리를 이끌어내는 재무 관리finance management, 진정성 있는 협력업체의 헌신을 담보할 수 있는 가치사슬을 포괄하는 생산 관리production management, 사회와 환경에 대한 선순환 투자 관리 등 인간행동에 대한 관리가 서로 연결된 여러 영역들이다.

경영학이란 무엇인가의 질문은 인간행동의 관리로 귀결되며, 인간행동의 궁극적 요인은 무엇인가에 관한 질문은 경영학의 가장 핵심적인 질문이 아닐 수 없다. 예컨대 종업원의 행위를 결정하는 가장 중요한 동인은 무엇인가? 금전적 보상 혹은 물질적 욕구를 넘어서는 고차원적인 영역이 종업원의 창의적 행위를 이끌기 위한 동기부여 요인으로서 존재하는 것인가? 마찬가지로 고객의 소비 행위를 결정하는 요인은 단지 제품의 가격과 품질뿐인가? 혹은 고객의 초월적인 존재적 욕구가 작동하는 것인가? 특히 4차 산업혁명의 기술적 진보와 지구촌사회의 초연결성 그리고 Z세대의 의식 변화는[6] 인간 행위의 궁극적 동인을 이해하는 데 어떠한 시사점을 가지는가? 이러한 질문들은 21세기의 경영학이 가지는 가장 핵심적이고 중요한 것들이다.

5. 전환의 시대 올바른 경영학 이해의 틀

오늘날 불확실한 경영 환경 안에서 생태계적 생명력을 바탕으로 창의적이고 지속가능한 기업경영의 사명을 완수하는 것은 우리 시대 기업 리더에게 주어진 도전이자 큰 기회이다. 이제 우리에게는 새로운 세계관, 새로운 자본주의 그리고 새로운 이해관계자 관계의 인식이 요구된다.

이해관계자 자본주의를 향한 새로운 전환의 시대에 필요한 훌륭한 기업경영을 이해하기 위한 이해의 틀은 옳은 관점을 가지게 하는 나침반의 역할을 하게 될 것이다. 경영학 교육은 개별 사례에서 일반화할 수 있는 원리를 도출하고(즉, 귀납화induction), 일반화한 원리인 이론을 가지고 복잡한 현실을 체계적으로 이해하고 옳은 미래로 이끌 수 있도록 하는(즉, 연역화deduction), 이론적 지식과 실천이 통합된 학습이 되어야 한다. 좋은 이론일수록 실제적이어야 하며, 실천이 없는 이론가는 한낱 구경꾼에 지나지 않는다.

조직 관리론의 고전이론 : 앙리 파이욜의 POLC 이론

새로운 이해관계자 경영 패러다임의 올바른 이해를 위해 이 책에서는 우선 앙리 파이욜Henri Fayol이 제시한 조직 관리론의 큰 틀에서 기업조직 관리 전반에 걸친 주제들을 살펴보고자 한다. 그리고 조직 관리과정의 각 주제별로 새로운 경영 환경의 상황 요인들이 어떻게 전통적인 주주 자본주의 관점에서 이해관계자 자본주의 관점으로의 전환을 요구하고 있는지를 설명한다.

앙리 파이욜은 경영학의 대표적 고전이론인 그의 조직 관리 이론을 통해 기업경영에서 네 가지 조직 관리과정을 설명한다.[7] 즉, 기업이 효율성과 형평성의 상보적 관계를 통해 효과성을 극대화하기 위해 관리자는 다음의 네 가지 단계별 관리과정을 순차적으로 완수해 나가면 되는 것이다.

첫째 단계는 계획화planning 관리과정이다. 이는 조직의 사명과 목표를 설정하고 그것을 달성하기 위한 전략을 형성하는 의사결정의 과정을 의미한다. 사람이 모인 사회적 개체를 의미하는 조직은 그 존재적 사명이 있고, 목적이 이끄는 조직의 서사적 여정 안에서 각 부서별 혹은 개인 차원의 목표가 피라미드처럼 질서를 이루어 직조된 목표의 체계가 있다. 그리고 이러한 목표체계를 달성할 수 있는 방법인 전략을 수립하고 이를 진정성authenticity 있게 실천해 나가야 한다.

둘째 조직 관리의 단계는 조직화organizing 관리과정이다. 이는 계획화 과정에서 수립된 조직의 전략체계를 실행에 옮기기 위한 최적의 조직구조(즉, 분업과 조정체계)를 설계하는 관리과정이다. 조직의 활동 방향과 지향점을 계획화 단계에서 수립했다면, 이제 조직은 이를 실행에 옮기기 위해 조직적 인프라를 구축해야 한다. 이를 위해 인적자원, 재무자원, 기술 인프라 자원 등 조직 내부적으로 보유하고 있는 일체의 자원을 적재적소에 투입하고 생산 활동을 위한 분업division of labor과 나누어진 일들이 하나의 유기적 협력체계를 이루어 결국 조직의 목표와 사명을 달성할 수 있도록 조정coordination · 관리할 필요가 있다. 이러한 분업과 조정의 체계를 설계하는 것을 조직화 관리과정이라고 한다.

셋째 단계는 지도화leading 관리과정인데 이는 조직 구성원으로 하여금 개인과 집단의 행동이 조직의 미션과 목표를 달성할 수 있도록 리더십leadership을 발휘하고 동기motive를 부여하는 관리자의 활동을 의미한다. 조직화 관리과정이 거시적 차원에서의 조직 전략 실행 관리과정이었다고 한다면, 지도화 관리과정은 미시적 차원에서의 실행 관리과정이라고 할 수 있다. 기업조직의 경영은 결국 사람의 행위를 이끄는 활동이므로 지도화 관리과정을 통해 구성원의 창의성과 생산성을 이끌어내는 것은 매우 중요한 부분이다.

넷째 단계인 통제화controlling 관리과정은 조직 활동의 표준을 정하고 실제 성과와 비교하여 필요에 따라 이를 올바른 방향으로 바로잡는 경영 활동이다. 조직 성과 관리의 기준은 기업이 생산활동과정에서 효율성과 형평성을 추구하는 올바른 방법을 통해 조직의 효과성과 지속가능성이 극대화했는지의 여부이다.

파이욜의 이 이론은 과정이론the process theory 혹은 각 관리과정의 첫 번째 철자를 인용하여 POLC 이론이라고도 불리운다. 파이욜이 제시한 POLC 이론은 경영자가 네 단계 관리과정에서 가장 합리적인 의사결정을 수행함으로써 효율적이고 공정한 방법을 통해 효과성을 극대화하는 훌륭한 경영을 완수할 수 있는 길을 제시한다.

경영학은 합리적인 의사결정decision-making에 관한 학문이다. 의사결정이란 여러 대안 가운데 하나를 선택하는 과정을 의미하고, 합리성rationality이란 의사결정자(혹은 의사결정에 의해 영향을 주고받는 이해관계자)의 효용가치를 극대화하는 선택을 의미한다. POLC의 각 관리과정에서 가장 합리적인 의사결정을 수행하는 것이 곧 훌륭한 경영의 기본이다. 즉, 가장 합리적인 목표와 전략 관리(계획화), 가장 합리적인 조직구조의 설계(조직화), 가장 합리적인 리더십(지도화) 그리고 가장 합리적인 성과 관리통제화가 훌륭한 경영의 요체인 것이다.

경영자는 이 합리성을 담보하기 위해 각 단계의 관리과정에서 매 순간 거시적 혹은 미시적 수준의 무수한 의사결정에 직면하게 되며 그 의사결정이 올바른 방법(즉, 효율성과 형평성)을 통한 올바른 결정(즉, 효과성)이 되도록 해야 하는 막중한 책임을 가진다. 예를 들어 종업원의 임금 전략에서 개인성과급을 더욱 확대하는 것은 합리적인 의사결정인가? 동남아시아의 원료공급 업체를 한 업체로 일원화하는 것은 합리적인 의사결정인가? 고객에게 제품의 환경적 영향을 솔직하게 알리는 것은 합리적인 의사결정인가? 기업이 사회적 문제 해결에 참여하는 것은 합리적인 의사결정인가? 등과 같은 문제에 책임 있는 경영자는 기업을 둘러싼 상황을 최대한 고려하여 기업조직의 효과성을 극대화할 수 있는 올바른 답을 내놓아야 한다.

전략적 상황적합성 이론

사실 합리적 의사결정의 해법은 늘 한 가지 해로만 존재하는 것은 아니다. 즉, 시대가 변화하고 인간의 의식이 진화하게 되면 올바름의 기준 또한 바뀌는 것이다. 경영학의 역사에서 기업경영 전략을 바라보는 유연한 관점은 1970년대를 거쳐 세계화globalization가 진행되기 시작하는 시점에서 형성되기 시작했다.

가장 상징적인 계기는 1970년대 전 세계적인 오일쇼크 이후 태평양 전쟁의 패전국이었던 일본의 토요타 및 혼다와 같은 자동차 기업들이 미국의 포드와 GM과 같은 세계 굴지의 자동차 기업들과의 경쟁에서 우위를 차지하기 시작했던 사건이다. 기업경영의 최고 해법으로 자부했던 미국의 경영방식이 일본의 경영방식에 밀려 비효율적이라는 자성이 일기 시작했던 것이다. 그리고 이 시기 미국의 많은 경영대학에서 전략경영strategic management을 하나의 전공분과로 활발하게 연구하기 시작한다.[8]

합리적인 의사결정을 통해 최선의 경영 활동을 수행하기 위해 경영자는 기업이 활동하고 있는 상황적 변수contextual variables들을 고려해야 한다. 예를 들어 기업의 시장 환경은 독점적인가 경쟁적인가? 혹은 기업의 시장 환경은 안정적인가 불확실한가? 생산기술의 발전과 진화는 어떠한 방향으로 이루어지는가? 이에 따른 산업구조는 어떻게 재편되는가? 소규모 벤처기업은 대기업 재벌 그룹과 조직운영의 방법에 있어서 어떠한 차별성을 가지는가? 새로운 미래 세대인 Z세대는 종업원, 소비자 그리고 투자자로서 어떠한 가치에 우선순위를 두는가? 기업은 결국 어떠한 궁극적인 목적의식을 가져야 하는가? 이상과 같이 경영 관리자는 기업이 당면한 시장 환경, 기술, 문화, 전략적 기조, 규모 등의 상황변수들을 면밀히 검토하여 이에 가장 알맞게 대응하는 일련의 전략적 의사결정을 수행해야 한다.

결국 합리성이란 하나의 해로서 존재하는 고정된 개념이 아니라 주어진 기업 상황에 가장 부합하는 해법을 찾는 유동적인 개념이다. 전략적 상황 합성이론strategic contingency theory[9]은 바로 이러한 유연한 관점으로 훌륭한 기업경영을 모색할 수 있게 한다. 즉, 가장 합리적인 전략 관리(계획화), 조직구조 설계(조직화), 리더십(지도화), 성과 관리(통제화)의 대안들도 주어진 상황에 따라 그 효용가치가 달리 평가될 수 있고 지혜로운 관리자는 가장 최적의 방법들을 분별해 내야 하는 것이다.

21세기 기업경영의 환경은 세계경제포럼 2020에서 공포한 역사적인 이해관계자 자본주의의 선언만큼이나 엄청난 변화의 물결 안에 놓여 있다. 이제 100여 년 남짓한 경영학의 역사에서 훌륭한 경영은 무엇인가에 대한 고민은 큰 전환점을 맞이하고 있는 것이다. 기업 리더에게는 오늘날의 21세기 기업 환경과 관련한 맥락적 요인들을 옳게 읽어내고 이에 대한 책임 있는 감응 능력이 요청된다. 깨어 있는 기업경영은 훌륭한 기업경영을 향한 의미 있는 진화의 여정을 지속하는 것이다.

6. 책임경영과 인류의 미래

책임경영은 기업이 공동선과 사회적 가치의 창출이라는 기업의 본원적인 미션에 깨어 있고 이를 통해 지속가능한 성장과 건강한 이익을 추구하는 기업경영의 새로운 패러다임을 의미한다. 이는 지속가능성의 전례 없는 위기와 긴급성의 시대를 살고 있는 인류 공동체를 위한 최선의 해법이기도 하고 기업 스스로의 지속가능성과 성장 그리고 궁극적인 진화를 위한 자본주의의 자아실현이기도 하다.

기업은 과연 누구를 위하여 존재하는 것인가? 재무자본적 가치만으로는 더 이상 기업이 추구하는 모든 가치를 대표할 수 없다. 기업은 주주를 위해서 존재하지만 또한 종업원, 소비자 그리고 더 나아가서는 인류사회와 지구를 위해서도 존재한다. 자본 시장은 단기적인 이익 극대화만을 위해 작동할 것이 아니라 기업조직의 장기적인 관점에서의 성장과 진화를 위해 기업 생태계의 돌봄의 역할을 수행해야 한다.

이해관계자 자본주의로의 전환은 하루아침에 이루어질 수 없다. 기업은 스스로 기업 경제 생태계의 선순환을 통해 성장할 수 있음을 성찰하고 이를 실천할 수 있는 창의적인 전략을 개발하여 이를 매일의 현장에서 진정성 있게 실행에 옮겨야 한다. 그리하여 정부와 시민사회 등 기업 외부 이해관계자들의 기업에 대한 인식이 변화하고 기업의 새로운 이해관계자 자본주의 패러다임으로의 전환에 함께 참여하고 협력할 수 있을 것이다. 새로운 시대는 모든 이해관계자가 함께 협력하여 창조해 나가야 한다.

기업경영과 경영학의 새로운 패러다임으로의 전환을 위해 깨어 있는 미래의 기업 리더를 양성하는 경영대학의 역할이 가장 중요하다. 산업혁명의 근대화 과정을 거쳐 태동한 경영학 교육은 이제 인류의 문명사적인 전환의 시대를 맞이하여 새로운 패러다임의 미래를 모색하게 되었다. 이를 위해 경영학 교육의 본원적인 목적을 성찰하고 새로운 시대의 시대적 소명을 되새기는 것은 의미 있는 일이다.

전 세계 경영학 교육에 가장 큰 영향을 미쳐 온 미국 대학의 경우 역사적으로 19세기 말에서 20세기 초반에 걸쳐 경영학 교육이 시작되었다. 경영학 교육은 마치 의사와 변호사의 양성과 같이 그 분야의 전문적 기능성뿐만 아니라 사회적 책임과 공동체의 발전을 지향하는 덕성을 겸비한 책임 있는 전문인력 양성 프로젝트professoinalization project로 시작되었다. 1927년 하버드대학 경영대학 설립에 즈음하여 알프레드 화이트헤드Alfred Whitehead가 당시의 경영대학 설립 미션이 바로 새로운 산업사회의 등장을 맞이한 인류로 하여금 책임 있는 경영자의 양성을 통해 사회의 공동체적 발전을 이끌기 위한 '상상과 지식'의 결합에 있음을 일갈한 것도 이와 맥을 같이하는 것이다.[10]

미국의 하버드대학(Harvard University)에 경영대학이 설립된 것은 1927년이다. 당시 경영학 교육의 사명은 마치 의사나 판사를 교육하는 의학대학 혹은 법학대학 등과 마찬가지로 사회적 책임을 다하는 윤리적인 전문인력으로서의 경영 관리자를 양성하는 특별한 교육과정(professionalization project)을 만드는 것이었다. 당대의 저명한 수학자였던 알프레드 화이트헤드(Alfred Whitehead)는 하버드 경영대학 설립에 즈음하여 열린 미국 경영대학 인증협회(AACSB) 연설에서 "지식 없는 상상은 어리석은 자들의 몫이고, 상상 없는 지식은 현학자들의 몫이다. 대학의 소임은 상상과 지식을 융합하는 것이다"라는 말을 남겼다.

그러나 사회과학의 후발 학문으로 출발한 경영학 연구와 교육은 초기 산업사회의 발전과 양대 세계대전을 거치면서 전일적인 기업경영의 통합적 관점에서 멀어진 분절적인 분석, 인간 의지가 배제된 기계적 최적화 모형 그리고 좁은 범위의 가정과 귀납적 추론이 위주가 된 환원주의적 관점이 지배하게 되었다. 이는 후발 학문으로서의 열등감과 조급함에 인류세적인 성장과 기계적 통제와 효율 추구가 주류를 이루는 산업화 사회의 환경이 더해진 결과

이기도 하다. 책임 있는 전문 경영인 양성 프로젝트라는 초기의 사명은 희석되고 파편화된 소극적 문제 해결negative problem에 경도된 학문적 비관론에 이르게 된 것이다. 특히 한국의 경영학계는 일제 강점기와 군부독재 등 한국 사회의 근대화와 산업화 과정의 특수성 때문에 이러한 학문적 부작용의 축적이 매우 압축적으로 진행되었다.

다른 한편 탈산업화 글로벌 사회의 초연결성 시대에 진입하게 된 인류는 이제 새로운 문명사적 전환의 시대를 맞이하고 있다. 지구적 의식global consciousness의 각성을 바탕으로 자연, 사회 그리고 인간 자신의 생태적 조화를 회복하여 통합 생태계의 지속가능성을 모색하는 참여와 연대의 운동이 시작된 것이다. 이러한 상황에서 기업경영 또한 예외 없이 경제 생태계의 이해관계자와 상생의 조화를 이루어야 한다는 기업경영의 본원적 목적에 대한 성찰 운동이 이루어지게 되었다. 주주 중심의 자본주의에서 이해관계자 중심의 기업경영이라는 새로운 패러다임을 맞이하게 된 것이다.

새로운 경영학 교육은 지식의 학습learning to know을 넘어 지혜를 일깨우는 존재의 학습learning to be이 되어야 한다. 이러한 새로운 패러다임의 교육을 실천하기 위해 오늘날의 경영대학은 패러다임의 전환이라는 매우 어려운 과제를 완성해야 할 숙명에 처하게 되었다. 경영학 교육의 전환 모형transformational model의 실천을 완수하기 위해 ① 교육자(교수) 및 경영학 교육계 이해관계자의 의식 전환people, ② 교육방법론의 전환pedagogy, ③ 경영대학 조직 관리의 전환institution 등 3요소의 일대 전환이 이루어져야 한다[11].

경영학 교육이 새로운 패러다임을 지향해야 함은 경영학 교육의 당초 소명을 완수하는 경영학 교육의 자아실현이기도 하다. 이는 오늘날의 경영학계에게 쉽지 않은 도전이고 막중한 과제가 아닐 수 없다. 이러한 전환을 성공적으로 이루어내기 위해 무엇보다 국제적 연대를 이루고 변화의 시대를 함께 열기 위한 임계질량critical mass을 구축하는 것이 중요하다. 이를 위한 하나의 플랫폼이 될 수 있는 유엔 책임경영교육 사무국UN PRME에 전 세계의 보다 많은 경영대학이 참여함으로써 지속가능한 미래를 위한 경영학 교육을 열어갈 수 있을 것이다(https://www.unprme.org/).

새로운 패러다임의 경영학 교육은 서양에서 시작된 경영과학적인 기술교육과 동양의 우주적인 인문철학이 창조적으로 결합될 때 완성될 수 있다. 이는 특히 그동안 한국의 경영학계가 그토록 줄기차게 모색해 왔던 한국형 경영학K-Business 모형의 기반이 이 지점에서 발견될 수 있음을 의미하기도 한다.

이해관계자 자본주의와 책임경영의 새로운 패러다임은 미래의 기업 리더로 하여금 엄청난 새로운 기회를 마주하게 한다. 구체성을 가지는 진정성 있는 실천으로 법적인 책무를 넘어 사회에 대한 기업경영의 본원적 책임을 완수해야 한다. 이는 곧 자본주의의 자아실현self-actualization of capitalism이기도 하다. 기업의 시대적 소명과 역할을 완수함으로써 인류가 당면한 위기적 상황을 극복할 가장 현명한 대안을 찾을 수 있을 것이다.

7. 요약과 성찰과제

새로운 문명 시대의 책임경영은 기업의 존재 목적이 이익 극대화를 초월하여 사회적 공동선의 창출에 있음을 상기한다. 책임경영은 기업이 공동선과 사회적 가치의 창출이라는 기업의 본원적인 미션에 깨어 있고 이를 통해 지속가능한 성장과 건강한 이익을 추구하는 기업경영의 새로운 패러다임을 의미한다. 책임경영의 진정성 있는 실천은 이해관계자 자본주의 시대에 인류의 위기 상황을 돌파해 내는 최선의 해법이기도 하다. 깨어 있는 기업가 정신은 책임경영의 실천을 위해 필수적인 요소이다.

훌륭한 기업경영을 위해서는 효율성과 형평성이 상호 보완적인 조화를 이루어 효과성을 극대화해야 한다. 이해관계자 자본주의 시대에 기업의 경제적 가치와 사회적 가치는 서로 보완적으로 작용할 수 있고 이를 통해 기업의 지속가능한 성장과 진화를 가져올 수 있음을 깨달아야 한다.

훌륭한 기업경영을 향한 조직 관리과정은 계획화, 조직화, 지도화 그리고 통제화의 순환적인 네 단계의 조직 관리과정으로 나누어 볼 수 있다. 단계별로 가장 합리적인 전략적 의사결정을 통해 21세기의 경영 환경에 부합하는 각 관리과정을 수행하는 것이 훌륭한 경영 활동의 핵심이다. 이를 위해서 기업은 당면한 시장 환경, 생산기술, 전략기조, 문화, 규모 등의 상황변수들을 고려하여 유연하게 최적의 대응방안을 고려해야 한다. 기업조직은 살아 있는 생명 시스템으로서 생멸의 생명주기를 가진다. 그리고 개방적 시스템으로서 외부 시스템과 열려 있는 상호작용 안에서 유연한 적응성을 가지고 진화하지 않을 때 생명력을 잃게 된다.

이해관계자 자본주의와 책임경영의 새로운 패러다임은 기업 경영자가 미래 기업 리더로서 인류가 당면한 위기적 상황을 극복해 내는 시대적 소명을 다할 수 있도록 한다. 또한 책임경영은 자본주의의 본명인 공동체의 선을 극대화하여 인류공영의 번영과 진화를 이루게 하는 자본주의의 자아실현의 길이기도 하다.

'제2장 문명 전환의 시대 경영학의 새로운 패러다임'에서 보다 구체적으로 21세기 기업 환경과 새로운 기업경영 패러다임의 상황 적합성을 설명하고, 이후 각 장을 통해 계획화(제3장 목적이 이끄는 기업경영), 조직화(생명력을 품은 새로운 조직체계), 지도화(제5장 지혜를 일깨우는 리더십), 통제화(제6장 함께하는 목적이 이끄는 여정으로의 초대)의 관점에서 새로운 경영학의 전환적 관점을 제시한다. 그리고 '제7장 기업 리더의 소명'을 통해 이해관계자 자본주의의 새로운 시대를 펼쳐갈 현재와 미래의 기업 리더를 위해 지혜로운 책임경영의 시대정신을 함께 되새기고자 한다.

[성찰과제]

1. 기업의 궁극적인 존재의 목적은 무엇인가? 그 이유는 무엇인가?

2. 기업의 경제적 가치(효율성)와 사회적 가치(형평성)는 상호 배타적인 개념인가 혹은 상호 보완적인 관계인가?

3. 기업경영에서 세 가지 중요한 키워드인 효과성, 효율성, 형평성 가운데 가장 중요한 것은 무엇인가? 그 이유는 무엇인가?

4. 깨어 있는 기업의 의미는 무엇인가? 책임경영이란 무엇인가?

5. 주주 자본주의에서 이해관계자 자본주의로의 전환이 가지는 역사적 의미는 무엇인가? 경영학의 역사적 발전 과정에서 이러한 패러다임의 전환은 왜 이루어지게 되었는가?

6. 기업은 왜 사회적 문제의 해결에 참여해야 하는가? 기업의 사회적 가치 창출은 기업의 경제적 가치 창출과 어떠한 상관 관계를 가지는가?

7. 공유가치 전략(Creating Shared Value ; CSV)의 의미를 설명하고 기업의 사회적 책임(Corporate Social Responsibility ; CSR)과의 차이점을 설명하라.

8. 기업조직은 개방적 및 역동적 생산 활동 시스템이라는 의미를 설명하라. 그리고 개방적 및 역동적 생산 활동 시스템으로서의 기업조직이

21세기의 인류가 당면하고 있는 통합생태계의 지속가능성 위기를 어떻게 초래했는지를 설명하고, 동시에 위기의 해법을 어떻게 제시할 수 있는지를 설명하라.

미주

1. 우리말의 '훌륭'은 한자어의 '둥글 홀'(口 안에 勿)자와 '둥글 륜'(口 안에 侖)자에서 나왔다고 한다. '홀륜(囫圇)'이 언어의 사용과정에서 지금의 훌륭으로 변한 것이다. 우리 옛 선조들은 '둥글어 가는 세상'을 가장 훌륭한 우주적 원리의 경지로 보았다. 가령 신라시대 원효대사의 원융회통(圓融會通) 정신은 '서로 다른 가치의 조화와 균형'을 통한 융합사상을 나타낸다. 훌륭한 기업경영은 기업이 활동하는 사회의 가치와 기업의 경제적 가치가 서로 모순됨이 없이 통합적인 사회로 발전하고 평화와 번영을 이루게 함으로써 기업 스스로도 지속가능한 성장을 이루는 기업경영을 의미하는 것이다. 이는 21세기 지속가능 위기의 시대를 살고 있는 우리 인류에게 새로운 문명 시대를 열어갈 열쇠가 될 수 있다.
2. 다보스 선언 2020, 4차 산업시대 기업의 보편적 목적(Davos Manifesto 2020 : The Universal Purpose of a Company in the Fourth Industrial Revolution), https://www.weforum.org/agenda/2019/12/davos-manifesto-2020-the-universal-purpose-of-a-company-in-the-fourth-industrial-revolution.
3. 에델만 신뢰지수 각 년도(https://www.edelman.com/).
4. Friedman, Milton, *Capitalism and Freedom*, University of Chicago Press, 1962.
5. UNGC, About the UN Global Compact, 2020(https://www.unglobalcompact.org/about).
6. Z세대는 1995년에서 2005년 사이에 태어난 세대를 의미하며, 윤리적 소비, 기후변화 대응 등 공공의 선을 위해 행동하는 의식 특성을 나타낸다. 미국의 기업 CSR 전문 분석기관 콘커뮤니케이션스가 2017년 Z세대 1,000명을 대상으로 진행한 설문 결과 응답자 10명 중 9명이 "환경과 사회문제 해결에 나서는 기업의 제품을 선호한다"라고 답했다(조선일보, "더 나은 미래 Z세대가 세상을 바꾼다", 2019년 3월 27일자).
7. Fayol, Henri(Translated by C. Storrs). *General and Industrial Management*. Sir Isaac Pitman & Sons, London, 1949.

8. 1911년 미국의 프레데릭 테일러(Frederick W. Taylor)가 출간한 『과학적 관리론(*The Principles of Scientific Management*)』은 이 책의 영향으로 1912년 하버드대학에서 '경영 정책론(Business Policy)' 과목이 개설되는 등 현대적 경영 전략 연구과목의 효시가 되었다. 1980년 미국 전략경영학회 저널(*The Strategic Management Journal*)의 창간을 시작으로 경영대학 커리큘럼에서 전략경영에 관한 연구가 활발하게 진행되기 시작되었다. 전략경영 분야는 그러한 면에서 경영학 각론(즉, 인적자원 관리, 재무 관리, 마케팅 관리, 생산 관리 등) 가운데 가장 늦게 출현한 학문분야인 것이다. 이는 또한 경영학이 근대 이후 글로벌화가 본격화되기까지 기계론적 합리성에만 매몰되어 있었음을 상징하기도 한다.

9. 상황적합성이론은 1950년대 오하이오주립대학의 리더십 연구와 미시간대학의 종업원 생산성 연구 등에 영향을 받아 프레데릭 테일러와 막스 베버 등이 초기 경영학에서 제시한 리더십과 조직 관리의 '한 가지 최선의 해법(one best way)'을 지양하고 상황적 맥락에 맞는 유연한 해법을 제시하기 시작한 전략경영학의 연구분야이다. 1970년대를 거쳐 기업조직 관리의 개방적 시스템 관점에 따라 외부 환경 요인과의 상호작용과 적응의 관점에서 최적의 기업경영 전략연구로 진화했다(Mintzberg, Henry. *The Structuring of Organizations*. Englewood Cliffs, New Jersey, USA : Prentice-Hall, 1979).

10. Whitehead, Alfred North. *Universities and Their Function*. Address to the American Association of the Collegiate Schools of Business, 1927.

11. Park, Y. "Towards Responsible Management Education : A Transformational Model". *Business Communication Research and Practice*, 2018, Vol. 1, No. 2, pp. 54~60.

2장

문명 전환의 시대, 경영학의 새로운 패러다임

1. 경영학의 서사적 이야기 / 2. 새로운 기업경영의 역사적 전환점

3. 기업 경제 생태계와 이해관계자 경영

4. 문명 전환의 시대, 경영학의 본령을 찾아서 / 5. 요약과 성찰과제

인류는 어느덧 서기력 이후 세 번째로 새로운 천년을 맞이하게 되었다. 중세 이후 서구에서 탄생한 인류사의 르네상스와 함께 18~19세기의 과학혁명과 산업혁명이 이루어낸 근대사회는 경영학이 탄생하게 된 역사적 토대이다. 신적 억압으로부터 해방된 인간의 자유와 물질적 풍요는 근대 산업화 시대의 약속이었고 경영학은 이를 학술적으로 뒷받침하고자 하는 시대적 요청이었다. 하지만 인류는 기술과학적 진보가 반드시 인류의 행복과 연결될 수 없음을 19세기의 서구 제국주의 시대와 20세기의 양대 세계대전 그리고 21세기의 인류가 겪고 있는 미증유의 복합적 생태위기를 목격하며 깨닫게 되었다. 급기야 Covid-19 팬데믹은 인류로 하여금 삶을 잠시 멈추고 우리 모두에게 역사적 진보의 진정한 의미에 관한 깊은 성찰을 요구하게 된 것이다.

지난 수세기에 걸친 근대 이후 인류 역사의 발전과 부작용 모두에 긴밀한 영향을 미친 기업경영은 이제 기원후 3천년기에 진입하게 된 인류에게 지속가능한 미래를 약속할 수 있을 것인가에 응답할 책임이 있다. 새로운 인류의 문명을 이끌어갈 새로운 기업경영의 패러다임을 경영학의 역사와 함께 21세기 기업이 안고 있는 현주소를 살펴보고 희망의 미래를 조망해 본다.

1. 경영학의 서사적 이야기

경영학의 아버지로 불리는 미국의 산업공학자 프레데릭 테일러Frederick Wilson Taylor가 그의 역사적인 저서인 『과학적 경영 관리의 원칙*The Principles of Scientific Management*』을 발간한 것은 1911년의 일이었다.[1] 이는 인류사회에 18세기 계몽주의 시대를 거쳐 19세기 근대 과학혁명의 시대에 발생한 산업혁명industrial revolution과 함께 등장한 산업화 사회industrial society의 새로운 기업조직과 그 안의 고용관계에 대한 최초의 과학적인 접근인 고전적 경영학 연구의 시작이었다.

테일러의 '과학적 관리론Scientific Management'은 그 명칭이 나타내듯이 당시 근대사회의 과학적 믿음이었던 뉴턴의 고전물리과학의 기계론적 관점이 기반이 되는 경영학이었다. 즉, 기업조직은 기계적으로 감독하고 통제할 수 있고, 조직의 각 부분을 분석하여 효율성을 제고하면 전체의 조직 관리도 합리적으로 이루어질 수 있다는 분과적 환원주의의 관점을 지니고 있었다. 테일러는 '시간과 동작의 연구time and motion study'라는 분석에 기반을 두어 직무의 표준 작업방식과 성과기준을 설정했다. 이를 기반으로 경영자가 '감독과 통제monitoring and control'의 메커니즘을 구축하고 이를 통해 작업장을 합리적으로 관리할 수 있다고 믿었던 것이다.

산업혁명이 숨 가쁘게 진행됨에 따라 전에 없이 큰 규모의 공장을 짓게 되고 빠른 시장 성장세에 맞추어가며 높은 생산 효율성을 감당해야 할 시기에 과학적 관리론은 당시의 경영자 모두에게 그 아무도 거역할 수 없는 경영학의 고전적 복음이었을 것이다. 그리고 탈산업화 시대를 살고 있는 오늘날의 현대 경영학에 이르기까지 테일러의 경영학테일러리즘, Taylorism은 전반적으로 뿌리 깊게 남아 있다[2].

하지만 경영학 역사의 초기 학자들 가운데에서도 기업경영의 도구적 합리성만을 강조하는 기계론적 관점을 경계하는 목소리가 있었다. 18세기 스코틀랜드의 계몽주의자였던 아담 스미스는 그의 저서 『국부론*The Wealth of Nations*』(1776)을 통해 조직 관리의 기본 개념으로 '분업division of labor'을 소개했다. 그는 조직 생산성을 증가시키기 위해 일의 전문성 증진이 필요하고 이를 위해 직무의 분업이 불가피함을 설명했다. 하지만 동시에 인간의 가치와 직무의 의미성이 단절된 분업만을 증가시키면 인간이 생산현장에서 소외되어 결국 인간적 의미를 잃게 될 수도 있음을 경고했다[3].

도구적 합리성만을 강조하는 경영학의 흐름을 경계하는 비슷한 사례로 막스 베버Max Weber를 들 수 있다. 독일의 사회학자 막스 베버는 19세기 말에서 20세기 초반에 걸쳐 산업사회에서 기업조직의 성과를 제고하기 위한 합리적 모형으로 관료적 조직구조bureaucratic organization를 제시했다. 베버는 이윤추구(목적 합리적 행위)를 하는 목적은 신의 구원(가치 합리적 행위)을 확인하고자 했던 것인데, 정작 현대 사회에서는 이윤추구만 내세울 뿐 인간이 어떻게 살아가야 하는지, 무엇을 위해 살아가야 하는지 등의 질문들이 파괴된다고 일갈했다[4].

20세기 중반으로 접어들면서 경영학 연구의 역사에 인간관계운동human relations movement의 관점이 등장하게 된 것은 초기 경영학에서 논의되었던 기계론적 경영학에 대한 본격적인 대안적 접근의 필요성 때문이었다. 인간관계운동은 1924년부터 1932년까지 미국 웨스턴 전기회사의 호손hawthorne 공장에서 실시된 호손 실험에서 비롯되었다. 실험의 원래 목적은 작업시간, 조명, 임금 등과 같은 기계적 관점의 과학적 관리론이 중요시한 물리적 작업 환경의 조건들이 작업 생산성에 미치는 영향을 분석하기 위한 것이었다. 그런데 실험 참가자인 근로자가 실험 내용의 의도를 알고 무의식중에 실제와 다르게 행동함(호손효과hawthorne effect)으로써 인간의 작업 생산성에 기계공학적 조건 이외에 인간 심리적인 변수가 있음을 역설적으로 간파하게 된다. 실험의 중간 단계부터 참가한 하버드대학 심리학 교수인 엘톤 메이요Elton Mayo는 근로자가 자신이 속하는 집단에 대해 가지는 감정, 태도 등의 심리조건과 작업장의 비공식 사회적 관계 등이 노동 생산성에 중요한 역할을 하고 있음을 밝혔다[5].

경영학은 인간 공동체인 기업조직을 연구하는 학문이다. 조직의 궁극적인 효과성을 위해 기계적 효율성 관점과 인간적 형평성 관점을 조화롭게 연구해야 한다. 경영학의 역사를 보면 고전경영학의 뿌리가 근대의 기계적 세계관과 도구적 합리성에 기반하고 있음이 나타난다. 하지만 기계론적인 세계관에 입각한 과학적 관리론은 과연 21세기 탈산업화 시대의 현대 기업경영 환경 안에서도 여전히 유효한 것일까?

찰리 채플린 주연의 흑백영화 "모던 타임스"의 한 장면. 산업혁명과 함께 탄생한 초기의 경영학에서는 기업경영이란 기계적 개체를 관리하는 것이고 그 안의 인간의 노동은 효율적으로 감독하고 통제해야 할 대상에 지나지 않았다. 경영학의 아버지라 불리우는 프레데릭 테일러(Frederick Talyor)의 과학적 관리론(Scientific Management)은 이러한 배경에서 탄생했다.

탈산업화 사회와 과학적 관리론의 한계

근대적 기계론 관점으로 출발한 과학적 관리론은 초연결성과 공감의 시대 내의 현대 기업경영의 환경 안에서 한계를 드러낸다.

과학적 관리론의 핵심 개념인 감독과 통제는 기본적으로 산업화 초기와 성숙기의 기계적 관점의 기업조직 관리에 적용할 수 있는 개념이지만, 현대의 탈산업화 시대에 살아 있는 생명 시스템으로서의 오늘날의 기업에는 적용하기에 어려움이 많다.

불확실성이 극대화하고 있는 글로벌 시장과 4차 산업혁명 기술의 혁신 때문에 조직 구성원의 직무 내용을 획일적으로 정의하고 통제하는 것이 어려울 뿐 아니라, 현대 기업의 경영 환경 안에서는 '호손효과'처럼 기본적으로 관리자의 종업원 업무 수행 과정과 결과에 대한 관찰과 측정의 한계가 더욱 드러나게 되는 것이다. 이와 같이 관리감독자와 업무를 수행하는 종업원 사이에 발생하는 정보의 비대칭성information asymmetry은 오늘날의 기업처럼 시장의 불확실성과 업무기술의 상호 의존성이 증가할수록 더욱 증가한다.

또한 기업조직을 개방된 역동적 시스템으로서 기업 경제 생태계 안에서의 상호 의존성을 가진 관계적 존재로 이해할 때 일체의 관계성을 무시한 멸균된 상황을 가정한 채 작업 표준을 정하고 이를 감독하고 통제한다는 발상은 이미 그 효력을 잃게 된다. 기업조직의 생태적 존재론의 관점은 이해관계자 자본주의의 가장 핵심적인 기본 가정이다. 이해관계자 자본주의 시대의 기업은 감독과 통제의 대상이기보다는 기업 경제 생태계 안에서의 상호 관계성의 건강함을 보육해야 할 대상인 것이다.

아담 스미스가 경고했듯이 의도하지는 않았다 하더라도 기업경영의 가장 고전적인 기본 개념인 분업화의 논리는 산업사회의 등장과 함께 인간이 단절적 세계관divided world view에 경도되게 하는 부작용을 낳고 말았다. 나와 자연 생태계와의 단절, 나와 타자와의 단절, 심지어는 나와 내 자신의 의미와 가치와의 단절까지 낳게 되었고 이는 오늘날의 인류가 심각하게 당면하게 된 자연 생태계, 사회 생태계 그리고 인간 생태계의 지속가능성 문제로 이어지게 된 것이다.

산업사회가 낳은 단절적 세계관은 경영학 연구의 경우 분과적 학문체계의 환원주의적 한계를 낳기도 했다. 인적자원 관리, 마케팅 관리, 재무 관리, 생산 관리 등 각 분과적 이해가 기업경영의 통합적 이해를 완성할 수 없다. 기업경영의 통합적 이해를 위해서는 기업을 기업 생태계 안에서 조화를 이루며 기업 내부의 각 기능이 전일적 시스템으로서 상호 의존성을 가지는 역동적 체계로 파악해야 한다.

통합적 세계관integrated world view의 회복은 기업경영과 경영학의 기계론적 관점을 극복하고 이해관계자 자본주의 시대에 살아있는 생명 시스템으로 발전하고 진화할 수 있는 단초를 제공한다. 전일적 생명 시스템으로서 기업경영을 실천할 수 있는 원리를 과정이론에 따라 다음 장부터 계획화(제3장 목적이 이끄는 기업경영), 조직화(제4장 생명을 품은 새로운 조직 시스템), 지도화(제5장 지혜를 일깨우는 리더십), 통제화(제6장 함께하는 여정으로의 초대)의 관점에서 함께 고민해보고자 한다.

다음 절에서는 우선 우리가 살고 있는 문명 전환의 시대에 새로운 관점의 책임경영학이 등장하게 된 역사적 맥락을 좀 더 자세히 짚어본다.

2. 새로운 기업경영의 역사적 전환점

열려 있는 경계 안에서 살아 있는 생명조직인 기업은 새로운 인류의 문명 그리고 새로운 경영 환경의 변화 안에서 역동적으로 성장하고 진화한다. 경영학의 서사적 여정 안에서 우리는 누구이고 어디로 가고 있는가에 대한 시대적 좌표를 인식함은 경영학의 자아실현을 위한 길이다.

우리가 살고 있는 문명 전환의 시대에 맞춰 새롭게 나타난 경영학의 핵심은 기계적 통제를 넘어서는 인간적 공감과 생태계적 관계성에 있다. 기업 경제 생태계 안의 모든 이해관계자와의 상호의존성 안에서 생태계의 생명력을 보육하는 것이 기업의 지속가능한 경영 전략이 되는 시대가 되었다. 분절적 세계관을 넘어 통합적 세계관을 회복하는 새로운 경영학을 지향해야 한다. 우리가 살고 있는 21세기에서 새로운 경영학으로의 전환점을 만드는 다음의 다섯 가지 역사적 맥락을 살펴보자.

세계화 : 불확실성과 상호 의존성

1980년대에 현대 기업경영에 본격적으로 등장하여 핵심 용어가 된 세계화globalization[6]는 기업경영이 국경을 넘는 무한경쟁 시대로 진입하게 됨을 의미한다. 즉, 기업이 생산 활동을 수행하는데 중요한 세 가지 요소인 자본, 노동, 시장 등이 국경을 넘어 자유롭게 이동할 수 있게 됨을 의미하는 것이고, 이는 이들 요소에 대한 불확실성이 높아짐을 의미한다. 즉, 자본시장, 노동시장 그리고 제품시장의 환경이 기업에게 더 이상 독점적이고 안정적인 생산자 중심의 시장seller's market이 아닌 불확실성이 증가하는 소비자 중심의 시장customer's market으로 전환됨을 의미한다.

소비자 중심의 시장에서 교섭력은 생산자 중심의 시장의 경우와 달리 소비자에게 그 비중이 옮겨간다. 더 이상 기업에게 옳은 것이 소비자에게 옳은 것이라고 고집할 수 없는 시대로 진입하게 되는 것이다. 글로벌 시대의 기업은 소비자를 통제하는 것이 아니라 기업의 가치에 공감하고 자발적인 헌신을 이끌 수 있도록 초대해야 한다.

세계화는 상호 의존성의 시대로의 진입을 상징하기도 한다. 기업을 환경과 유리된 배타적 이익추구 집단이 아니라 기업 경제 생태계 안에서 모든 이해관계자들이 더욱 긴밀하게 서로 영향을 주고받는 전일적 시스템holistic system으로 파악해야 하는 것이다.

생태론적 존재론은 이해관계자 네트워크의 건강함을 통해 기업도 성장할 수 있는 상생의 관점으로 기업경영을 바라본다.

탈산업화 사회 : 관계적 공감의 시대

산업화 초기와 성숙기에 산업구조는 제조업 중심이었다. 그러나 글로벌화가 진행되고 정보통신 발달과 첨단 기술 산업의 확산이 이루어지면서 점차 산업구조의 중심은 서비스업과 지식 기반 산업으로 옮겨지게 된다. 2차 산업 비중이 감소하고 3차 산업 비중이 증가하는 탈공업화 현상이 나타난 사회를 탈산업화 사회post-industrial society라고 한다. 글로벌화와 함께 탈산업화는 기업 경영의 패러다임을 기계적 감독과 통제의 관점에서 공감과 신뢰의 관점으로 전환하도록 요구한다.

탈산업화 사회에서 기업의 산출물과 그 생산과정은 제조업 시대의 경우와 달리 가시적이지 않으므로 쉽게 측정할 수 없다. 프레데릭 테일러의 과학적 관리론 시대와 비교할 때, 탈산업화 시대의 작업장에서 근로자의 업무수행의 과정과 성과를 감독하고 통제하기란(즉, 시간과 동작의 연구를 타당하게 수행하기란) 쉽지 않은 것이다. 탈산업화 시대에서 근로자와 감독자 사이에 더욱 심화된 정보의 비대칭성information asymmetry 문제는 종업원이 자신의 일과 회사에 불만족할 경우 근로자의 도덕적 해이moral hazard로 이어진다. 쉽게 감독하고 통제할 수 없는 작업장에서 종업원의 불성실한 작업 태도와 행위는 기업에게 큰 부담이 아닐 수 없다. 탈산업화 시대의 조직 관리에서는 감독과 통제의 기제를 넘어서 종업원에게 주인의식을 불어넣을 수 있는 공감의 경영방식이 요구되는 것이다.

또한 탈산업화 사회에서는 근로자와 소비자와 협력업체 등 이해관계자와의 거래에서 직접적이고 대면적인 접촉이 더욱 증가하게 된다. 즉, 기업과 이해관계자의 거래계약관계는 등가교환의 공학적 거래를 넘어서는 인간적인 친밀성을 띤다. 탈산업사회에서의 기업경영은 기계적 통제의 관점을 넘어 관계적 공감과 신뢰가 더욱 중요한 시대로 변화하게 된다.

정보통신 기술혁명 : 4차 산업혁명 기술의 시대

경영학 발전의 역사는 그 시대의 기술혁명에 합리적으로 부응하는 조직 관리 연구의 역사였다. 18세기 경영학의 탄생을 잉태했던 증기기관의 발명은 21세기 이른바 4차 산업혁명 기술의 혁신적 진화로 이어졌고 이는 새로운 경영학을 향한 매우 중요한 모태의 역할을 할 것으로 보인다. 4차 산업혁명이란 다보스 세계경제포럼의 창시자인 클라우스 슈바프Klaus Schwab가 2016년 포럼에서 공식화한 용어로 인류의 현재 진행 중인 미래 기술 혁명을 일킨는다.[7] 앞에서 언급한 탈산업화 시대는 대체로 3차와 4차 산업혁명 시대 이후를 의미한다.

계몽시대 이후 근대화 시대로 접어드는 18세기와 19세기에 걸쳐 일어난 1차 산업혁명의 핵심 동력이 되었던 기술혁명은 증기기관의 발명을 통한 생산방식의 기계화였다. 이후 19세기~20세기 초반에 걸쳐 발생한 2차 산업혁명에서는 전기의 발명을 바탕으로 한 작업조립 어셈블리 라인과 대량생산 방식mass production의 출현이 기술적 진보의 핵심이었다. 1차와 2차 산업혁명 모두 분업화, 관료제적 조직, 기계적 감독과 통제의 관리방식 등 과학적 관리론의 관점을 정립해 나가는 기술적 맥락으로 작용했다.

20세기 중반 이후 컴퓨터와 인터넷 등 디지털 정보통신 기술의 혁명과 함께 3차 산업혁명 시대가 도래했다. 같은 시기의 세계화의 물결과 함께 3차 산업혁명의 기술혁명은 인류사회의 초연결성과 생태계적 존재론과 인식론의 확산을 가져오는 계기가 되었다. 이는 사회(즉, 기업 경제 생태계) 안의 존재이기도 한 기업 스스로 자신의 생존과 진화의 방식이 더 이상 배타적인 이익 추구에 머무르지 않고 이를 넘어서는 사회적 상생의 관계에 있음을 자각하게 되는 단초를 제공했다.

21세기에 접어들면서 도래한 이른바 4차 산업혁명은 아직 현재 진행 중이다. 슈바프는 4차 산업혁명 기술을 가상물리체계Cyber Physical System ; CPS라고 통칭했는데, 이는 가상 환경과 실제 물리적 환경을 연결하는 융합적 기술을 통칭한다. 인공지능artificial intelligence ; AI, 사물인터넷internet of things ; IoT, 블록체인block chain, 3D 프린터, 빅데이터 등의 기술이 이에 해당된다. 이러한 혁신적인 기술을 통해 인간의 삶 안에 이전에는 상상할 수 없는 일들을 실재하는 물리적 환경 안에 구현할 수 있게 된 것이다.

그렇다면 4차 산업혁명은 기업경영과 인간 존재로서의 노동에 어떠한 의미를 미치게 될까? 4차 산업혁명에 대한 논의에서 인공지능의 인간 직업 대체나 디지털 디바이드와 같은 새로운 사회

4차 산업혁명 기술은 가상과 현실을 통합하는 CPS 기술혁명이다. AI, 사물인터넷, 3D 프린터, 빅데이터, 블록체인 등의 기술을 통해 인류는 점점 더 모든 것을 할 수 있고(omni-potent), 모든 것을 알 수 있으며(omni-science), 모든 곳에 존재할 수 있는(omni-presence) 신의 영역에 다가가고 있다. 기술의 진보가 인간을 기계의 노예로 만들 것인가 혹은 인간의 진화를 이끌 것인가는 결국 기계에 지혜를 줄 수 있는 인간의 의식에 달려 있다.

계층 분화 등 비관론적인 일부 견해도 있지만, 4차 산업혁명이 노동의 의미에 가지는 함의는 기업 생산방식을 포함한 인류의 기술 진보 역사의 서사적 맥락에서 보다 본원적이고 규범적으로 살펴보아야 한다.

4차 산업혁명 기술을 통해 인간은 모든 것을 알 수 있고omni-science, 모든 것을 해낼 수 있고omni-potent 모든 곳에 존재할 수 있는omni-presence 존재로 진화할 수 있다. 그리고 이러한 경지는 인간을 신적 영역에 닿게 하여 미래의 세계를 함께 창조해 나가는co-creation 존재로 만들 수도 있다. 이러한 인간 존재의 진화는 인간으로 하여금 보다 높은 차원의 가치와 의미성을 추구하게 만들 것이다.

4차 산업혁명 시대의 시장에서는 인류의 의미성 추구를 향한 문명진화와 함께 소비자의 자기표현과 자아실현의 욕구가 더욱 중요해진다. 또한 기업은 자기 중심적인 사고에서 벗어나 사회와 소통하고 공감을 이루는 노력이 더욱 절실해질 것이다. 이에 따라 기업의 생산방식은 대량생산 체제와 같은 생산자 중심의 생산방식에서 벗어나 종업원, 소비자, 협력업체, 지역사회 등이 함께 참여하는 이른바 이해관계자 경영이 더욱 지배적이 된다.

깨어 있는 공동체 안에서 살아 있는 존재로서의 의미는 결국 종업원의 자아실현을 통해 이루어진다. 흥미로운 것은 4차 산업혁명의 기술적 진화가 결국 기업 생태계의 상호연결망을 더욱 촘

촘하게 만들어주고 그 안에서의 인간 존재는 자신의 일에 대한 정체성을 더욱 뚜렷이 인식하게 할 수 있다는 점이다. 이는 산업화 초기로부터 우리 인류가 고통스럽게 경험해 왔던 일상에서의 일과 궁극적 삶의 의미 사이의 분열을 극복하고 '통합된 삶'으로 이끄는 전환적 계기가 될 수 있다.

기술의 진보를 통해 조직 경영의 발전을 이루고 궁극적으로 인간의 삶의 진화를 이끌 수 있는 것은 인간의 깨어 있는 의식에 달려 있다. 결국 기계에 지혜를 주는 것은 우리 자신, 인간이다. '윤리를 배제한 기술은 자기 힘을 스스로 통제하기가 무척 어려울 것이다'[8].

경영학은 기업조직과 그 안에서의 인간(이해관계자)의 행위를 올바른 방법으로 올바르게 이끄는 학문이다. 그리고 궁극적으로는 인간은 과연 무엇을 통해 자신의 자아Self를 성찰하고 이를 발현할 수 있는가의 질문에 닿아 있다. 새로운 4차 산업혁명 기술의 진보는 인간의 의식을 더욱 진화하게 하고 새로운 경영학 패러다임의 전환을 더욱 촉발시킬 것이다.

작업조직과 인간의 역할 : 학습조직과 임파워먼트

이상에서 살펴본 오늘날 기업경영의 환경 요인들, 즉 세계화, 탈산업화 그리고 21세기 4차 산업기술 혁명은 기업조직 안에서 직무수행의 방식, 즉 작업조직work organization을 변화시키며 그 안에서의 인간의 의미를 진화시킨다. 산업화 초기의 독점적인 시장 환경 안에서 표준화된 제품을 대량으로 생산하던 시대에 작업조직은 관료적이고 기계적인 작동방식에 따라 지시적(top-down 방식)으로 관리되었다. 그 안에서 인간의 역할은 소모적 노동의 제공자일 뿐이었다. 고도로 분업화된 좁은 범위의 직무를 매일 반복적으로 수행하는 일은 미숙련 노동unskilled labor자의 몫으로 언제든 대체 가능한 소모적 생산 요소로 간주되었고 이러한 작업조직의 관리를 효율적으로 하기 위한 과학적 관리론의 탄생이 경영학의 출발이었던 것이다.

탈산업화 시대의 글로벌 무한경쟁 시장 안에서 기업은 대량생산 방식을 지양하고 유연한 다품종 생산방식을 택하게 된다. 작업장에서의 업무는 일상적으로 반복되는 기계적 속성을 탈피하고 변화하는 시장 환경에 창의적이고 유연하게 적응해야 할 필요가 생기게 되었다. 모든 일을 사전에 예측하여 지시하고 감독하는 통제적 방식의 작업조직 관리는 더 이상 효과적인 방식이 아니며, 오히려 종업원이 주인의식을 바탕으로 창출하고 공유하는 현장의 지식과 정보를 수용하여 최적의 전략을 강구해 나가야 할 필요가 생기게 된 것이다. 작업조직의 지시적 속성을 탈피하고 종업원의 창의성을 발휘할 수 있도록 하는 참여적 작업조직의 관리방식(bottom-up 방식)이 요구되는 것이다. 이러한 상황에서 종업원은 포괄적인 범위에서 재량권을 가지고 업무를 수행하게 되며, 미숙련 노동자가 아닌 지식 근로자로서의 의미를 가지게 된다.

새로운 책임경영의 패러다임에서 작업조직 관리의 핵심 요소는 학습learning이다. 역동적인 21세기 기업경영 환경 안에서 실패와 성공의 경험을 통해 최적의 해를 배워 나갈 수 있는 역량이 기업조직에게 필수적인 시대가 된 것이다. 이를 위해서는 감독과 통제 중심의 기계적 조직 관리의 방식을 넘어 종업원의 자발적인 헌신을 이끌어내는 새로운 조직 관리 패러다임이 필요하다. 학습조직을 위해 능동적이고 창의적인 역할을 수행해야 할 지식근로자의 역할을 조명하는 경영학의 새로운 관점이 요구되는 것이다.

인류 공동체 의식의 진화 : 의미성의 추구

미래학자 다니엘 핑크는 인류가 정보화 시대information age에서 개념화 시대conceptual age로 진화하고 있다고 진단한다.[9] 정보화 시대의 우리 인류가 논리적, 선형적, 컴퓨터식 분석적 연산 사고 중심의 경제사회 시스템을 지향했다고 한다면, 개념화 시대에는 창조성, 공감성 그리고 통합적 사고 중심의 새로운 체제로 전환된다고 한다. 다니엘 핑크는 '디자인, 스토리, 조화, 공감, 놀이, 의미' 등 6가지를 미래 인재의 조건으로 제시하고 있다. 즉, 기능에 디자인을 더할 수 있는 능력, 단순히 주장하기보다는 스토리를 만들어낼 수 있는 능력, 초점에만 집중하기보다 조화를 이루어낼 수 있는 능력, 논리를 앞세우기보다 타인의 공감을 얻어낼 수 있는 능력, 진지함에 놀이를 더할 수 있는 능력, 가치와 함께 의미를 발견할 수 있는 능력 등이 미래 인재에게 필요하다는 것이다.

초연결성의 세계화 시대, 생태계적 존재론에 대한 각성, 인간의 고차원적 사유를 가능하게 만드는 4차 산업혁명 기술 등은 모두 새로운 전환적 문명 시대의 인류를 보다 심원한 차원의 자기성찰을 통해 자아실현의 욕구를 추구하도록 만든다.

밀레니엄 세대 이후 1995년에서 2005년 사이에 출생한 인류세대를 가리키는 Z세대의 출현은 상징적으로 인류 공동체가 새로운 의식 혁명의 시대로 진입하고 있음을 보여준다. 디지털 시대에 태어난digital native 이들은 초연결성이 자연스러운 지구촌에서 4차 산업혁명의 CPS 테크놀로지가 자신들의 삶에 녹아들어 있는 인류 최초의 포스트휴먼[10]이 될 세대이다.

맥킨지 보고서에 의하면 Z세대는 진실을 옹호하는 세대다[11]. Z세대의 대다수는 기업이 사회적 및 환경적 책임에 헌신해야 한다고 믿고 있고, 그러한 회사의 제품을 소비하며 미래의 직장으로서 취업할 의사가 있는 것으로 조사되었다.[12] 스웨덴의 10대 소녀 환경운동가인 그레타 툰버그Greta Thunberg는 세계경제포럼 2020 선언의 가장 영향력 있는 모티브가 되기도 했다.[13]

미래의 기업경영은 이러한 새로운 Z세대가 종업원, 소비자,

Z세대는 1995~2005년 사이에 태어난 디지털 네이티브 세대이다. 이들은 상호 연결된 세상 안에서 서로의 다름을 인정한 가운데 열린 소통을 할 줄 알고 진실을 추구하는 세대다. Z세대의 출현은 이들이 기업 이해관계자의 주체가 되는 미래의 기업경영이 책임경영 패러다임을 지향해야 할 중요한 역사적 상황 요인이다.

투자자 등으로 참여하는 기업 경제 생태계에 생명력을 불어넣을 수 있어야 한다. 의미성을 추구하는 인류 공동체 의식의 진화는 새로운 기업경영 패러다임을 요청하는 가장 강력한 상황적 요인이다.

인류사회가 겪어 왔던 이상의 다섯 가지 변화는 공감의 시대와 지구적 의식혁명의 시대를 이끌었다. 이는 또한 경영학 패러다임의 전환을 가져오는 계기가 되었다. 근대 산업화 시대의 도구적 합리성과 기계적 통제의 방식이 강조되는 공학적 경영학에서 정서적 공감과 생태적 생명력의 보육을 강조하는 생태적 경영학으로의 역동적 진화를 이루어낸 것이다.

3. 기업 경제 생태계와 이해관계자 경영

전환의 시대에서 새로운 기업경영 패러다임의 핵심은 기업경영을 생태계적 관계성 안에서 파악하는 데 있다. 지구촌의 초연결성을 가속화시키는 세계화와 4차 산업혁명 기술의 혁신 그리고 인간 공동체의 의식 진화는 기업경영 활동이 결국 배타적인 이익 추구만으로는 지속가능하지 않은 것임을 깨닫게 한다. 기업을 둘러싼 이해관계자가 상호 의존적인 생태계로서 존재하는 것이고 생태계의 건강함이 곧 기업의 이익으로 돌아옴에 대한 각성이다.

기업 생태계

1950년대 미국의 자동차 회사 GMGeneral Motors의 회장이었던 찰스 윌슨Charles Wilson은 "GM에게 좋은 것이라면 당연히 미국에게도 유익한 것이다"라는 유명한 말을 남겼다. 당시의 미국이 산업화 시대의 전성기를 달리던 시절에 하나의 자동차 회사가 가지는 사회적 지배력을 짐작하게 할 수 있는 말이다. 하지만 곰곰이 다시 생각해보면 '나에게 좋은 것은 당연히 너에게도 좋은 것이어야 한다'는 매우 독선적인 표현이기도 하다.

기업 생태계business ecosystem란 생산자인 기업과 종업원, 소비자, 투자자, 협력업체, 경쟁업체, 사회, 자연환경, 정부, NGO 등 기업과 직간접적으로 관계를 맺는 이해관계자들이 상호작용하는 네트워크에 기반을 둔 경제 공동체를 의미한다.[14] 21세기 글로벌 탈산업화 시대에서 기업경영은 더 이상 배타적이고 자기 중심적인 이익 극대화만을 고집할 수 없다. 초연결성의 세계에서 4차 산업혁명 기술의 시대를 맞이하고 있는 기업경영은 기업 생태계의 생명력을 보유함stewardship으로써 기업 스스로 지속가능한 성장을 담보할 수 있게 된 것이다.

글로벌 무한경쟁 시대의 새로운 기업경영 환경 안에서 소비자 주권의 시대를 맞이하게 된 기업은 소비자를 포함한 모든 이해관계자와 소통하고 상생의 가치를 만들어 나가야 한다. '국가 사회(즉, 기업 생태계)에 좋은 것이 회사에게도 좋은 것'이 된다는 새로운 관점의 기업가 정신이 필요하게 된 것이다. 농부가 순간의 탐욕에 눈이 어두워져 황금 알을 낳는 거위의 배를 가르는 순간 거위는 죽고 더 이상의 황금 알은 없다. 현명한 농부라면 거위를 건강하게 보살펴 거위 스스로 알을 많이 낳게 했을 것이다. '거위에게 좋은 것이 농부에게도 유익'하다는 깨달음이 필요하다.

새로운 문명 전환의 시대에는 그 사회에 유익함을 가져다 줄 수 있는 기업만이 지속가능하고 건강한 이익을 창출해 나갈 수 있다는 이타적 기업의 경영 이념이 등장하고 있다. 기업이 자신의 가치를 인정해주고 인간적 존엄성을 잃지 않고 대할 때 종업원은 그 조직을 위해 헌신하게 될 것이다. 종업원의 회사에 대한 애정은 제품과 서비스에 대한 품질 향상으로 이어지고 소비자의 만족도와 충성심을 낳게 되며 개선된 제품경쟁력과 시장점유율은 안정된 투자를 이끌어내는 선순환은 경영으로 이어진다.

배타적인 자기이익 중심적인 경영 이념을 초월하여, 다양한 이해관계자와의 소통과 공감을 통해 공동체의 가치를 창출하고 또한 기업의 이익도 더불어 얻게 된다는 믿음을 가지고 있는 이타적 기업의 출현은 우리 사회가 선한 방향으로 진화하고 있음을 보여주는 사건이기도 하다. 기업이 나의 이익만을 위해 다른 인간을 착취와 희생의 대상으로 도구화시키는 것은 그 자체가 정의롭지 못한 것이다. 산업화 시대의 경영학이 기업경영의 요체를 사람이 아닌 제도와 정책에 둠으로써 인간 소외현상을 야기시켰다면, 새로운 책임경영 패러다임은 자연과 인간, 인간과 인간의 배타적 제로섬 게임과 분절적 세계관을 지양하고 융합과 조화에 그 토대를 둠으로써 현대 사회가 안고 있는 인간 소외문제, 사회적 불평등의 문제, 환경의 지속가능성 문제 등을 극복할 수 있는 사회적 발판을 제공한다.

기업의 사회적 공동선 추구라는 새로운 기업경영 이념은 전통적인 사회적 공헌 활동 이외에도 정부조직, 비정부 기구, 사회적 기업 등 다양한 형태의 사적 공적 영역을 포함하는 보다 폭넓고 복합적인 새로운 사회적 연대를 요구한다. 특히 점점 더 세계가 하나의 인류 공동체로 통합되어가는 현대 사회에서, 인간다운 발전을 저해하고 있는 빈곤, 차별, 부패, 환경 등 여러 산적한 국제사회 문제에 대한 이타적 기업의 책임 있는 역할은 매우 중요한 과제이다. 기업의 사회적 책임의 범위는 이제 전 인류사회의 글로벌 어젠다를 아우르는 실로 막중한 것이 되었다.

이해관계자 경영

산업화 사회가 등장하며 자연스럽게 형성된 자본 중심의 기업 경영 패러다임shareholder management paradigm은 1980년대 본격적인 글로벌 시대를 맞이하여 이해관계자 중심의 경영 패러다임stake-holder management paradigm으로의 큰 전환을 맞이하게 되었다. 이해관계자란 기업조직의 목적 달성에 의해 영향을 받거나 혹은 영향을 줄 수 있는 일체의 집단 혹은 개인을 의미한다. 이해관계자 경영 패러다임이란 기업경영이 주주 중심의 배타적 이익추구 활동을 넘어 기업을 둘러싼 이해관계자(예 : 종업원, 소비자, 협력업체, 사회, 자연환경 등)와의 상호 의존성을 포용해야 한다는 기업경영 전략의 관점이다. 즉, 이해관계자와의 상생의 가치를 창출함으로써 기업의 지속가능한 이익 극대화를 추구할 수 있다는 기업경영의 전략적 패러다임인 것이다.

이해관계자 경영은 1980년대에 세계화와 탈산업화 경제 환경이 도래하면서 기존의 주주 중심 경영학 연구가 불확실성 시대에 충분히 부응하지 못한다는 성찰과 함께 본격적으로 경영학계에 도입되어 연구하기 시작했다. 1984년 미국의 버지니아 대학 경영대학 교수인 에드 프리만R. Ed Freeman이 저술한 『이해관계자 관점의 전략경영Strategic Management : A Stakeholder』이 바로 이해관계자 경영 패러다임의 본격적 논의를 위한 기점이 되었다[15]. 하지만 프리만의 이해관계자 경영은 1960년대부터 시스템 이론[16], 조직이론[17], 기업의 사회적 책임이론[18], 경영기획이론[19] 등 경영학의 다양한 분야에서 서서히 연구되기 시작했던 '이해관계자'의 기업의 장기적 성공에 미치는 영향에 관한 연구들에 뿌리를 두고 있다.

이해관계자 경영 패러다임의 창시자인 프리먼은 이해관계자 경영 패러다임의 기업경영 전략 관리 원칙으로 다음과 같이 6가지 기준을 제시한다.[20]

- 이해관계자 경영 패러다임에서 기업은 단순한 생존을 위한 이익 극대화를 초월하는 사회적 미션을 가지며, 이러한 회사의 미션과 가치에 이해관계자가 공감하고 통합되게 하는 것이 기업조직 관리 전략의 핵심 사항이다.
- 기업의 이해관계자 관리는 상생의 가치를 창출하여 궁극적으로 자본의 지속가능한 이익을 극대화할 수 있도록 하는 전략적 일관성을 가진다.
- 기업의 전략적 지향성은 이해관계자와의 관계에 대한 장기적이고 지속가능한 투자를 의미하고 도덕과 윤리적 측면이 기본적으로 강

조된다.

- 이해관계자 경영 패러다임은 기본적으로 경험적이라기보다는 규범적 관점이 강조되며, 기업의 이해관계자와의 관계는 외생적으로 주어지는 것이 아닌 전략적으로(혹은 의도적으로) 형성되어지는 것으로 본다.
- 이해관계자 전략은 기업이 처해 있는 고유한 상황 요인을 반영하는 것으로 구체성과 고유성을 가진다.
- 이해관계자 경영 패러다임은 각 개별 이해관계자 전략을 별도로 논의하는 것이 아니라 다중 이해관계자를 통합하여 전체적인 기업 경영의 생태계로 접근한다.

기업경영 환경이 점차 글로벌화함으로써 노동, 자본, 제품 시장에서의 경쟁이 가속화하고 있고 기업의 생산기술이 전통적인 제조업 중심에서 서비스 및 지식 기반 산업 중심으로 전환됨에 따라 회사의 장기적 성공을 위해서는 기업 생산 활동을 둘러싼 인간 집단인 이해관계자와의 상생관계를 통합하여 관리하고 공유가치를 증진함이 기업의 시장 경쟁력 제고를 위해 중요하게 되었다. 즉, 기업이 자본만의 배타적인 이익추구 행위를 넘어 기업을 둘러싼 경제 생태계의 모든 이해관계자와 상생관계를 유지하는 것이 지속가능한 기업의 활동을 위해 필수적인 전략적 선택임을 깨닫게 된 것이다.

또한 이해관계자 경영 패러다임의 등장은 글로벌 환경 안에서 기업의 단기 성과 중심의 경쟁력 제고를 위한 제로섬적 생산 활동이 각종 사회적 차별과 자연환경의 생태계 훼손을 심화시킴으로써 인류사회의 지속가능성에 경종을 울리게 된 기업사회의 성찰에도 기인한다. 이해관계자 경영 패러다임은 기업 생태계의 지속가능성을 통해 결국 자본의 이익 극대화 활동을 지속가능하게 만든다.

전환의 시대에서 새로운 기업경영은 기업 생태계의 생명력을 보육하고 기업을 둘러싼 이해관계자와의 상호 의존적 관계성의 건강함을 관리함으로써 곧 기업의 지속가능한 성장과 이익의 극대화를 추구한다. 이는 새로운 경영학이 더 이상 분과적인 도구적 합리성만을 강조하는 기계적 관점을 넘어 상호의존적인 생태계를 통합적으로 관리하는 유기적인 전일적 관점을 지향해야 함을 의미한다.

4. 문명 전환의 시대, 경영학의 본령을 찾아서

주주 중심의 자본주의 시대를 넘어 이해관계자 중심의 자본주의 시대로의 전환을 위해 경영학의 교육 또한 큰 도전과 기회의 시대를 맞이하고 있다. 기업계와 마찬가지로 오늘날의 경영대학은 새로운 이해관계자 경영 패러다임에 따른 경영학 교육과 연구의 체계를 갖추어야 한다. 오늘날의 경영대학이 새로운 경영학 교육의 패러다임으로의 전환을 성공적으로 이루어내는 것은 경영대학 자체뿐만 아니라 미래의 기업 리더인 경영대학 졸업생들이 이끌어갈 우리 사회의 지속가능한 기업 생태계를 위해서도 중요한 일이 아닐 수 없다.

마치 책임 있는 의사 혹은 변호사의 양성을 위한 의학대학과 법학대학의 교육과 마찬가지로 산업혁명 이후 산업화 사회의 중요한 소임을 맡게 된 새로운 전문가 그룹인 경영 관리자의 전문인력 양성 프로젝트professionalization project의 소명을 가지고 탄생한 경영학 교육은 지난 100여 년 동안 사회 과학의 중요한 한 분야로서의 괄목할 만한 성장에도 불구하고, 그 학문적 균형의 타당성과 그에 따른 사회적 영향의 책임에 대한 우려의 목소리가 점점 커지고 있다. 이러한 우려의 핵심은 경영학 연구와 교육이 주주(자본)의 배타적 이익추구를 향한 단절적 세계관에 기반을 두고 자본주의 체제에 접근해 왔음에 있다. 나(자본)와 너(이해관계자)와의 단절적 세계관을 바탕으로 이루어지는 경제적 계약과 거래의 관계에는 기계적 효율성만 있을 뿐 가치와 도덕의 문제는 개인의 영역에 국한된 자유주의적 관점이 지배하게 된 것이다. 이로 인해 다음의 세 가지 측면에서 경영학은 점점 더 현실과 유리된 학문적 불균형을 드러내게 되었다.

첫째, 기업 생태계와 같은 전일적인 연구의 관점을 설정하는 대신에, 경영학의 연구와 교육의 주제는 점점 더 부분화하는 경향이 생기게 되었다. 예를 들어 오늘날 대부분의 경영대학 커리큘럼은 마케팅, 회계, 인사, 재무, 생산, 경영정보 등으로 구분되고 각 기능 영역은 더욱 세분화하여 연구된다. 이 경우 기업경영의 기능적 전문성의 깊이는 더해지더라도 기능 영역 간의 상호관계와 경제 생태계와 조응하는 기업 시스템의 전일적인 활동에 대한 통섭적인 이해의 폭은 줄어들게 된다.

둘째, 단절적 세계관에 기반한 경영학 연구는 점점 더 인과론적이고 환원주의적인 가설검증에 경도되기 시작한다. 경영학과 같은 사회과학은 그 대상이 인간이다. 경영학은 물리학이나 생물학 같은 자연과학과는 다른 인문학의 한 영역인 것이다. 경영학의 연구 대상인 인간과 인간 공동체는 환원주의적인 인과론만으로는 설명될 수 없는 시스템적 복잡성을 가지고 있음은 자명하다. 기업경영을 시스템적으로 볼 때 단순한 부분의 합이 전체를 설명할 수 없다. 부분은 전체와의 역동적이고 상호 작용적인 관계성 안에서 살아 움직이고 시스템을 이루어 일정한 목적을 갖고 진화하는 것이다. 새로운 경영학의 연구를 위해서는 통합적 세계관integrated world view이 필요하다.

셋째, 전통적인 근대 사회과학 관점에서의 경영학에서 인간이 가지는 역할은 생산 요소로서의 소모적 관점에 지나지 않았다. 기계적 효율성 관점의 고전 경영학은 인간의 윤리와 가치의 논의를 배제하려는 성향이 있었고 인간의 의지 혹은 선택에 대한 역할을 배제했다. 인간의 의식이 진화하고 4차 산업혁명 기술이 만들어내는 초연결성의 집단지성 시대에 인간의 의지적 창조성을 배제하는 경향은 현실과 점점 유리되는 경영학을 만들어낼 뿐이다.

새로운 패러다임의 경영학 교육은 지식의 교육learning to know을 넘어 존재의 교육learning to be을 지향해야 하며, 학습자가 올바른 내면의 가치를 함양하고 이를 실천으로 옮길 수 있도록 하는 통합적 교육integrated learning이어야 한다. 책임 있는 미래의 기업 리더를 양성하기 위한 책임경영교육을 통해 이해관계자 자본주의 시대로의 시대적 전환을 이루는 것이야말로 이 시대 경영대학의 소명이 아닐 수 없다.

이처럼 오늘날의 경영대학이 새로이 부여받은 경영교육의 시대적 사명을 구현하기 위해 유엔 책임경영교육 사무국UN Principles for Responsible Management Education ; UN PRME이 2007년에 선립되었다. UN PRME는 책임경영교육 6대 원칙을 제시하고 이의 실천을 통해 경영대학이 전환적인 새로운 패러다임의 경영학 교육을 수행할 수 있도록 하고 있다. UN PRME의 6대 원칙은 기업의 사회적 책임과 지속가능 경영을 위한 기업 리더의 양성을 위한 것이며 경영대학의 책임경영교육의 사명을 교육, 연구, 사회봉사의 분야로 나누어 제시하고 있다.

유엔 책임경영교육 사무국이 제시하는 책임경영학 교육의 6대 원칙은 지혜롭고 책임 있는 미래의 기업 리더의 소양을 계발한다는 점에서 유엔 글로벌 콤팩트UN Global Compact ; UNGC의 기업의 사회적 책임 10대 원칙의 진정한 실천을 위한 초석이기도 하다. UN PRME의 운영방식은 UNGC와 마찬가지로 자발적 참여 프로그램의 형식을 택하고 있다. 참여희망 대학은 UN PRME와 그 원칙을 지지한다는 내용을 포함한 기관장(학장) 명의의 서한을 UN PRME 사무국장 앞으로 발송한 후 가입을 승인받을 수 있다. 사무국의 홈페이지(www.unprme.org)를 통하여 가입절차를 진행할 수 있고, 가입 대학은 매 2년마다 추진경과보고서Sharing in Progress ; SIP를 사무국에 제출하여 회원 대학 간 책임경영교육 추진 진행과정의 경험과 정보를 상호 공유할 수 있도록 한다(2020년 2월 기준 전 세계 816개 경영대학이 UN PRME에 참여하고 있다).

새로운 전환의 시대에 경영대학의 교육, 연구 그리고 경영대학 자체의 이해관계자 경영과 사회적 책임 활동 등 경영대학의 조직 운영 전반에 걸쳐 책임경영 원칙이 반영되어야 한다. 특히 책임경영, 기업윤리, 인간관계, 기업의 사회적 책임과 같은 기본과목 이외에도 탄소배출권 거래시장(재무), 책임투자론(재무), 그린경영감사(회계), 윤리적 고용관계론(인사), MIS윤리(MIS), 그린마케팅(마케팅), 공급사슬 지속가능성 관리(생산), 친환경 기술 관리(생산) 등 재무, 회계, 마케팅, 인사, MIS, 생산 등 각 영역별로 사회적 책임의 중요성에 대한 논의가 더욱 활발하게 이루어져야 한다. 나아가 기업윤리와 사회적 책임 관련 연구소의 설립, 학회 활

표 2-1 **유엔 책임경영교육**(UN PRME : Principles for Responsible Management Education) **6대 원칙**[21]

분야	원칙	내용
현재와 미래의 기업 리더의 교육에 매진하는 고등 교육 기관으로서 우리 경영대학의 미션과 역량 안에서 다음 원칙을 이행하고 발전시킬 의지를 선언한다. 우리는 모든 이해관계자들에게 진행 상황을 보고하고 이러한 원칙과 관련된 효과적인 실천 성과를 다른 교육 기관과 공유할 것이다.		
미션	원칙 1	우리는 학생들이 기업과 사회 전반적으로 지속가능한 가치를 창출하는 미래 지도자가 되고 포용적이고 지속가능한 글로벌 경제를 위해 일할 수 있도록 능력을 개발할 것이다.
가치	원칙 2	우리는 우리의 학술 활동과 교육과정에 유엔 글로벌 콤팩트와 같은 국제적 이니셔티브에 제시된 글로벌 사회적 책임가치를 포함시킬 것이다.
교육	원칙 3	우리는 책임을 다하는 리더십에 관한 효과적인 학습이 가능한 교육의 체제, 자료과정과 환경을 만들 것이다.
연구	원칙 4	우리는 지속가능한 사회, 환경, 경제적 가치의 창출에 있어 기업이 가지는 역할, 역동성 그리고 영향에 관한 우리들의 이해를 증진시키는 개념적이고 경험적인 연구에 참여할 것이다.
산학 협력	원칙 5	우리는 사회적 · 환경적 책임을 다하기 위해 기업 경영자가 직면하게 되는 도전을 더 잘 알고 이러한 도전에 대처하는 효과적인 접근방식을 공동으로 찾아내기 위해 기업 경영자들과 함께 협력할 것이다.
소통	원칙 6	우리는 글로벌 사회적 책임과 지속가능성에 관련된 중대한 이슈들에 대해 교육자, 기업, 정부, 소비자, 미디어, 시민사회단체 그리고 기타 관심 있는 그룹과 이해관계자들 간의 대화와 토론을 촉진하고 지원할 것이다. 우리는 우리 조직(경영대학)의 경영 관리 관행이 우리가 학생들에게 가르치는 가치와 태도의 모범이 되도록 해야 함을 인식한다.

동, 연구과제 수행 등 대학에서의 책임경영 관련 학술 활동도 더욱 활성화되어야 한다.

이처럼 오늘날의 경영대학이 새로운 책임경영교육을 실천하기 위해서는 무엇보다도 교수와 학생 모두 교학상장教學相長의 정신으로 새로운 책임경영교육 패러다임으로의 전환 과정에 참여하고, 이를 뒷받침하는 조직문화와 행·재정적 지원이 필요하다. 책임경영교육 원칙의 성공적인 실천을 위해서는 경영대학의 진정성 있는 조직 전환 관리가 수반되어야 한다. 이는 이 시대 경영대학

국가정부 간 국제협력기구인 국제연합(UN)의 지속가능개발목표(SDGs) 등 글로벌 어젠다에 민간기업의 참여를 초청하는 유엔 글로벌 콤팩트(UN Global Compact ; UNGC) 사무국이 2000년에 그리고 전 세계 경영대학의 책임경영교육 확산을 독려하는 UN PRME(UN Principles for Responsible Management Education) 사무국이 2007년에 각각 설립되었다. 이는 글로벌 사회의 기업경영과 경영학 교육이 새로운 패러다임으로 전환하고 있음을 상징하는 역사적 이정표들이다.

의 매우 큰 도전이자 시대적 소명이다.

5. 요약과 성찰과제

경영학은 사회과학의 한 영역으로서 산업혁명과 함께 태동했는데 초기의 경영학 고전이론은 주로 기계적인 효율성 관점의 공학적 접근으로 출발했다. 또한 도구적 합리성의 관점에서 분업의 강조는 산업사회에 만연하게 된 분절적 세계관을 키우게 되었고, 이는 경영학에서 배타적인 주주 자본주의의 관점을 지배적인 패러다임으로 공고히 하는 결과를 낳았다. 20세기 말 초연결성의 세계화로 상징되는 탈산업화 시대로 접어들면서 근대적 기계론 관점으로 출발한 주주 자본주의 중심의 과학적 관리론은 점차 한계를 드러내게 되었다. 불확실성과 상호 의존성을 촉발시킨 세계화, 감독과 통제의 기계적 관리방식을 더욱 무색하게 만드는 탈산업화 사회, 개념화 시대로의 진입을 더욱 촉발시키는 4차 산업혁명 기술의 진화, 인간의 의지와 성찰적 창조가 더욱 중요해지는 작업조직의 특성 변화 그리고 인류 공동체의 의식적 진화 등은 모두 새로운 기업경영 패러다임의 등장을 추동하는 요인들이다. 기계적 통제 시스템으로 파악했던 주주 중심의 고전적 경영 패러다임은 이제 기업 생태계 안에서의 이해관계자 경영 패러다임으로 전환하게 된 것이다. 현대의 기업경영은 경제 생태계의 생명력을 보유함으로써 기업 스스로의 지속가능한 성장을 담보할 수 있어야 한다. 주주 중심의 자본주의 시대를 넘어 이해관계자 중심의 자본주의 시대로의 전환을 위해 경영학의 교육 또한 큰 도전과 기회의 시대를 맞이하고 있다. 새로운 시대의 책임경영교육은 지식의 교육을 넘어 존재의 교육을 지향해야 하며, 학습자가 올바른 내면의 가치를 함양하고 이를 실천으로 옮길 수 있도록 하는 통합적 교육이어야 한다. 유엔 책임경영교육 원칙은 경영학 교육의 시대적 전환을 이루기 위한 글로벌 연대를 위해 전 세계의 깨어 있는 경영대학의 훌륭한 플랫폼의 역할을 수행할 수 있을 것이다.

[성찰과제]

1. 경영학의 역사에서 이해관계자 자본주의 관점의 책임경영 패러다임은 어떻게 등장하게 되었는가? 새로운 이해관계자 중심의 기업경영 패러다임으로의 역사적 전환점을 이루게 된 역사적 배경 요인들을 설명하라.

2. 4차 산업혁명 기술은 인간의 역할을 더욱 의미 있는 존재로 더욱 진화시키는가? 혹은 인간을 기계의 노예로 전락시키는가?

3. 기업 생태계와 이해관계자 경영의 의미는 무엇인가? 기업 생태계 안에서 훌륭한 기업경영의 의미는 무엇인가? 이해관계자 경영을 효과적으로 수행하기 위한 기업 리더의 자질은 무엇인가?

4. 책임경영교육의 의미는 무엇인가? 21세기의 새로운 경영환경을 맞이하여 책임경영교육이 필요하게 된 이유는 무엇인가?

5. 유엔 글로벌 콤팩트(UNGC)의 10대 원칙은 무엇인가? 유엔은 왜 지구적 어젠다의 해결에 기업의 참여를 요청하게 되었는가?

6. 유엔 책임경영교육(UN PRME)의 6대 원칙은 무엇인가? 경영대학이 책임경영교육 원칙을 실천에 옮길 수 있는 조직 관리 전략을 제시하라.

미주

1. Taylor, Frederick Winslow. *The Principles of Scientific Management*. Harper & Brothers, New York and London, 1911.
2. 예를 들어 현대 인적자원 관리(Human Resource Management)의 기본 자료로 삼고 있는 직무분석(Job Analysis)과 직무기술서(Job Description) 등은 그 뿌리가 테일러의 시간과 동작의 연구에 있다.
3. 아담 스미스(Adam Smith)는 『국부론』(1776)에서 다음과 같이 일갈했다. "사람들이 공장의 라인에서 일을 할 때, 일반적으로 인간이 극단적으로 멍청하고 무심해질 수 있는 위험에 처해 있는 것이다(He generally becomes as stupid and ignorant as it is possible for a human being to become)." Smith, Adam. *An Inquiry into the Nature and Causes of the Wealth of Nations*. W. Strahan and T. Cadell, London, 1776.
4. Weber, Max. *Die protestantische Ethik und der Geist des Kapitalismus*(The Protestant Ethic and the Spirit of Capitalism). 1905.
5. Mayo, Elton. *The human problems of an industrial civilization*. Cambridge, MA : Harvard, 1933.
6. Levitt, Theodore. "The Globalization of Markets". *Harvard Business Review*, 1 May, 1983.
7. Schwab, Klaus. The Fourth Industrial Revolution, World Economic Forum 2016(https://www.weforum.org/about/the-fourth-industrial-revolution-by-klaus-schwab)
8. 교황 프란치스코의 생태 환경 칙서, 찬미받으소서(Laudato Si), 136항, 한국천주교 주교회의, 2015.
9. Pink, Daniel. *A Whole New Mind : Why Right-Brainers Will Rule the Future?*. Penguin Publishing Group, 2006.
10. 포스트휴먼(post human)은 지금의 인류보다 지식과 기술의 사용, 지혜와 정신적 의식 등 예술적, 과학적, 철학적인 분야에서 진화된 능력을 갖춘 존재

로 새로운 인류를 의미한다(Oxford Dictionary, https://www.lexico.com/definition/posthumanism Retrieved 5 February 2020).

11. 맥킨지 보고서에 의하면 Z세대는 자신이 옹호하는 가치와 진실을 드러낼 줄 알고(expressing individual truth), 다른 진실을 포용하고 연결하는 공동체를 건설할 줄 알며(connecting through different truth), 다른 진실을 이해하려는 소통을 할 줄 알고(understanding different truth), 모든 것에 대한 진실을 드러내기를 두려워하지 않는(unveiling the truth) '진실을 추구하는' 세대이다(McKinsey & Company, 'True Gen' : Generation Z and its implications for companies, November 2018, https://www.mckinsey.com/industries/consumer-packaged-goods/our-insights/true-gen-generation-z-and-its-implications-for-companies).

12. 미국의 기업 CSR 전문 분석기관 콘커뮤니케이션스가 2017년 Z세대 1,000명을 대상으로 진행한 설문 결과 응답자 중 94%가 기업이 사회적 및 환경적 책임에 헌신한다고 믿고 있고, 90%가 사회적 및 환경적 책임을 다하는 회사의 제품을 구입하겠다고 응답했다(조선일보, "더 나은 미래 Z세대가 세상을 바꾼다", 2019년 3월 27일자).

13. World Economic Forum, Why we need the 'Davos Manifesto for a better kind of capitalism?, 2020(https://www.weforum.org/agenda/2019/12/why-we-need-the-davos-manifesto-for-better-kind-of-capitalism/)

14. 기업 생태계라는 용어는 1990년대 IT 산업 분야의 전략기획에서 제임스 무어가 기업의 생태 환경이라는 개념을 도입하면서 일반화되기 시작했다(Moore, James F. *The Death of Competition : Leadership and Strategy in the Age of Business Ecosystem*. Harper Business, 1997) .

15. 1984년 『이해관계자 관점의 전략경영(*Strategic Management : A Stakeholder)*』 출간 당시 에드 프리만은 미네소타대학(University of Minnesota Carlson School of Management)의 교수였다. 프리만 교수는 미네소타대학 부임 이전엔 펜실베니아대학 와튼스쿨(University of Pennsylvania Wharton School) 연구소의 연구원으로서 그의 '이해관계자 관점'에 뿌리가 되었던 '관리행동과학 연구센터(the Managerial and Behavioral Science Center)' 등

펜실베니아 경영대학 연구팀이 1970년대 진행했던 경영기법 임상실험 연구에 참여했다.

16. 시스템 접근을 경영학에 도입한 대표적인 학자로 러셀 애코프(Russell Ackoff)를 들 수 있다. 시스템 이론은 기업조직의 모든 부문과 전체에 상호 연결된 외부적 연결망을 강조했다(Ackoff, R. and Churchman, C. "An experimental definition of personality". *Philosophy of Science*, 1947, 14 : 304~332.; Ackoff, Russell. *A concept of corporate planning*. New York : Wiley, 1970.; Ackoff, Russell. *Redesigning the future*. New York : Wiley, 1974.).

17. 조직이론은 전통적으로 시스템 이론에 뿌리를 두고 있다. 예를 들어 제임스 톰슨(James Thompson)은 조직의 연구에서 '외부자(clientele)'의 역할을 강조했고(Thompson, James. *Organizations in action*. New York : McGraw Hill, 1967.), 다니엘 캣츠(Daniel Katz)는 조직의 기본 틀을 둘러싸고 있는 시스템이 상대성을 가진 것으로 파악했다(Katz, Daniel and Kahn, Robert. *The social psychology of organizations*. New York : Wiley, 1966.).

18. 기업의 사회적 책임(Corporate Social Responsibility ; CSR) 연구는 1960년대부터 활발히 이루어졌다. CSR의 연구는 그간의 주주 중심 경영학 연구에서 간과되었던 이해관계자와의 관계 관리가 기업경영의 핵심적 영역임을 상기시키는 계기가 되었다.

19. 1960년대 등장한 경영기획이론(corporate planning)에서 이고르 앤소프(Igor Ansoff) 등 조직학자들이 성공적인 경영기획을 위해 주요 이해관계자에 관한 식별과 전략적 대응이 중요함을 제시했다(Ansoff, Igor. *Corporate strategy*. New York : McGraw Hill, 1965.). 하지만 이들은 이해관계자의 역할을 기업의 제약 요인으로 여길 뿐 주요 목적함수에 포함시켜 유용한 개념으로 발전시키지 못했다.

20. Freeman, Edward and McVea, John. *A Stakeholder Approach to Strategic Management*. in Michael A. Hitt, R. Edward Freeman, Jeffrey S. Harrison(Eds.), The Blackwell Handbook of Strategic Management, Wiley-Blackwel, 2001.

21. UN PRME 6대 원칙은 2007년 유엔 책임경영교육 사무국의 설립과 함께 제정되었다. 6대 원칙의 보다 상세한 소개와 실천을 위한 가이드 등 추가적인 유용한 자료를 유엔 책임경영교육 사무국 홈페이지에서 확인할 수 있다(https://www.unprme.org/what-we-do).

3장

계획화 – 목적이 이끄는 기업경영을 향하여

1. 훌륭한 경영을 향한 첫 걸음 : 목적이 이끄는 기업경영
2. 계획화 관리과정의 중요성 / 3. 계획화 관리의 기초 개념
4. 전략경영의 역사적 전환 / 5. 깨어 있는 기업의 이해관계자 경영 전략
6. 기업 생태계와 이해관계자 경영 : 전일적인 상호 의존성 / 7. 요약과 성찰과제

한 개인의 삶이 의미 있는 것은 삶의 소명에 깨어 있기 때문이다. 누구나 먹고 마시고 잠을 자며 하루하루를 생존하지만, 우리가 먹고 마시고 잠자기만을 위해 삶을 살아가지 않음은 자명하다. 훌륭한 경영은 기업이 기업의 존재적 사명에 깨어 있음으로부터 시작된다. 목적이 이끄는 삶이 훌륭한 삶이듯, 책임경영의 실천은 목적이 이끄는 기업경영에 대한 각성으로부터 비롯된다.

기업경영 관리과정의 첫 단계인 계획화 관리는 21세기 경영환경의 불확실성 안에서 옳은 기업경영의 방향성을 잃지 않고, 기업이 사회와 자연환경과의 생태계적 조화를 이루며 지속가능한 경제적 이익을 창출하는 이해관계자 중심의 경영 전략을 실천해 나가는 중요한 초석이 된다. 본 장에서는 기업의 목표와 전략 관리의 기초적 개념, 새로운 경영 환경 안에서의 전략경영 기조의 역사적 전환 그리고 깨어 있는 기업의 이해관계자 상생 경영 전략 등에 대해 살펴본다.

1. 훌륭한 경영을 향한 첫 걸음 : 목적이 이끄는 기업경영

이해관계자 자본주의 시대의 책임경영을 위한 첫 발걸음은 기업의 깨어 있음으로부터 출발한다. 기업조직 스스로 우리는 누구이고 어디에서 와서 어디로 가는가에 관한 서사적 성찰을 바탕으로 존재 목적을 의식하는 것이 훌륭한 경영의 시작인 것이다.

개인의 삶과 마찬가지로 기업조직의 목적은 모든 것을 추동하는 힘을 가지고 있다. 미국의 저명한 작가이자 기업인인 로이 스펜스Roy M. Spence, Jr.[1]는 무한경쟁의 글로벌 시장에서 현대 기업일수록 목적이 가지는 힘이 참으로 막중하여 기업의 모든 것은 결국 목적으로 반본反本한다는 점을 일갈했다(〈표 3-1〉). 즉, 목적은 기업의 의사결정의 궁극적인 원칙이고, 주요 자원 배분의 원칙이며, 종업원 채용의 기준이고, 미래를 설계하는 원칙이자, 곧 성공의 기준이 되는 것이다. 이러한 목적이 가지는 자기 본래적 의미성은 복잡성이 증가하는 글로벌 기업경영 환경에서 기업경영의 올바른 방향을 가르키는 나침반이 되고 불확실성이 요동치는 가운데에서도 중심을 되찾을 수 있도록 하는 탄력 복원성resilience을 기업에게 부여하는 것이다.

그렇다면 기업의 목적은 무엇인가? 자본의 이익 극대화인가? 이는 일견 단순하고도 자명한 이치인 것 같지만, 마치 인간이 적혈구를 만들지 못하면 살 수 없지만 적혈구를 만들어내는 것이 인간의 삶의 목적이 될 수 없듯이 기업의 목적이 이익만을 내는 것이 아님은 또한 분명하다.

기업은 스스로 이익 극대화를 초월하는 존재적 목적이 있다. 스티브 잡스Steve Jobs는 당시 미국 사회의 계몽을 위해서 퍼스널 컴퓨터가 필요하다고 믿고 퍼스널 컴퓨터를 생산하는 애

표 3-1	목적이 이끄는 기업의 힘

목적은 개인과 조직의 높은 성과를 가져온다. 목적은 종업원의 심원한 욕구를 충족시키고, 회사에 헌신하게 하는 힘을 지닌다.

목적은 비전 있는 아이디어와 의미 있는 혁신을 이루게 한다. 목적은 의미 있는 혁신에 필요한 동기부여와 방향성을 제시한다.

목적은 산도 움직일 수 있다. 목적은 해결하기 어려운 장애물도 극복하게 하는 협동의 힘을 가지게 한다.

목적은 시장이 동요하더라도 흔들림 없이 한결같게 한다. 목적은 미래가 불투명하고 어려운 상황에서 돌파해 내는 힘을 가지게 한다.

목적은 진정성 있는 브랜드를 가지게 한다. 목적은 진정성 있고 실제적인 브랜딩 이미지를 가지게 한다. 소비자들이 궁극적으로 가장 감사하는 부분을 드러내게 한다.

목적은 열정적인 종업원을 불러들인다. 목적은 가치 지향적이고 열정적인 이들로 하여금 회사를 보다 매력적이게 한다.

목적은 작업현장에 활력과 에너지를 가져온다. 현장의 종업원에게 의미 있고 지속가능한 동기부여를 제공한다.

목적은 훌륭한 삶을 살 수 있게 한다. 일을 생업이 아닌 소명이 되게 한다.

참조 : 로이 스펜스(2009)를 참조하여 필자 재구성(Spence, Roy M., It's Not What You Sell, It's What You Stand For : Why Every Extraordinary Business Is Driven by Purpose, Portfolio/Penguin, 2009)

플Apple사를 설립하였다.[2] 유일한 박사가 유한양행을 설립한 목적은 '건강한 국민만이 나라도 되찾을 수 있다'는 믿음으로 민중의 건강과 생활 향상에 전력하고 당시 일제 치하의 한민족 독립운동을 민족 자본으로 지원하기 위함이었다[3]. 두 회사 모두에게 이익은 기업의 존재 목적에 대한 진정성 있는 모습에 기업 생태계의 이해관계자가 신뢰를 가지고 호응하여 더불어 따라오는 것이었다. 이는 기업의 존재적 가치와 시장적 이익의 가치는 함께하는 것임을 보여주는 사례이기도 하다. 목적이 이끄는 삶을 실천한 기업 리더가 목적이 이끄는 기업을 훌륭하게 경영한 사례인 것이다.

훌륭한 경영을 위한 첫 걸음인 계획화planning의 핵심은 기업의 존재론적 목적인 사명mission과 이를 창의적이고 진정성 있게 실천에 옮기는 기업의 전략strategy에 있다. 기업경영의 관리과정에서 계획화는 후속적으로 이어지는 조직화organizing와 지도화leading 그리고 통제화controlling 등의 과정에 기본적인 방향성을 가지는 초석이 된다는 점에서 중요하다. 특히 전통적인 산업화 시대의 계획화 관리가 기계적이고 통제적인 관점에 기반을 두었다면 탈산업화 시대의 계획화 관리는 생태적인 진화의 관점으로 전환이 이루어져야 한다.

이 장에서는 계획화 관리과정의 중요성과 기초 개념을 설명하고, 기업의 전략경영 기조의 역사적 전환과정과 이에 따른 이해관계자 경영 전략의 구체적 실천과제 등을 살펴본다. 주주 자본주의에서 이해관계자 자본주의로의 전환적 패러다임 전환을 위해 책임경영의 첫 걸음을 이해하는 데 매우 중요한 개념들의 논의다.

고구려 덕흥리 무용총 고분 벽화(408년). 산야를 호령하는 고구려의 기백과 강건함이 느껴진다. 고구려의 건국 이념은 '다물(多勿)정신'이었다. '다물'이란 '땅을 되물려 받는다(찾는다)'는 뜻의 고구려 말이다. 단군의 고조선과 부여를 이은 고구려의 영광스러웠던 고조선의 옛 땅을 다시 찾겠다는 건국 정신(즉, 국가 경영의 사명)은 고구려의 강대함의 원천이 되었다.

2. 계획화 관리과정의 중요성

계획화planning 관리과정은 훌륭한 기업경영을 향한 첫 번째 단계로서 그 중요성을 가진다. 계획화의 핵심은 조직의 사명과 목표를 설정하는 것과 이를 달성하기 위한 다양한 층위와 분야의 전략을 형성하는 두 가지 차원에 있다. 이는 조직 관리의 전반적인 비전과 방향을 설정하는 기업경영의 나침반 역할을 하게 될 중요한 관리과정이다.

계획화 관리과정은 특히 오늘날의 불확실한 경영 환경 안에서 그 중요성이 다음과 같은 네 가지 관점에서 더욱 커진다. 첫째, 계획화는 그 후에 이어지는 조직화, 지도화 그리고 통제화 관리과정에 앞서 수행된다는 점에서 우선성primacy of planning의 중요성을 가진다. 마치 셔츠의 첫 단추를 잘못 채우면 그 아래의 남은 단추를 채우는 의미가 없어지듯이 계획화에서 수립된 목표와 전략이 타당하지 않은 것이라면 이를 실천에 옮기게 될 조직구조(조직화)와 리더십과 문화(지도화) 그리고 성과 관리(통제화) 등도 의미 없는 것이 된다. 예를 들어 이해관계자 자본주의가 도래하는 오늘날의 현대 기업 환경에서 기업 생태계의 선순환을 외면한 자기 중심적인 목표와 전략을 기업이 고수한다면 그 안에서의 효율적인 조직구조 설계와 성과 관리 시스템은 이미 그 의미를 잃게 될 것이다. 훌륭한 경영을 위한 첫걸음은 우선 자신의 존재론적 소명 안에서 시대적 흐름을 읽고 무엇이 옳은 일인가에 대한 깨어 있음에서 시작된다.

둘째, 계획화는 훌륭한 경영의 궁극적 성과기준인 효과성의 근거가 된다는 점에서 중요하다. 훌륭한 기업경영이란 궁극적으로 그 기업의 존재적 사명을 완수하는 것이다. 그리고 기업에서 일어나는 모든 활동은 그 기업의 목적에 부합하는 것이어야 한다. 기업경영의 올바른 방향성을 잃지 않는 닻과 키의 역할을 수행하는 개념이 바로 효과성이다. 그 효과성의 기준이 되는 조직의 사명과 목표를 정하고 이를 달성하기 위한 전략체계를 수립하는 관리과정이 바로 계획화이다.

셋째, 계획화는 미래 지향성의 의미를 가진다. 환경의 불확실성environmental uncertainty과 정보의 비대칭성information asymmetry[4]이 더욱 증가하고 있는 21세기 기업경영 환경 안에서 미래를 준비하는 합리적이고 타당한 계획화 관리과정은 더욱 중요하다. 특히 계획화의 관점이 환경과 미래를 자기 중심적으로 예측하고 통제하는 개념이 아닌 생태계적 공존과 유기적인 진화를 지향하는 학습 관점으로의 전환이 필요하게 된다는 점에 주목해야 한다.

넷째, 계획화를 통해 형성되는 구성원의 목적의식은 조직의 효율적인 조정coordination의 기제를 제공하게 된다는 점에서 계획화는 중요하다. 조정이란 분업화한 업무를 서로 유기적인 협력관계를 이루어 조직의 목표를 달성할 수 있도록 관리하는 활동이다. 기업조직의 효율성과 전문성을 위해 필요한 것이 분업인데, 분업이 심화될수록 분업화한 부서 간의 소통과 협력에 드는 비용이 증가하게 되고 조정은 더욱 어려워질 수 있다. 예를 들어 가능한 한 경쟁업체보다 빨리 제품을 출시하여 시장을 선점하고자 하는 마케팅 부서의 요구와 제품 개발이 다소 늦어지더라도 제품 안전성을 좀 더 정밀하게 개선하고자 하는 연구개발 부서의 취지를 어떻게 합리적으로 조정할 수 있을까? 구성원들이 자신의 업무부서를 넘어 조직 전체의 차원에서 공유하는 목적과 가치가 없다면 부서 이기주의로 부서 간 건설적 협동은 이루어지기가 어려울 것이다. 반면 책임경영의 관점에서 이해관계자와의 상생을 기업경영의 사명과 목적으로서 구성원이 공감하고 있다면 좀 더 원만한 조정이 이루어질 수 있을 것이다. 계획화는 목적이 이끄는 기업조직의 구성원들을 화합과 협력으로 인도하는 나침반의 역할을 하기도 한다.

훌륭한 기업경영의 진정성 있는 실천을 위해 합리적인 계획화 관리과정은 매우 중요하다. 특히 이해관계자 자본주의 시대의 새로운 책임경영 패러다임의 전환적 실천은 기업조직의 존재론적 성찰에 기반한 계획화로부터 비롯된다.

3. 계획화 관리의 기초 개념

인간의 모임인 조직은 공동체의 존재적 사명이 있다. 목적이 이끄는 조직의 서사적 여정 안에서 각 부서별 혹은 개인 차원의 목표가 피라미드처럼 질서를 이루어 직조된 목표와 전략의 체계가 있는 것이다. 기업은 이러한 목표와 전략의 체계를 진정성을 가지고 실천해 나가야 한다.

목표와 전략체계의 일관성 원칙

계획화는 조직의 사명과 목표체계 그리고 이를 달성하는 전략을 수립하는 관리과정이다. 우선 조직 사명은 조직의 궁극적 지향점이라고 할 수 있으며, 기업조직의 다양한 층위의 목표체계의 정점에 있다. 즉, [그림 3-1]과 같이 가장 거시적인 수준의 목적이 조직의 사명mission ; overall organizational purpose이고 그 안에 사업부 수준의 목표divisional goal, 기능부서별 수준의 목표departmental goal 그리고 종업원 개인 수준의 목표individual goal가 피라미드처럼 층위별 체계를 이룬다. 그리고 각 층위별 목표는 조직의 사명을 정점으로 상호 조화로운 일관성hierarchical order of goals and strategies을 가진다.

목표체계가 피라미드와 같이 계층적 일관성을 지닌 하나의 시

[그림 3-1] 조직 사명과 목표체계의 일관성

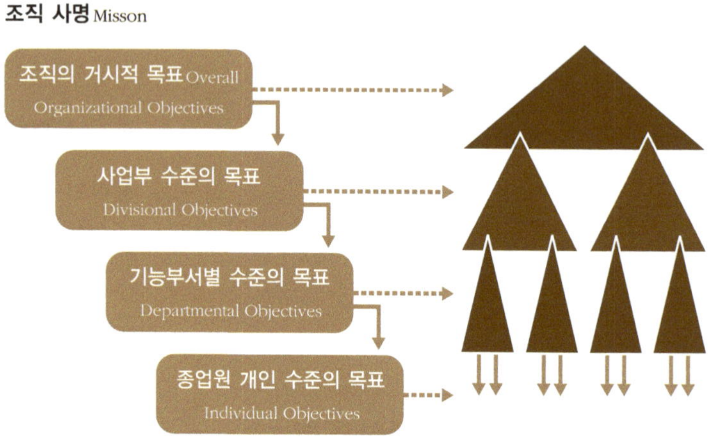

스템인 것처럼, 설정된 목표의 달성방법인 전략체계도 하나의 계층적 질서를 가진 시스템이다. 전략strategy은 그리스어 strategos에서 유래되었다고 한다. 이는 전쟁터에서 장수가 자신이 이끄는 부대를 싸움에서 이기도록 만드는 방법을 의미한다. 기업에게 있어 전략이란 시장에서 경쟁적인 우위를 가져오는 방법이다. 투자자를 포함한 모든 이해관계자의 복지를 증진하고 기업 생태계의 선순환의 생명력을 키움으로써 그 기업이 지니고 있는 사명을 지속적으로 달성해가는 방법이다.

[그림 3-2]는 조직의 사명과 전략체계를 계층적 층위의 전략으로 분류하여 정리한 그림이다. 조직 관리의 최고 정점에서의 첫 번째 수준의 전략은 기업조직의 사명에 조응하는 것으로, 기업의

[그림 3-2] 조직 사명과 전략체계

기업의 본원적 목적 수준 전략 Enterprise-level strategy
미션(사명선언) : 기업은 왜 존재하는가?

전사적 수준 전략 Corporate-level strategy
어떤 사업에 진출할 것인가?

사업부 수준 전략 Business-level strategy
진출한 사업부문에서 어떻게 경쟁할 것인가?

기능부서 수준 전략 Functional-level strategy
사업부 수준 전략을 각 기능부서별로 어떻게 지원할 것인가?
(인적자원 관리, 마케팅 관리, 재무 관리, 생산 관리, 연구개발 관리 등)

본원적 목적 수준 전략enterprise-level strategy이다. 이는 '기업은 왜 존재하는가?' 혹은 '기업이 사회에서 수행하는 역할은 무엇인가?'와 같은 기업의 존재론적 의식 수준의 전략을 의미한다. 즉, 주주 자본주의 관점에서의 기업과 이해관계자 관점에서의 기업은 매우 다른 '본원적 목적 수준 전략'을 강구하게 된다.

두 번째 수준의 전략은 전사적 수준의 전략corporate-level strategy이다. 이는 기업이 '어떤 사업에 진출할 것인가?'와 같은 기업의 사업 선택의 전략이다. 기업이 사업을 선택하는 요인에는 물론 투자에 대한 수익성을 고려한 사업성의 검토가 중요한 몫을 차지할 것이다. 하지만 전략체계의 일관성 원칙에 따라 사업의 선정은 그 상위의 전략 층위인 기업의 '본원적 사명과 목적'에 부합되어야 할 것이다. 즉, 기업이 진출하는 사업은 그 자체로서 투자 수익률을 높이기 위한 사업 영역이기 이전에 기업의 사명을 완수하기 위한 방편이다. 스티브 잡스의 애플사가 선택한 퍼스널 컴퓨터 사업이나 유일한의 유한양행이 진출을 결정한 의약품 사업은 각각 사회적 계몽과 민중 건강이라는 목적이 이끄는 사업 영역이었던 것이다. 훌륭한 기업의 훌륭한 목적과 훌륭한 사업 선택은 서로 맞물려 있는 것이고, 책임경영의 전략적 선택의 첫 순간은 목적에 기반을 둔 사업 선택에 있다.

세 번째 수준의 전략은 사업부 수준의 전략business-level strategy이다. 이는 기업이 '주어진 사업부문에서 어떻게 경쟁할 것인가?'의 선택이다. 예를 들어 하버드대학의 전략경영 전공 교수인 마이클 포터Michael Porter는 원가우위 전략cost leadership strategy, 차별화 전략differentiation strategy 그리고 틈새시장 전략market niche strategy 혹은 집중화 전략focus strategy 등 세 가지 기본적인 사업부 수준의 전략을 제시했다. 원가우위 전략이란 타사보다 낮은 원가를 설정하여 경쟁우위를 확보하는 전략을 의미한다. 낮은 원가로 재화 또는 서비스를 생산해 소비자들에게 타사보다 저렴한 가격에 제공함으로써 비교우위를 확보하는 전략이다. 이 전략은 기업 운영의 효율화를 통해 제품의 원가를 시장의 최저치로 설정하여 경쟁사보다 낮은 가격으로 고객에게 어필하는 데 초점을 맞춘다.

차별화 전략은 차별화된 제품이나 서비스의 제공을 통해 기업이 산업 전반에서 독특하다고 인식될 수 있는 그 무엇을 창조함으로써 경쟁우위를 달성하고자 하는 전략이다. 일반적으로 디자인, 기술, 마케팅, 브랜드, 기업 이미지 등을 통해 이루어진다. 이해관계자 자본주의의 패러다임 안에서의 기업 생태계와 상생하는 기업 이미지와 명성 자본reputation capital을 기업이 구축하는 전략도 이에 해당한다.

틈새시장 전략(혹은 집중화 전략)은 특정 시장, 즉 특정 소비자 집단, 일부 품목, 특정 지역 등을 집중적으로 공략하는 것을 뜻한다. 집중하는 시장 영역 안에서는 원가우위나 차별화 중 하나를 선택하게 된다.

이해관계자 패러다임으로의 전환을 위해서 기업의 사업 수준 전략은 주어진 사업 영역 안에서 기업 생태계와 선순환을 이루고 상생의 기업 이미지를 부각시키는 차별화를 지향한다. 윤리적 소비운동[5]이나 사회적 책임투자운동[6] 등과 같이 21세기의 이해관계자들은 깨어 있는 기업의 의미 있는 차별화한 스토리텔링에 공감하고 기꺼이 제품의 구매나 사업의 투자 등 회사의 활동에 헌신하고 참여하고자 한다. 이러한 이해관계자와의 공감 안에서 기업은 목적과 사업 선택 그리고 그 안에서의 경쟁방식이 하나로서 일관성 있는 체계를 이루어 지속적으로 성장하고 발전할 수 있다.

마지막으로 네 번째 수준의 전략은 기능부서 수준의 전략functional-level strategy이다. 이는 해당 사업부문 안에서 마케팅, 인사,

생산, 재무, 연구개발 등 각 기능부서 수준의 전략을 의미한다. 기능부서 수준의 전략 층위에서도 다른 상위 전략과 마찬가지로 조직의 자기 본원적인 사명에서 비롯된 일관성 있는 전략체계의 유지가 중요하다. 예를 들어 사업부 단위의 원가우위 전략 안에서의 인적자원 관리 기조와 차별화 전략 안에서의 인적자원 관리 정책과 전략은 달라져야 한다. 전자가 인건비 최소화와 기계적 노동통제 관점의 인사 관리였다면, 후자는 근로자와의 관계적 형평성을 존중하고 참여와 헌신을 통해 창의성을 발휘하게 하는 인적자원 관리 전략의 정책적 지향성을 가지게 될 것이다.

훌륭한 기업경영의 계획화 관리과정에서 목표와 전략체계는 조직의 사명을 정점으로 하여 일관성 있는 시스템을 이룬다. 그리하여 모든 구성원의 매일의 일터는 조직의 목적과 사명을 실천하는 현장이 되어야 한다.

전략 관리의 합리성과 SWOT 분석

기업의 경영 전략 관리는 의사결정 과정이다. 의사결정decision-making이란 여러 대안 가운데 하나를 선택하는 것을 의미한다. 예를 들어 고정급 혹은 성과급과 같은 임금제도 가운데 한 가지 제도의 선택과 관련한 의사결정은 임금 관리 전략의 핵심이고, 원가우위와 차별화 가운데 한 가지의 시장진출 기조를 선택하는 의사결정은 마케팅 전략의 핵심이다. 경영학은 의사결정의 학문인 것이다.

그런데 기업경영의 궁극적인 효과성을 극대화하기 위해서는 기업조직의 각 층위와 부문에서의 전략적 의사결정이 합리적이어야 한다. 의사결정의 합리성rationality이란 의사결정자와 그 의사결정을 둘러싼 이해관계자의 효용가치를 극대화untility maximization하는 의사결정을 의미한다. 결국 합리적인 인적자원 관리 전략, 합리적인 마케팅 전략, 합리적인 생산 관리 전략 그리고 합리적인 재무 관리 전략 등은 합리적인 경영을 이루게 하고 기업조직의 형평성, 효율성 그리고 효과성을 극대화한다.

비합리적인 의사결정이 이루어지는 이유는 정보의 불완전성incomplete information, 인간의 인지적 오류cognitive bias[7] 그리고 조직 내의 정치와 권력power and politics에 의한 불합리성 등에 기인한다. 따라서 의사결정자가 시간과 자원의 제약 안에서 환경적 불완전성을 완전하게 극복하지 못한다면 합리성을 지향한다 하더라도 언제나 100퍼센트의 완전한 합리성을 이루기란 어려울 것이다. 허버트 사이먼Herbert Simon은 이러한 제약조건하에 인간은 최적의 해 대신 만족스러운 해를 얻을 뿐이며, 이를 제약된 합리성bounded rationality[8]이라 했다.

합리적인 의사결정의 제약조건 가운데 가장 근본적인 것은 정보의 불완전성이다. 제약된 합리성을 극복하고 의사결정의 합리성을 제고하기 위해 의사결정자는 의사결정과 관련한 정보를 최대한 수집할 필요가 있다.

따라서 전략 관리의 의사결정 과정에서 합리성을 극대화하기 위해 필요한 정보를 수집해야 한다. [그림 3-3]은 전략 관리의 의사결정 과정의 흐름을 보여준다. 조직의 사명과 부문별 목표가 수립되면 이를 가장 효과적으로 달성할 수 있는 전략을 목적 수준 전략, 전사적 전략, 사업부 전략 그리고 기능부서 전략 층위에서 각각 수립한다. 그리고 이러한 층위별 전략이 최대한의 합리성을 담보하기 위해 SWOT 분석을 실시하게 된다. SWOT 분석은 바로 의사결정 과정을 위한 필요한 정보의 수집과 분석과정이다.

SWOT 분석은 조직 내부자원의 강점Strength과 약점Weakness 요인 분석과 외부 환경의 기회Opportunity와 위협Threat 요인 분석의 두 가지 차원에서 이루어진다. 내부자원 분석은 재무 분석, 인적자원 분석, 마케팅 분석, 생산 관리 분석 그리고 기타 내부자원의 강점과 약점 분석 등이 있다. 외부 환경 분석은 산업과 시장 동향 분석, 경쟁업체 전략 분석, 정치 · 법제 환경 분석, 거시경제 환경 분석 그리고 정보통신기술 발전추세 분석 등이 포함된다. 이러한 SWOT 분석은 합리적인 전략체계의 수립을 위하여 전사적 전략 혹은 기능부서별 전략과 같은 각 층위별 전략 그리고 인사, 마케팅, 생산 등과 같은 각 부문별 전략으로 이루어진다. 조직의 사명과 목표체계 수립, SWOT 분석 그리고 합리적인 전략체계의 수립

[그림 3-3] 전략 관리과정과 SWOT 분석

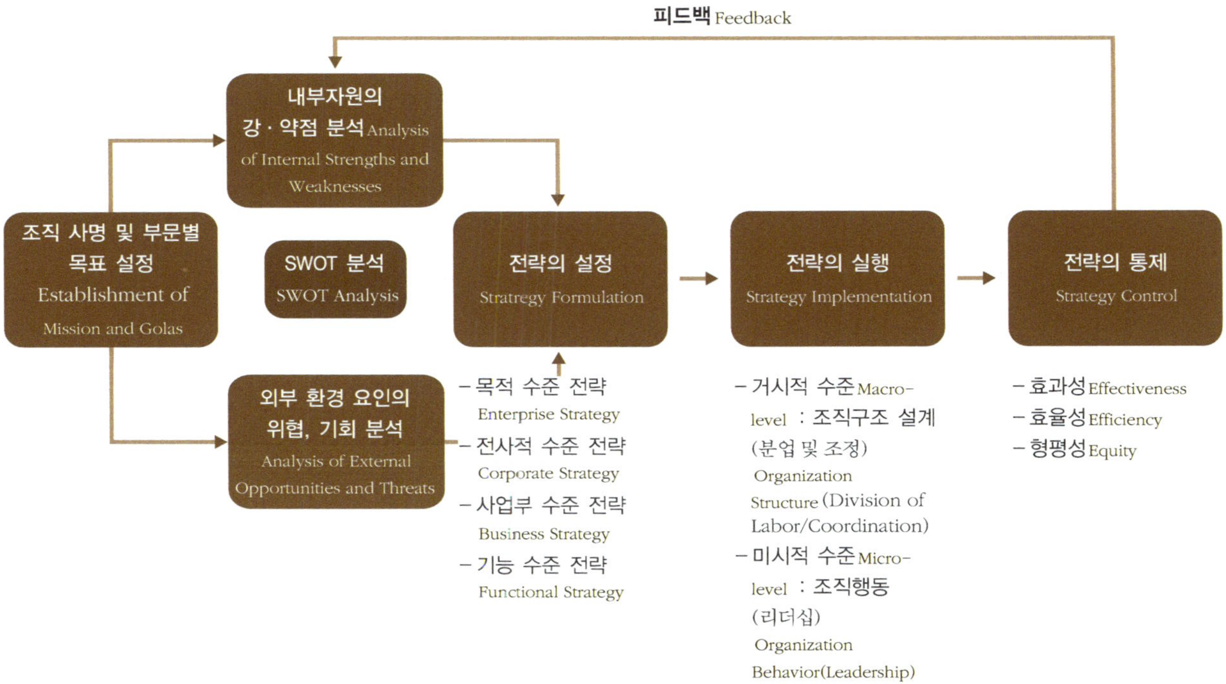

과정까지가 계획화planning 관리과정이다.

표 3-2 SWOT 분석 : 조직 내부자원과 외부 환경 분석

내부자원 분석 (Internal Resource Analysis)	외부 환경 분석 (External Analysis)
▪ 재무 분석 (Financial Analysis)	▪ 산업 및 시장 동향 분석 (Industy and Market Analysis)
▪ 인적자원 분석 (HR Analysis)	▪ 경쟁업체 전략 분석 (Competitor Analysis)
▪ 마케팅 분석 (Marketing Analysis)	▪ 정치적 · 법제적 환경 분석 (Political and Regulatory Analysis)
▪ 생산 관리 분석 (Operation Analysis)	▪ 거시경제 분석 (Macroeconomic Analysis)
▪ 기타 내부자원의 강/약 분석 (Strengths and Weaknesses ; SW)	▪ 생산기술 동향 분석 (Technological analysis)
	▪ 기타 외부 환경 요인의 기회/위협 분석 (Opportunities and Threats ; OT)

[그림 3-1]과 같이 합리적인 전략체계가 층위별로 수립되면 이를 실행에 옮기는 전략의 실행과정strategy implementation이 이어진다. 경영자는 우선 계획화 과정에서 수립된 조직의 방향을 전체 조직의 틀(즉, 조직구조) 안에서 실행할 수 있도록 해야 한다. 거시적 수준에서의 전략 실행과정이 조직화organizing 관리과정이고, 그 핵심은 합리적인 조직구조 설계(즉, 분업과 조정)과정이다. 조직화 관리과정 이후 미시적인 수준에서의 전략 실행과정이 이어진다. 개인과 집단 차원의 구성원 행위를 이끄는 지도화leading 관리과정

이다.

전략의 실행과정 후에 전략의 통제화controlling 관리과정이 이루어진다. 조직 성과 관리의 기준은 결국 형평성, 효율성 그리고 효과성이다. 목표를 달성하지 못하면 SWOT 분석과정으로 피드백되어 전략 관리의 합리성을 제고하는 노력이 지속적으로 이루어진다.

4. 전략경영의 역사적 전환

기업경영은 옳은 일을 올바른 방법으로 하는 것이다. 계획화과정에서 이루어지는 합리적인 전략체계 수립과 실행과정인 전략경영은 훌륭한 경영을 위한 옳은 방향을 제시하는 나침반과도 같다.

근대 과학혁명과 함께 발생한 산업혁명을 배경으로 하는 경영학은 초기의 과학적 관리론이 상징하듯 기계적 감독과 통제의 방식이 조직 관리의 핵심이었다. 뉴튼Isaac Newton[9]의 고전 물리학과 다윈Charles Darwin[10]의 진화론처럼 고전 경영학의 전략 관점은 분절적 세계관 안에서 기계적 통제의 효율성을 높이고 약육강식의 세계와도 같은 시장 안에서 제로섬적인 개선을 추구하는 것이었다.

하지만 현대물리학의 양자론에서 증명하듯 입자와 파동은 동시에 통일된 전체로서 파악될 뿐이어서 부분의 파편적 분석과 통제란 전체성에서 파악되지 않으면 의미가 없게 되었다[11]. 부분은 전체와의 관계성 안에서만 설명될 수 있는 것이다. 또한 현대 생물학에서도 약육강식의 자연선택을 넘어서는 공생의 시대를 논의하기 시작했다[12].

인류 의식의 진화와 함께 현대 경영학에서도 전략경영은 이제 새로운 통합된 세계관과 생태계와의 조화 안에서 과학적 관리론을 넘어서 신과학적 관리론으로 전환해야 할 시점에 와 있다. 고전적인 전략경영의 관점은 다음의 세 가지 차원에서 역사적인 전환점을 맞이하고 있는 것이다.

폐쇄적 시스템에서 개방적 시스템으로의 전환 : 집단지성과 협력적 시민대중의 시대

전략경영의 첫 번째 전환적 관점은 기업경영을 폐쇄적 시스템에서 개방적 시스템으로 보는 관점으로의 전환이다. 현대 기업조직은 열려 있는 경계 안에서 기업 생태계와 조화를 이루어 발전해 가야 한다.

1990년 게리 해멀Gary Hamel이 발표한 전략경영 이론의 대표적인 이론인 자원 기반 이론resource-based theory은 단적으로 역량 수준이 높은 자원(즉, 인적자원 혹은 기술자원과 같은)의 확보와 유지를 통해 기업이 경쟁적 우위를 점할 수 있다는 이론이었다. 이는 기업조직의 폐쇄적인 경계 안에서 우리 조직만의 배타적인 자원 우위를 확보함으로써 경쟁에서 이길 수 있다는 자기 중심적인 관점이다. 예를 들어 1768년 처음 발행된 영국의 브리태니커 백과사전Encyclopedia Britannica은 세계적으로 가장 우수한 연구진(즉, 인적자원)을 고용함으로써 1980년대까지 전 세계적인 경쟁력을 담보할 수 있었다. 그러나 인터넷의 발달과 함께 세계화의 초연결성 시대가 도래하면서 브리태니커 백과사전은 경쟁력을 잃고 말았다. 대신 위키피디아Wikipedia 인터넷 백과사전이 백과사전 분야의 새로운 강자로 떠올랐다.

환경의 불확실성과 복잡성이 증가할수록 자원 기반 전략 관점은 더욱 한계를 가지게 된다. 탈산업화 시대의 글로벌 환경 안에서 기업은 생태계의 전일성과의 관계성(생태계적 존재론) 안에서 올바르게 파악될 수 있고, 생태계의 집단 지성(생태계적 인식론)을 통해 가장 옳은 일을 분별해 낼 수 있는 시대로 나아간다.

펜실베니아대학교 경영대학원의 제레미 리프킨 교수는 2014년 발간된 그의 저서 『한계비용 제로 사회*The Zero Marginal Cost Society*[13]』에서 사물인터넷, 3D 프린터, 블록체인, 인공지능과 같은 4차 산업혁명 기술은 인류에게 새로운 자본주의의 시대를 맞이하게 하고, 이는 자본주의의 탄생 시기와 마찬가지로 일정한 시민혁명을 동반하게 되는데 이번의 새로운 자본주의에 등장하는 시민혁명의 주체는 '협력적 시민대중collaborative commons'이라고 했다. 생태계적 존재론과 인식론의 시대에는 집단지성을 통해 인류의 의식이 진화하고 4차 산업혁명 기술은 이러한 집단지성의 시민적 참여를 더욱 촉진하게 한다는 것이다. 새로운 시대의 훌륭한 기업 전략은 폐쇄된 경계 안으로 '우리만의' 자원을 격리시키는 것이 아니라 협력적 시민대중이기도 한 종업원, 소비자, 투자자 등 이해관계자들을 우리 회사의 가치와 목적에 공감하게 함으로써 헌신하게 만드는 것이다.

2001년에 출범한 인터넷 위키문서 기반 백과사전인 위키피디아(Wekipedia). 세상 지식을 누구나 기록하고 나누자는 열린 백과사전의 꿈에 공감하는 21세기의 협력적 시민대중이 함께 참여하는 집단지성의 성공 사례다. '위키'는 '위키위키(빨리빨리)'라는 뜻의 하와이 말에서 유래했다.

새로운 인류문명 전환의 시대에 기업조직은 경제 생태계와 조화를 이루어 발전하는 전략경영과 새로운 패러다임을 맞이하고 있다. 주주 자본주의를 넘어 이해관계자 자본주의의 시대에는 여러 이해관계자의 협력이 필요한 것이다. 미래의 기업조직은 열려 있는 경계 안에서 생태계와 조화를 이루는 발전을 이루어가야 한다.

경쟁에서 상생으로의 전환 : 공유가치 창출 전략의 시대

전략경영의 두 번째 역사적 전환은 경쟁에서 상생으로의 전환이다. 전장에서의 장수가 전쟁에서 이기는 병법의 의미를 지니고 있는 전략이라는 용어는 기업이 시장에서 다른 경쟁기업을 누르고 시장 점유에서 우위를 점한다는 개념을 전쟁터의 싸움에서 승리하는 것에 비유한 사뭇 투쟁적인 개념으로 출발한 어휘이다. 내가 갖지 못한 것은 남이 가져간다는 철저하게 제로섬 게임zero-sum game적인 논리로 기업의 전략경영 개념은 생겨났다. 그렇지만 책임경영의 시대로 접어들면서 기업경영의 전략 개념은 '계몽된 자기이익enlightened self-interest[14]'에 기반한 선순환 게임positive-sum game의 논리로 진화하게 된다.

전통적인 전략경영의 이론으로 가장 널리 알려진 마이클 포터의 '산업구조 분석 모형Five Forces Model'은 1979년 최고 권위를 가진 경영학 학술지인 하버드 비즈니스리뷰Harvard Business Review에 발표되었다[15]. 포터는 기업의 경쟁적 우위는 우호적인 환경의 산업을 선택하는 데 있고 이는 다섯 가지의 대표적인 요인에 의해 결정된다고 보았다. 즉, 산업 내 기존 기업들 간의 경쟁 정도intensity of competitive rivalry[16], 잠재적 신규업체의 진입 위협threat of new entrants[17], 대체상품의 위협threat of substitute products or services[18], 소비자(혹은 소비업체)의 교섭력bargaining power of buyers[19] 그리고 공급업체의 교섭력bargaining power of suppliers[20]의 다섯 가지 요인이다. 결론적으로 우호적인 환경의 산업구조란 다른 조건이 동일하고 신규업체의 진입장벽이 높아 그 진입 위협이 낮고 대체 상품의 위협과 소비업체의 교섭력과 공급업체의 교섭력이 낮을수록 산업 내 경쟁 정도가 낮은 독점적 환경의 산업을 의미하며, 이 경우 기업은 전략적 경쟁우위를 가지게 된다는 것이다.

1979년에 발표된 포터의 '산업구조 분석 모형'은 기업의 경쟁적인 우위를 가져다주는 우호적인 산업 환경 분석의 체계적 모형으로서 널리 인정을 받은 이론이지만, 기본적인 접근이 철저하게 제로섬적인 사고에 기반하고 있다. 즉, 경쟁업체와 협력업체(소비업체 및 공급업체)와의 관계에서 독점적인 우위를 점하는 것이 기업의 경쟁력에 절대적으로 중요하다는 점을 강조한 것이다. 또한 기업 외부의 산업 환경 요인에만 집중하고 기업의 내부적 요인은 간과한 면도 있어 통합적인 전략 모형으로서의 한계가 있다.

이로부터 30여 년의 세월이 지나 2011년 마이클 포터는 같은 학술지인 하버드 비즈니스리뷰에 '공유가치 창출Creating Shared Value ; CSV'[21]이라는 또 다른 기념비적인 전략이론을 제시한다. 그러나 이 이론은 산업구조 분석 모형과는 달리 기업과 기업의 내 · 외 이해관계자와의 선순환 관계를 통한 상생을 강조하는 모형이다.

CSV 모형에서 포터는 기업과 사회는 절대 서로 대립적으로 양립하는 존재가 아니라고 주장한다. 기업은 사회의 토대 위에 있으며 사회 역시 기업으로부터 이익을 얻게 되므로 기업과 사회는 상생관계라는 것이다. 그리고 기업의 진정한 전략은 사회와 기업 모두에게 공유되는 가치를 창출하고 이를 통해 지속가능한 이익을 만들어야 한다고 설명한다.

예를 들어 CJ푸드빌의 경우 인도네시아 자카르타 빈민 지역에서 청소년 대상의 제빵학교를 현지 정부와 협력사업으로 운영하고 있는데, 이를 통해 인도네시아 현지 지역사회 문제 해결에 기여하면서 동시에 인도네시아 현지에 진출한 뚜레쥬르Tour Les Jour 체인점의 안정적인 양질의 제빵사 공급을 확보함으로써 회사의 이익 창출에도 기여하고 있다[22].

CSV는 결국 사회적 문제의 해결이 곧 이익이 되는 비즈니스 모델인 셈이다. CSV를 통한 이익의 지속적 창출은 결국 지구 인류 공동체에 산적한 사회문제를 기업이 가진 창의성과 자원을 통해 해결해 나갈 수 있는 마법인 셈이다.

마이클 포터의 1979년 산업구조 모형과 2011년 CSV 전략 모형은 사뭇 다른 관점에서 기업경영의 전략 모형에 접근하고 있다. 한 세대(30여 년)가 지난 후에야 비로소 포터의 경영 전략 모형은 생태계의 건강을 통해 내 자신의 건강함을 도모할 수 있음을 깨닫는 '계몽된 자기이익'에 기반한 공동체의 번영을 향하게 되었다. 이는 책임경영학의 연구로 귀결된 한 전략경영 학자의 여정이기도 하다. 자본 중심의 자본주의에서 이해관계자 중심의 자본주의로 전환하는 이 시대에 제로섬을 넘어 상생의 관점으로 전략경영

1억 5,000만 년에 걸친 벌의 진화 역사에서 벌들은 '육식'을 끊고 꽃과 공생하게 되었다고 한다. 공생의 결과 벌은 사냥의 위험에서 벗어나고 꽃은 벌의 도움으로 더욱 생명력을 키우게 되어 상생의 생태계를 이룬다. 진화는 약육강식의 적자생존이 아닌 공생과 상생으로 이어지는 생태계의 생명력을 따르는 것이다.

의 패러다임은 진화한다.

계획 관점에서 학습 관점으로의 전환 : 학습조직과 지식경영

기업의 전략적 의사결정은 전통적으로 중앙집권적인 상명하달식top-down의 구조로 이루어졌다. 전략의 수립과정은 의도적이고 합리적이며, 선형적인 과정을 통해 이루어진다고 보았던 것이다. 목적과 목표를 수립한 후에 수단을 합리적으로 강구할 수 있다는 관점이다. 또한 조직의 인간 구성원은 하달된 작업구조 안에서 수동적으로 작동하는 생산 요소로 여겨졌다. 이는 전략 관리의 전통적인 계획 관점planning school이다.

하지만 탈산업화 사회의 현대 기업의 글로벌 경영 환경 안에서 모든 전략이 예측가능한 방법으로 언제나 합리적으로 수립될 수는 없다. 오히려 전략은 적응적이고 점진적이며, 복잡한 학습과정을 통해 형성된다. 21세기의 기업은 생산현장에서 일선 종업원의 정보와 지식을 수렴하여 유연하고 긴밀하게 환경의 변화에 적응해가는 현장 수렴bottom-up의 전략 관리 의사결정체제를 갖추게 된 것이다. 이러한 전략 관리의 새로운 패러다임을 학습 관점learning school이라고 한다. 미리 규정되어 하달되는pre-determined 전략이 아니라 현장에서의 시행착오를 거쳐 결국 옳은(즉, 합리적인) 전략으로 수렴되는 학습 관점의 전략을 형성 전략emergent strategy이라고 한다.

학습 관점에 따른 형성 전략의 시대에 종업원의 역할은 더 이상 소모품적인 노동이 아니라 지식근로자knowledge worker로서의 중요성을 가진다. 오늘날의 기업에서 종업원의 역할은 더 이상 사전에 결정된 작업구조 안에서 수동적으로 작업을 수행하는 기계적 생산 요소로서의 역할이 아닌, 의식을 가지고 창조적인 작업을 함께 수행해 나가는 능동적인 인간 존재로서의 역할로 진화하는 것이다.

MIT 경영대학의 피터 센지Peter Senge 교수는 1991년에 출간된 그의 저서 『제5의 법칙*The Fifth Discipline*』에서 조직의 학습역량learning capability이야말로 현대 기업의 경쟁력에 결정적인 역할을 하게 되는 것임을 학습조직learning organization 이론을 통해 제시했다[23]. 특히 조직의 학습역량을 위해 개인적 수련personal mastery, 패러다임mental model, 공동체 학습team learning, 비전의 공유shared vision 그리고 시스템 사고system thinking의 다섯 가지 원칙이 중요함을 설명했다.

학습역량을 제고하는 학습조직은 기계가 아닌 생태계 안의 생명 시스템으로 보아야 하며, 지속적인 경영혁신 전략으로서 개인 학습individual learning, 팀 학습team learning, 조직 학습organizational learning이 상시적이고 지속적으로 이루어질 수 있도록 하는 조직적 기제organizational mechanism가 무엇인지를 찾아 제도적, 문화적,

시스템적 그리고 업무 환경적 차원의 노력을 전개함이 중요함을 설명했다. 특히 일선 근로자의 문제 인식, 문제 해결을 위한 대안 제시와 이행 등 문제 해결을 위한 끊임없는 노력이 중요하고 이를 통해 축적되는 학습역량이 조직 전체의 전략적인 자산이 될 수 있도록 관리함이 중요한 것임을 설명했다.

전략 관리 의사결정 과정에서 인간의 주체적 역할을 강조한 또다른 대표적인 학자는 노나카 이쿠지로Ikujiro Nonaka이다. 그는 1995년 출간된 『지식창출기업*The Knowledge-Creating Company*[24]』에서 기업조직의 종업원이 가지는 업무수행 관련 정보, 지식, 기술, 노하우를 회사의 전체적인 전략적 자산으로 만들 수 있도록 하는 기업경영의 중요성을 강조하는 지식경영knowledge management이론을 제시했다. 즉, 종업원은 업무를 수행하는 과정에서 명시적인 작업 지시사항 이외에 자신만의 암묵적 영역의 지식과 정보를 축적하게 되는데, 이쿠지로는 기업이 전략적 경쟁력을 높이기 위해서는 종업원이 축적한 암묵적 차원의 지식(암묵지implicit knowledge)을 조직 전체가 공유할 수 있는 명백한 차원의 지식(명백지explicit knowledge)으로 변환시킬 수 있도록 해야 한다며 조직 관리의 중요성을 설명했다. 특히 경영 환경의 불확실성과 복잡성이 증가함에 따라 모든 것을 명문화된 작업규정으로 사전에 정해 놓기 어려운 상황일수록 일선 종업원이 가지는 암묵적 영역의 사적 지식은 더욱 중요해진다.

지식경영은 내부 이해관계자인 종업원뿐만 아니라 소비자, 협력업체, 지역사회 등 모든 외부 이해관계자도 참여할 수 있다. 이해관계자가 평소에 가지게 된 정보와 지식을 회사를 위해 기꺼이 제공하는 것은 협력적 시민대중의 참여와 헌신의 행위인 것이다. 이는 현대 기업조직의 경쟁력의 핵심인 생태적 조화가 발현하는 순간이다.

전략 관리의 패러다임이 전통적인 계획 관점에서 학습 관점으로 전환한다는 것은 기업조직의 의사결정 구조가 중앙집권적인 기계적 통제 시스템에서 분권적 의사결정과 민주적 조직 시스템으로 진화함을 의미한다. 민주적인 구조 안에서 협력적 시민대중인 이해관계자의 시민정신이 책임성 있게 발휘된다. 경제 생태계와의 조화를 통해 기업은 시스템 안의 지혜를 수렴할 수 있고 민주적인 과정을 거쳐 형성된 전략은 이해관계자들의 수용성과 충성심을 불러일으키는 선순환의 효과도 지닌다. 조직의 열려 있는 경계 안에서 쌓아가는 기업의 생태적 평화는 개선보다 귀한 전략이다.

5. 깨어 있는 기업의 이해관계자 경영 전략

지금까지 계획화 관리과정의 기본 개념과 함께 기업의 전략경영이 탈산업화 시대를 맞이하여 새로운 패러다임으로 전환하고 있음을 살펴보았다. 이제 이해관계자 자본주의의 시대를 맞이하여 현대 기업조직은 이해관계자 중심의 경영 전략을 기업운영의 기조로 삼게 되었다. 이해관계자 중심 전략은 기업조직의 내·외부 주요 이해관계자(즉, 종업원, 소비자, 협력업체, 경쟁업체, 지역사회, 국제사회, 자연환경 등)와 공생의 선순환적 관계를 유지하고 이를 통해 기업의 지속가능한 전략적 경쟁력을 제고하는 전략이다. 이는 책임경영 패러다임의 기본적 토대를 이루는 전략적 운영 기조이다.

책임경영 패러다임 안에서 깨어 있는 기업이 이해관계자 중심

[그림 3-4] 이해관계자 경영(stakeholder management)

의 경영 전략을 진정성 있게 실천할 수 있다. 깨어 있는 기업은 기업의 본원적 목적을 의식하고 옳은 일을 실천하는 기업이다. 깨어 있는 자본주의 운동conscious capitalism movement을 이끌고 있는 라젠드라 시소디어Rajendra Sisodia와 존 매키John MacKey는 이해관계자 경영의 실천을 위해 다음과 같은 세 가지 원칙을 제시한다[25].

- 기업은 이익 극대화를 초월하는 보다 궁극적인 목적과 미션을 가져야 한다.
- 기업은 경제생태 환경시스템(즉, 상호 의존성) 안에서 주주(혹은 자본주)뿐 아니라 모든 이해관계자들의 건강함을 도모할 수 있어야 한다.
- 이러한 새로운 패러다임의 기업경영을 실천에 옮기기 위하여 섬김의 진정성 있는 리더십(authentic leadership)과 공동체적 조직문화가 뒷받침되어야 한다.

주주 관점에서 이해관계자 관점으로 전략 관리의 기조를 전환하는 것은 마치 생명 시스템의 DNA 구조를 바꾸는 작업만큼이나 거대한 전환이다. 그만큼 큰 도전이자 기회인 것이다.

이해관계자 관점의 경영 패러다임은 기업의 소명의식에서 출발한다. 이를 위해 그 기업조직의 구성원 모두가 조직의 역사적 전통과 가치 안에서 정체성과 미션을 확고히 공유하는 것이 중요하다. 그리하여 기업의 생존과 진화는 경제 생태계 안에서의 전일

나비의 애벌레 단계에서 아름다운 성충 나비의 모습을 상상하기는 쉽지 않다. 생물학자들은 나비의 생애주기에서 완벽한 성충으로의 탈바꿈(metamorphosis)인 전환은 특별한 확장 유전자(broad DNA)에 의한 유전자 구조 변화로 나타난다고 한다. 기업 생태계 중심의 깨어 있는 자본주의(conscious capitalism)는 자본주의의 새로운 유전자 구조를 통해 고차원적인 자본주의로의 전환을 이루는 것이다.

적인 상호 의존성을 가지는 이해관계자와 상생의 관계를 통해 이루어질 수 있음을 깨닫고 이를 위한 창의적이고 진정성 있는 이해관계자 상생 전략을 수립하고 실천해야 한다. 이를 위해 구성원이 전략 형성에 참여하는 학습조직적 토양(제4장 조직화—생명을 품은 조직 시스템 참조)과 이를 진정성 있게 지원하는 섬김의 리더십과 공동체적 조직문화(제5장 지도화—지혜를 일깨우는 리더십 참조)가 필수적으로 요구된다.

이해관계자 관점의 경영 전략에 대한 보다 구체적인 이해를 위해 각 이해관계자별로 상생 전략의 기본 방향을 살펴보고, 전일적 상호 의존성의 전체적 맥락 안에서 기업 생태계의 선순환 전략을 살펴보자. 각 이해관계자별 전략은 각 부분으로 유리되는 것이 아니라 '부분적 전체'의 맥락에서 전일적 시스템holistic system으로 바라보아야 한다.

종업원 : 이해관계자 경영의 초석

전통적인 과학적 관리론에서 종업원은 다른 금융자본이나 원자재처럼 하나의 생산 요소인 자원으로 간주되었다. 종업원은 비용 최소화의 대상이었고 회사의 이익 극대화를 위한 도구적 존재였다.

조직의 학습역량이 기업경쟁력의 중추적 역할을 수행하게 된 오늘날의 기업 환경에서는 종업원의 기계적인 업무수행을 넘어서는 종업원 열의employee engagement와 헌신이 요구된다. 종업원이 자발적으로 그들의 암묵적 지식과 정보와 노하우를 회사를 위해 기꺼이 내놓음으로써 기업은 창의적인 전략을 형성할 수 있게 되는 것이다.

회사에 대한 종업원의 헌신과 충성심은 다른 외부 이해관계자인 소비자, 협력업체, 일반 사회의 시민대중 등에도 전파된다. 회사의 가치와 의미에 공감하는 종업원은 기업의 홍보대사로서 조직의 명성자본을 더욱 키워가는 데 헌신하게 된다. 내부 이해관계자인 종업원의 회사에 대한 헌신은 이해관계자 상생 전략의 초석이다.

종업원 이해관계자와의 상생 전략의 핵심은 종업원으로 하여금 자신의 일의 의미를 깨닫게 하고 주인의식ownership을 갖게 함으로써 일에 헌신하게 만드는 데 있다. 민주적인 직장조직 안에서 종업원으로 하여금 일정한 시민의식을 가지고 행동orgnizational citizenship behavior ; OCB할 수 있게 하는 것이다. 종업원과의 관계에서 이해관계자 전략경영의 지향점으로서 다음과 같은 사항을 염두에 두어야 한다.

- 기업은 종업원을 존엄한 인간 존재로서 대우해야 한다. 인간의 존엄성을 지니는 종업원은 소모적인 자원이 아닌 그 스스로 가치를 생성하는 원천인 인간자본이다.
- 종업원의 삶이 기업에 맡겨진 것이고 기업은 스스로 책임 있고 훌륭한 집사의 역할을 수행해야 한다.
- 종업원이 인간으로서 성장하고 발전하며 궁극적으로 그들의 자아를 실현할 수 있도록 기업은 도와야 한다.
- 기업은 종업원이 자신의 잠재력과 재능을 발현하면서 전인적 존재로서 학습하고 성장할 수 있도록 지원해야 한다.

위에 열거한 종업원 이해관계자 전략의 지향점을 가지고 회사의 고유한 맥락에 부합하는 창의적이고 진정성 있는 종업원 상생 전략을 수립하고 실천한다. 이는 경영학의 각론에서 인적자원 관리human resource management 분야의 영역이다. 이해관계자 패러다임의 경영학에서는 인적자원 관리를 넘어 인간 존중의 경영으로 진화할 시점에 와 있다.

보다 구체적으로 종업원 이해관계자 상생 전략을 위해 각 기업의 상황에 맞추어 다음의 주제에 대해 연구하고 전략을 수립한다.

첫째, 종업원 이해관계자와의 상생 전략을 위해 우선 관계의 형평성equity 관리를 위한 노력이 필요하다. 이를 위해서 기업은 종업원의 자아실현과 같은 심원한 욕구 충족을 위해 노력해야 한다. 종업원 노력과 성취를 인정하고 이를 타당한 방법으로 보상해야 한다. 이 외에도 종업원의 임금과 복지 수준 그리고 작업 환경과 같은 기본적 고용조건에 대한 만족도도 지속적으로 관리해야 한다.

둘째, 민주적인 조직구조와 직무설계를 통해 종업원이 일의 의미를 일깨울 수 있도록 제도적 지원을 해야 한다. 스스로 열정을 가지고 프로젝트를 수행할 자율성을 부여하고, 성장을 위하여 풍부한 기회를 주는 직무설계를 해야 한다. 이를 위해 종업원의 재량권과 포괄적 시야를 보장하는 조직구조 설계가 중요하다.

셋째, 종업원 열의를 높이고 회사에 헌신할 수 있도록 인도하는 조직 공동체문화의 구축과 이를 이끄는 리더십이 필요하다.

조직의 구성원이 공동체 의식 안에서 서로 존중하고, 각자의 다양한 아이디어, 배경, 경험 등 지식 창출과 공유를 통해 조직의 학습역량을 제고한다. 종업원이 창의적인 노력을 하며 실수를 통해 학습하는 문화와 이를 진정성 있게 지원하는 섬김의 리더십이 요구된다.

넷째, 기능 유지적인 인사 관리를 넘어 기업의 목적과 가치에 기반을 둔 인적자원 관리 전략이 필요하다. 기업의 목적과 가치에 부합하는 세심한 종업원 선발제도, 내부 충원과 승진 기회 보장, 협업과 상생의 해를 위한 교육과 훈련, 일과 삶의 균형 관리 등 상생의 종업원 이해관계자 전략을 지원하는 인적자원 관리의 기조가 필요한 것이다. 노사협력과 노사관계의 사회적 책임도 종업원 상생 전략을 위한 중요한 인적자원 관리의 한 분야다.

종업원 이해관계자 경영 전략을 통해 종업원의 회사에 대한 충성심을 높일 수 있고 종업원은 열의와 주인의식을 바탕으로 회사의 지식경영에 능동적으로 참여한다. 종업원의 창의성은 일의 목적과 의미에 깨어 있음에서 샘 솟는 것이다. 이해관계자 경영의 초석인 종업원과 기업의 상호 호혜적인 상생의 관계는 기업 생태계 전체에 전파된다.

소비자 : 영혼이 있는 소비의 시대

소비자를 기업 생태계의 이해관계자 관점으로 바라보는 것은 소비자를 이익창출의 수단이 아닌 기업의 존재 목적으로 바라봄을 의미한다. 소비자의 복지well-being는 이익창출을 위한 수단이 아니라 기업이 섬겨야 할 목적 그 자체인 것이다. 이는 곧 기업의 본원적 목적 수준 전략enterprise-level strategy의 영역이다. 이해관계자 경영의 관점에서 기업은 소비자의 지갑을 노리는 것이 아니라 소비자의 마음을 얻을 수 있어야 한다.

이해관계자로서 소비자를 섬긴다는 것은 소비자의 심원한 욕구를 이해함을 의미한다. 초연결성의 지구촌 사회에서 인류는 점점 더 의미를 추구하는 시대로 진화해 간다. 최근 지속가능성의 위기의식과 함께 증가하고 있는 윤리적 소비운동ethical consumption movement은 오늘날의 소비자들에게 구매 행위는 필요한 물품 구입 이상의 자신이 옹호하는 가치를 드러내는 표현이고 궁극적으로는 자신의 자아를 실현하는 체험으로 여기고 있음을 보여준다.

소비자를 이해관계자로 인식하고 대우함으로써 기업은 소비자의 충성심을 얻을 수 있고, 기업에 헌신적인 종업원이 다른 이해관계자에도 긍정적인 영향을 미치는 것처럼 기업에 충성스러운 소비자는 기업의 홍보대사와도 같은 역할을 함으로써 전체 기업 생태계에도 선순환의 영향을 미친다. 또한 기업의 이해관계자 관계에 헌신하는 소비자는 충성스러운 구매 행위뿐만 아니라 소비자로서 가지는 유용한 정보와 지식을 회사에 제공함으로써 조직학습과 지식경영 과정에 기꺼이 참여하기도 한다.

기업이 이해관계자 관점으로 소비자와의 선순환 관계에 투자하기 위해 다음과 같은 소비자 이해관계자 상생 전략의 지향점을 가져야 할 것이다.

- 기업은 소비자가 지향하는 가치를 창출하기 위해 지속적으로 혁신하고 진화해야 한다.
- 기업은 소비자의 삶을 고양시키는 정보를 제공하고 이를 일깨울 수 있어야 한다.
- 기업이 소비자의 취약점을 이용하여 이익을 추구하는 일은 지양해야 한다.
- 소비자를 위해 최선이라고 믿는 바에 기업은 항상 집중해야 한다.
- 기업은 늘 온전한 진정성으로 소비자의 신뢰를 얻어야 한다.
- 기업은 제공하는 제품과 서비스에 완전한 책임성을 가져야 한다.

소비자 행위를 연구하는 경영학의 각론은 마케팅marketing이다. 오늘날의 소비자 이해관계자 경영은 마케팅 연구가 소비자 행위에 대한 기술적이고 조작적인 관리를 넘어서는 소비자의 신뢰와 같은 가치 지향적인 영역까지 진화했음을 알 수 있다. 또한 전일적인 상호 의존성 체계인 기업 생태계 안에서 종업원의 충성심과 소비자의 충성심은 서로 연결되어 있음도 알 수 있다. 이해관계자 패러다임의 현대 경영학에서 소비자 행위의 연구는 전체 기업 생태계의 전일적인 관계성 안에서 이루어져야 한다. 기업의 상황에 맞는 소비자 이해관계자 상생 전략의 개발을 위해서는 다음과 같은 세부 항목의 연구가 필요할 것이다.

우선 첫째, 소비자의 욕구와 추구하는 가치에 대한 이해가 필요하다. 즉, 소비자가 추구하는 가치를 지속적으로 연구하고 소비자의 소비경험 만족도 증진을 위한 방안, 소비자의 신뢰를 증진시킬 수 있는 정책, 소비자의 고충처리 해결 만족도 증진방법 그리고 소비자의 삶의 질 개선을 위한 노력 등이 지속적으로 이루어져야 한다.

둘째, 소비자와의 거래적 관계를 넘어서는 상생의 관계를 증진하기 위해 노력해야 한다. 기업은 소비자의 가치를 옹호하는 지원자의 역할을 다하고 소비자는 기업의 홍보대사와 같은 후원자 역할을 할 수 있을 것이다. 소비자와의 관계에서 기업은 소비자가 궁극적으로 지향하는 가치를 증대하기 위한 책임 있는 노력을 기울여야 한다.

셋째, 기업은 마일리지 제도나 주식보유제도 등과 같은 소비자 참여 전략을 통해 소비자가 제품과 회사에 대해 일정한 주인의식sense of ownership을 가질 수 있도록 해야 한다. 또한 기업은 단지 소비 욕구만을 불러일으키는 것이 아닌 소비자들의 심원한 욕구를 충족하는 마케팅 전략을 통해 소비자의 자아실현과 같은 고차원적인 소비 욕구를 충족시킨다.

회사의 가치에 공감하고 충성고객이 되는 소비자는 기업의 전략계획과정에서 그들의 아이디어를 기꺼이 제공함으로써 지식경영에 참여한다. 소비자 이해관계자와 기업의 상생의 관계는 기업 생태계에 더욱 활력을 불어넣는다.

투자자 : 뿌린 대로 거두리라

전통적인 기업경영의 관점에서 투자자는 유일한 이해관계자였다. 기업경영의 목적은 유일한 이해관계자인 투자자의 수익 극대화에 맞추어져 있었던 것이다. 하지만 기업의 사회적 의미를 곰곰이 생각해보면, 기업이란 사회의 수요에 부응하는 제품과 서비스를 만들 수 있는 재능 있는 사람들이 설립자를 중심으로 모여 목적을 가지고 탄생하는 것이고, 투자자는 이러한 의미 있는 목적을 작동할 수 있는 기업의 생산 활동에 필요한 자본을 제공한다. 따라서 목적을 떠난 투자는 의미가 없다.

시장의 경쟁이 심화할수록 기업의 본원적인 목적과 가치와는 유리된 단기 수익성 중심의 투자가 이루어지기 쉽다. 특히 유일한 이해관계자로서 투자자만을 상정한다면 투자자의 수익을 위해서 종업원이나 소비자와 같은 다른 당사자의 비용과 희생도 마다하지 않게 된다. 주주 자본주의는 이렇듯 단기 수익성 위주의 실물 경제와 단절된 자본주의로 전락하기 쉽다.

이해관계자 자본주의 관점 안에서 투자자는 궁극적인 투자의 목적인 기업의 사명을 달성하는 데 관심을 가지고 단기 수익성이 아닌 회사의 지속가능한 장기적 투자가치를 평가하고 이에 따른 공정한 이자수익을 누린다. 투자자와 기업의 목적과 가치가 상호 적합성을 가지는 것이 중요하다. 깨어 있는 기업은 기업의 목적과 가치를 기반으로 투자자를 까다롭게 선정하고, 진정성 있는 투자자와 강한 연대의식 안에서 지속적인 관계를 맺게 된다. 기업은 투자자와의 상생의 이해관계자 전략을 위해 다음과 같은 원칙을 지킨다.

- 기업은 기업의 장기적 목적과 가치창출 계획에 대해 부합하는 가치를 공유하는 투자자를 유치한다.
- 기업은 회사의 목적, 장기적 전략 계획, 제약조건, 위험과 기회 요인 등에 대해 투자자와 투명하게 공유하고, 지속적으로 자주 소통한다.
- 기업은 목적을 가지고 유치한 재무자본에 대해 책임 있는 관리인의 역할을 다한다.
- 기업은 다른 이해관계자와 선순환의 관계를 이루는 투자자의 장기적 가치 창출에 집중한다.

이해관계자 경영에서 투자자는 사회적 책임경영의 확산을 위해 보다 적극적인 역할도 수행할 수 있다. 사회책임투자socially responsible investment란 투자의 기준을 재무 성과 중심으로 판단했던 기존 방식과 달리, 사회·환경과 같은 사안에 대한 평가를 포함하는 투자방식이다. 친환경이나 사회 공헌 등 기업의 지속가능성에 영향을 미치는 비재무적 요인을 기업 평가에 고려하여 장기적인 관점에서 투자하는 것이다. 투자자 이해관계자가 사회적 책임경영의 윤리적 기준을 제시함으로써 기업 활동의 목적과 가치 지향성을 가지도록 개선하고, 이를 통해 기업의 건전한 성장과 장기적인 투자 이익을 추구하는 것이 사회책임투자의 목적이다.

또한 기업은 종업원, 소비자, 협력업체 등 다른 이해관계자를 투자자로 유치함으로써 이해관계자와 상생의 협력관계를 더욱 촉진시키고 회사의 목적과 가치를 기업 생태계 안에 더욱 공고히 할 수도 있다. 예를 들어 종업원 지주제Employee Stock Ownership Plan ; ESOP는 종업원에게 회사의 주식을 보유하도록 함으로써 종업원이 곧 투자자의 역할도 겸하게 하고 이를 통해 종업원에게는 회사의 업무에 대한 주인의식을 높일 수 있게 한다.

투자자 행위를 연구하는 경영학의 각론은 재무 관리이다. 이해관계자 자본주의의 시대에 기업의 사회적 책임 활동은 재무 성과에 영향을 미치므로 재무 관리의 연구에서 기업의 사회적 책임 활동은 물론 중요한 주제이다. 하지만 더 나아가 투자의 본원적 목적이 단지 재무적 성과를 넘어 기업의 보다 포괄적인 목적과 가치 구현의 영역까지 미치는 것임을 다시 의식하여 재무 관리가 전일적인 상호 의존성 체계인 기업 생태계 안에서 어떠한 선순환의 역할을 하게 되는지에 대한 보다 적극적이고 포괄적인 연구가 필요한 시점이 되었다. 이해관계자 패러다임의 현대 경영학에서는 투자자 행위에 대한 연구도 전체 기업 생태계의 관계성 안에서 이루어져야 한다. 투자자 이해관계자 상생 전략의 개발을 위한 세부적인 전략의 예로 다음을 들 수 있다.

첫째, 투자자와 기업 간의 보다 본원적인 가치의 적합성에 관한 연구가 필요하다. 기업의 주요 투자자는 재무적 성과를 넘어 사회에 대한 긍정적 영향을 지향하는 회사의 목적을 성취하는 데 관심을 가져야 하고, 이러한 가치를 공유하는 투자자를 선별하여 유치하고 장기적인 관계를 유지해야 한다. 또한 투자자는 기업의 목적, 문화 그리고 장기적 전략 비전을 이해하고, 일상적인 기업 활동이 단기 성과에 맞추어지도록 압력을 넣거나 관여하지 않도록 한다.

둘째, 투자자 이해관계자와 관계의 공정성 관리를 위해 기업은 공정한 이자를 지급한다. 또한 자사주 매입buyback과 같은 시장 가격에 대한 조작적 기업 관행은 지양해야 할 것이다.

셋째, 기업은 투자자와 투명하게 정보를 공유하고 소통해야 한다. 재무 성과뿐 아니라 잠재적 기업 리스크에 대해서도 투자자와 지속적으로 투명하게 소통함으로써 기업에 대한 신뢰를 가질 수 있게 한다.

넷째, 기업 생태계의 상호 의존성 안에서 투자자의 역할을 통해 생태계의 선순환을 도모한다. 예를 들어 종업원 지주제와 마찬가지로 소비자와 공급업자 등에게 회사의 주식을 보유하게 함으로써 여러 이해관계자의 선순환적인 상호 의존성을 높이고 기업 생태계에 활력을 불어넣을 수 있다.

회사의 목적과 가치를 기업 활동을 통해 실현할 수 있도록 하는 자본의 본원적 역할을 일깨우고 기업이 이에 공감하고 참여하는 투자자를 초대함으로써 기업 생태계의 지속가능성을 담보할 수 있다. 선순환의 기업 생태계가 가지는 생명력은 또한 자본의 이익을 극대화하는 가장 효과적인 전략이기도 한 것이다.

협력업체 : 상생의 기업 생태계

협력업체는 전통적인 경영학의 관점에서 가장 무시되어 온 이해관계자이다. 초기 경영학의 기계적 효율성 관점에서 협력업체는 언제나 대체 가능한 비용통제의 대상이었고, 전통적인 주주 중심의 기업경영에서는 협력업체의 의지와 노력이 기업의 가치를 상승시키는 적극적 개념으로 보지 못했다. 공급업체와의 계약 관리는 기업에게 언제나 힘과 지배의 행사 관점으로 파악되었으며, 협력업체의 비용을 바탕으로 회사의 이익추구 행위는 정당화되었다.

하지만 이해관계자 경영의 관점에서 협력업체를 대하는 것은 기업이 상호 존중과 상호 의존성의 관점에서 협력업체를 인식하는 것을 의미한다. 이는 곧 기업 생태계 안에서 기업과 협력업체는 상호 생태계적 관계성 안에 존재함을 깨닫는 것이다.

탈산업화 사회의 현대 기업에서 협력업체의 비중은 더욱 커진다. 불확실성이 심화된 환경에서는 기업이 모든 것을 다 잘할 수는 없다. 변화하는 환경에 대응하는 유연성을 확보하기 위해 기업은 핵심역량을 제외한 나머지 기능을 외주화하게 된다. 이러한 환경에서 협력업체의 혁신성은 기업의 경쟁력 제고에 더욱 중요해지는 것이다.

기업이 협력업체를 이해관계자로 여기고 전략적 동반자로 대우하는 것은 기업과 협력업체 모두 새로운 생태계적 관계성에 열려 있어야 함을 의미한다. 상호 이익 증진을 위해 서로에게 투자하고, 장기적 관점으로 함께 성장하고자 하는 열망을 가지고 공유가치 창출을 위한 혁신성을 추구해야 한다.

또한 깨어 있는 기업의 이해관계자 상생 전략은 협력업체의 협력업체까지도 포함한다. 기업의 생산 활동 과정에서 가치사슬value chain 전반에 걸친 포괄적인 의미인 것이다. 모든 협력업체가 상호 공유가치를 창출하여 지속가능한 협력관계를 이루고, 궁극적으로는 기업의 사명과 목적을 달성하는 데 모두가 함께 기여할 수 있어야 한다. 협력업체 선정에서 기업의 목적과 가치를 공유함은 매우 중요한 기준이 된다. 협력업체 이해관계자와의 상생 전략은 다음과 같은 원칙을 지향한다.

- 기업의 협력업체 선정의 최우선 기준은 목적과 가치의 일치성에 둔다.
- 기업은 협력업체와 함께 성장할 수 있도록 헌신한다.
- 기업과 협력업체는 서로 학습경험을 공유하고, 전략계획 수립과정에서 협력업체의 경영진과 협의한다.
- 기업과 협력업체의 모든 거래에서 공정하고 투명해야 하고, 기업이 협력업체에 대해 갑작스럽고 일방적인 결정을 내리지 않는다.
- 기업은 협력업체 스스로 깨어 있는 기업이 될 수 있도록 지원한다.

협력업체의 행위를 연구하는 경영학의 각론은 생산 관리이다. 전통적인 경영학의 생산 관리가 내부적인 생산설비의 기계적 효율성 관리에 집중했다면 이해관계자 자본주의의 시대에는 가치사슬 전반에 걸친 공유가치 창출에 치중해야 할 것이다. 협력업체 이해관계자와의 상생 전략을 개발하기 위한 세부적인 전략의 예는 다음과 같다.

첫째, 가치 일치성에 근거한 세심한 이해관계자의 선정이다. 협력업체의 문화와 가치가 회사와 일치하는가를 협력업체 선정의 최우선 기준으로 정하는 등 협력업체의 선발 결정에 신중을 기하는 것이다. 기업은 선정된 협력업체와 함께 성장한다는 기조를 가진다.

둘째, 협력업체와의 긴밀한 관계 속에서 학습조직의 경험을 공유한다. 기업은 협력업체와 지배와 권력의 관계가 아닌 상호 신뢰와 존중의 관계를 유지하면서 협력업체의 장기적 성공에 헌신한다. 또한 협력업체와 지속적인 커뮤니케이션을 통해 상호 신뢰 구축을 위해 노력하고, 상호 경험을 공유하면서 협력업체의 혁신적 솔루션 개발에 기업이 함께 협력한다.

셋째, 기업의 가치사슬 전반에 걸친 모든 이해관계자에 대한 책임성을 가진다. 기업은 모든 공급업체와의 공정성 관리에 대해 헌신한다. 또한 협력업체에 대해 사업 윤리 준수에 대한 명백한 기준을 적용하고, 협력업체가 그들의 협력업체에도 적용하도록 함으로써 공급사슬망 전체에 대한 사회적 및 환경적 책임 준수를 감독한다.

넷째, 협력업체와의 분쟁이 발생할 경우, 타협이 아닌 서로 만족할 상생의 해법을 찾기 위해 노력한다. 기업의 협력업체 성과에 대한 충족 수준을 협력업체에게 지속적으로 피드백하고 문제가 발생하면 외면하여 철수하지 않고 함께 해결하고자 노력한다.

불확실성이 증가하는 현대 기업의 경영 환경에서 협력업체는 회사의 궁극적 사명을 달성하기 위해 매우 중요한 전략적 동반자이다. 전체 공급사슬망에 걸친 협력업체들과 우아한 하모니를 통해 이해관계자 경영 패러다임의 심포니를 멋지게 지휘 · 연주할 책임이 오늘날의 깨어 있는 기업에게 있다.

사회 : 궁극의 이해관계자

전통적인 고전 경영학의 과학적 관리론에서 경영의 관심은 내부 자원 활용의 효율성에 집중되어 있을 뿐 기업이 정작 생산 활동하고 있는 터전인 지역사회에는 주의를 기울이지 않았다. 주의를 기울이지 않았던 다른 이해당사자의 경우처럼 사회 또한 대체 가능한 요소로 굳이 특정 사회에 대한 뿌리를 둔다는 개념이 없었던 것이다. 언제든 기업에 유리한 지역사회를 찾아 떠날 수 있고, 기업은 보다 유리한 조건을 지역사회에 강요할 수 있다는 입장이 기조차 했었다.

마침내 새로운 문명 전환의 시대에 이해관계자 경영 패러다임의 등장으로 기업과 사회의 긍정적인 상호 의존성을 상기하게 되었다. 기업의 사회적 공동선을 지향하는 생산 활동은 사회를 발전시킬 수 있고 기업은 이를 통해 지속가능한 이익을 추구할 수 있는 지역 경제 생태계의 건강함을 얻게 된다. 기업이 선한 고용관계와 생산방식good work을 통해 선한 제품good good을 생산하고 궁극적으로 선한 이익good profit을 추구하는 것 자체가 사회에 기여하는 것이다. 사후적인 기업의 사회공헌 활동은 기업의 사회적 영향력에 있어서 부차적인 일이다.

이해관계자 경영의 관점에서 기업이 사회를 바라본다는 것은 사회 공동체의 일원으로서 사회의 지속가능한 발전을 위해 시민의식을 가지고 책임을 다함을 의미한다. 다른 이해관계자와 마찬가지로 기업의 사회 이해관계자와의 관계는 상호 호혜적인 것이다. 기업이 사회 공동선의 증진에 기여하면서 사회로부터 신뢰와 지원을 받는다는 것은 기업에게도 큰 도움이 된다. 불확실한 경영환경에서 조직의 학습과 지식경영은 더욱 중요해진다. 기업이 사회와 신뢰관계를 구축하면 지식경영의 주체로서 그 사회의 일원이기도 한 종업원, 소비자 그리고 협력업체 등은 회사를 위해 기꺼이 그들의 암묵적 지식을 공유하고 회사의 발전을 위해 충성심을 가지고 참여하게 된다. 기업은 사회와의 호혜적 관계를 바탕으로 사회자본social capital[26]을 쌓게 되고 이를 통한 차별화된 경쟁력을 얻게 된다.

기업이 추구하는 목적과 가치가 사회 구성원의 공감을 얻을 때 기업의 가치와 인간 사회의 가치가 공존하게 된다. 이 경우 사회 이해관계자와의 호혜적 관계가 성립될 수 있다. 기업이 사회를 전략적 파트너로 삼으며 이해관계자와의 상생 전략을 수립할 때 다음과 같은 원칙을 지향해야 한다.

- 기업은 사회의 발전을 위한 사업을 선정하고 그 사업 영역 안에서 기업이 할 수 있는 일에 집중한다.
- 기업가 정신을 발휘하여 지역사회에 희망과 기회를 열어줄 수 있도록 노력한다.
- 해당 지역사회에 뿌리를 내리고 장기적 비전을 가지고 기업 활동에 임한다.
- 지역사회와 긴밀하게 소통하고, 사회적 현안의제를 해결하기 위해 국제사회, 정부, 시민사회 그리고 타기업 등과 협력한다.

글로벌 경영 환경 안에서 다국적 회사의 국제사회와의 상생협력은 중요한 주제이다. 정치 · 사회 · 문화 모든 영역의 환경이 상이한 현지 사회를 이해하고 긴밀한 상호 호혜적인 관계를 유지하는 것은 해외 진출 기업의 사업적 성공을 위해 꼭 필요한 일이다. 이상에 열거한 원칙은 해외 시장에 진출한 다국적 기업의 경우 더욱 각별한 관심을 기울이고 세심하게 실천에 옮겨야 한다. 사회 이해관계자와의 상생 전략 개발을 위한 세부적인 전략을 좀 더 살펴보면 다음과 같다.

첫째, 기업은 사회적 미션에 대한 주체적 각성이 요구된다. 기업의 산업 선택은 사회적 발전에 기여하는가? 기업은 생산 활동을 통해 지역사회의 복지와 안녕에 기여하고 있는가? 등의 질문을 부단히 던져야 한다. 또한 현장의 종업원은 업무 수행과정에서 사회의 요구를 긴밀하게 수용하는 방법에 대해 고민하고, 사회적 어젠다를 해결하기 위해 기업이 가지고 있는 전문역량과 시설 기반을 제공할 수 있어야 할 것이다.

둘째, 기업은 지역사회와의 소통을 통한 사회적 현안문제 발굴과 해결을 위한 연구 노력이 필요하다. 회사의 신규 사업 등 주요 전략적 의사결정 과정에 지역사회의 의견을 수렴하고, 수시로 지역사회의 현안문제와 회사에 대한 일반 시민의 기대요구를 설문조사한다. 또한 회사의 고위층 관리자와 이사진 등이 사회적 문제 해결에 관심을 가지고, 스스로 시민사회 활동에 적극적으로 참여해야 한다.

셋째, 기업이 지속적인 사회적 가치의 창출을 위해 기업의 생산 활동 과정을 통해 사회적 문제를 해결하려는 노력이 요구된다. 예를 들어 기업이 생산 활동 과정에서 종업원의 인권과 노동권 보호에 최선을 다하는 것과 지역사회의 환경보호에 책임을 다하는 것 등이 이에 포함된다.

넷째, 초연결성 시대의 지구촌에서 사회적 현안은 그 해법이 복잡한 경우가 대부분이다. 기업이 주도하는 민 · 관 협력과 같은 다자간 연대를 통해 사회적 문제를 해결하는 노력이 필요하다. 기업이 NGO와 사회적 기업과 같은 사회 발전을 위한 조직을 지원하고, 새로이 부상하는 글로벌 어젠다에 대해 정부, NGO, 다른 업체 등과 협업하여 대처하는 것이 이에 해당한다. 또한 사회 공정성과 환경보호를 강화하는 법규정 제정을 위해 기업이 노력할 수도 있다.

사회라는 이해관계자는 기업 생태계의 다른 각 이해관계자 전반을 포괄하는 궁극의 이해관계자이다. 사회와의 이해관계자 상생 전략을 통해 기업이 사회로부터 공감과 신뢰를 얻게 되면, 기업은 회사의 궁극적 사명을 달성하기 위한 매우 공고한 터전을 다지게 되는 셈이다. 사회자본의 토대 위에서 기업이 지향하는 가치와 목적은 기업 생태계 안에서 더욱 확고하게 공유되고 이는 기업에게 차별화한 경쟁력의 원천을 가져다 준다.

자연 : 우리 공동의 집

경영학의 초기 기계적 효율성 극대화의 관점에만 매몰되어 있던 전통적인 기업의 시각으로는 지구 행성은 무한한 자원을 가지고 있고 또한 산업 폐기물을 무한정 소화할 수 있는 매각장으로 여겨졌다. 그러나 1972년 로마클럽의 '성장의 한계' 보고서가 발간된 이래 2015년 UN 70주년 총회에서 채택된 지구의 지속가능개발목표Sustainable Development Goals ; SDGs를 정점으로 지구 생태계 지속성의 최대 위기를 맞이하게 되면서 보다 많은 기업들이 그들의 환경 발자국에 절실한 관심을 가지게 되었다.

기업 생태계의 선순환에 깨어 있는 기업은 환경을 중요한 이해관계자로 바라본다. 자연이라는 이해관계자는 인류의 '지속가능성'이라는 절대절명의 난제 가운데 기업이 상생의 공유가치 창출 전략을 모색해야 할 특별한 대상이다. 산업화 시대의 소비주의와 인간 위주의 기술관료주의의 확산으로 인한 자연생태 환경 파괴 원인의 최대 제공자였던 기업이 이제 기업이 가지게 된 힘(즉, 자본, 기술, 조직 시스템 등)을 자연환경의 복원을 위해 발휘해야 할 시점에 이른 것이다.

자연을 기업의 중요한 이해관계자로 보는 관점으로의 전환은 다른 이해관계자의 경우와 마찬가지로 전통적인 경영학에서 간과했던 자연과 기업의 관계적 상호 존재성과 선순환의 가능성을 회복하는 일이다. 즉, 자연생태 환경의 생명력을 회복하는 것은 기업의 생산 활동 지속성을 위해 필요한 조건이기도 하지만, 보다 적극적으로는 자연생태 환경과의 선순환은 기업의 경쟁력 제고에도 도움이 되는 것이다.

기업이 탄소 배출과 같은 환경 발자국을 최소화하는 등의 자연환경 보전의 소극적 개념을 넘어 환경을 소모적인 자원이 아닌 자본(즉, 자연자본natural capital)으로 인식하고 기업이 환경의 지속가능성 제고에 대한 투자를 통해 공유가치와 수익을 창출할 수 있어야 하는 것이다.

자연 생태계에 잠재한 스스로 지속가능한 생명력의 지혜와 원리를 응용하여 인간을 위한 지속가능 경영 전략을 수립하는 것을 생체 모방 디자인bio mimicry이라고 한다. 새가 하늘을 나는 모습에서 영감을 받은 비행기 설계와 같은 고전적인 사례부터 연꽃잎이 비가 와도 젖지 않고 자연 방수와 먼지 제거가 되는 구조를 참고하여 만든 페인트 코팅제와 같은 제품 개발 그리고 자연을 닮은 생태모방 건축 등 다양한 분야에서 자연 생태계의 지혜를 제품 개발에 반영하고 있다.

또한 기업이 자연 생태계의 자기정화기능을 생산과정에 응용하여 환경보전과 생산비용 감소를 통해 자연과 기업이 상생하는 성과를 가져온 사례도 있다. 미국의 다우케미칼은 1995년 텍사스주 시드리프트에 있는 공장에 하수 처리 설비를 확충해야 했는데 기존 방식대로라면 4,000만 달러약 470억 원를 들여 하수 처리장을 새로 지어야 했겠지만, 다우케미칼은 하수 처리장 대신 공장 옆에 습지를 만들었다. 2년 여의 시간이 흐른 후 이 습지는 '하수 처리'라는 원래 목적을 수행하는 동시에 야생 동식물의 서식지로 자리 잡았다. 습지 조성에 들어간 비용은 140만 달러에 불과해 다우케미칼은 습지 프로젝트를 통해 2억 8,200만 달러의 이익을 본 것으로 추산했다[27].

자연환경은 기업 생태계의 가장 근원적인 이해관계자인 것이다. 자연 생태계가 지속가능하지 않을 때 사회경제 시스템과 인간 자신이 존재할 수 없는 것이고, 인간 자신과 사회 공동체가 자연의 지혜를 배우고 자연 생태계와 조화를 이룰 때 기업 생태계도 활력을 얻게 된다. 이해관계자 경영의 관점에서 자연은 자원이 아닌 자연자본이다. 다른 재무자원financial capital, 사회자본social capital 그리고 인간자본human capital과 마찬가지로 자연자본은 기업경영의 지속가능한 발전과 성장을 위해 투자하면 수익이 따라오는 자산이다[28]. 자연환경의 지속가능성과 경제적 성장이 서로 배타적이 아닌, 자연과 기업의 윈윈win-win의 관점이 자연 이해관계자 전략의 핵심이다.

또한 자연생태 환경의 복원은 사회 생태계와 인간 생태계와도 연결되어 있는 통합 생태계 차원의 문제이기도 하다. 기업이 자연환경(즉, 자연자본)에 투자함으로써 통합 생태계의 지속가능성을 제고하는 결과를 얻을 수 있다. 자연 이해관계자는 기업 생태계 생명력의 원천인 것이다. 기업은 자연환경을 중요한 이해관계자로 여기면서 다음과 같은 전략적 지향점을 가지고 자연과의 이해관계자 상생 전략을 추구해야 한다.

- 기업은 환경 생태계의 지속가능성 제고를 위해 회사가 자신의 전문성 안에서 사업을 정하고, 기업의 생산 활동 과정에서 할 수 있는 일에 집중한다.
- 환경발자국을 최소화하는 소극적 노력을 넘어, 기업가 정신을 발휘하여 자연환경을 적극 개선함으로써 인간 생태계와 사회 생태계에 희망을 주는 긍정적인 기여를 한다.
- 지역 및 국제사회 지도자뿐 아니라 일반 시민과도 긴밀하게 소통하고, 지구 환경적 의제를 해결하기 위해 정부, NGO 그리고 다른

기업들과 협력한다.

- 자연 생태계와의 선순환을 이루는 환경경영체제를 구축한다. 환경경영은 조직 구성원 전체의 환경 비전, 환경경영체제의 구축, 환경경영 전략의 수립 그리고 이를 통한 환경 친화적 사업을 추진하는 경영체제이다.

자연과의 상생을 이루는 이해관계자 전략은 자연을 소모적인 자원이 아니라 새로운 가치를 만드는 투자의 대상인 자본으로 본다. 자연자본은 인간자본 및 사회자본과 함께 이해관계자 자본주의 시대의 상생의 가치를 만들기 위한 중요한 원천이다. 주어진 상황 안에서 자연 이해관계자와의 상생 전략 개발을 위한 기업의 세부적인 전략을 좀 더 살펴보면 다음과 같다.

첫째, 기업이 자연생태 환경을 상호 호혜적 관계성에 기반한 투자의 대상인 자연자본으로 인식을 전환해야 한다. 기업의 산업 선택과 생산 활동 과정에서 자연생태 환경의 지속가능성을 늘 염두에 두어야 하는 것이다. 또한 현장의 종업원은 업무수행에서 자연환경을 보전하는 방법에 대해 고민하고 창의적인 해법을 제안할 수 있어야 한다. 또한 환경문제를 해결하기 위해 기업이 가지고 있는 전문 역량과 시설 기반을 제공한다.

둘째, 기업은 신규 사업 관련 등 주요 전략적 의사결정 과정에서 자연자본에 대한 투자를 고려하고, 생체 모방 디자인과 같이 자연환경 생태계의 지혜를 반영하는 노력을 기울인다.

셋째, 기업은 사업이 발전함에 따라 환경적 책임도 증가함을 인식한다. 새로이 부상하는 글로벌 환경 어젠다에 대해 정부, 시민사회 그리고 다른 기업들과 협업하여 대처한다. 또한 환경보호를 강화하는 법규정 제정을 지원한다.

넷째, 기업은 조직의 구성원이 환경적 문제 해결에 관심을 가지고, 환경보호 관련 시민사회 활동에 참여하도록 지원한다. 또한 기업은 사회적 기업과 NGO 등 환경보호 지원조직을 지원한다.

세계기상기구WMO에 따르면 최근 지구의 기후변화 문제는 돌이킬 수 없는 심각한 재앙을 초래할 수 있다[29]. 이산화탄소 농도의 증가, 지구 온난화, 해수면 상승 등이 가장 중요한 기후적 재난의 국면들인데, 이는 산업화 이후 급격히 심화되고 있다. 실제로 전 지구의 평균 기온은 2019년 기준으로 산업화 이전(즉, 1850~1900년)보다 1.1℃ 상승했고 1958년 온실가스를 관측한 이래 2015년 처음으로 전 지구 이산화탄소 농도가 기후변화 임계점인 400ppm을 초과했다고 한다. 인류는 이제 '돌이킬 수 없는' 환경 재앙의 수준에 진입하고 있는 것이다.

산업혁명 이후 인류는 고작 200여 년 만에 지구 전체를 파괴할 만한 힘을 가지게 되었다. 그리고 지금의 속도라면 2050년까지 지구는 완전히 파괴될 것이고 인류는 대멸종의 위기를 맞이하게 될 것이라고 한다[30]. 자연 이해관계자와의 상생 전략은 기업에게 있어서 경영의 터전을 잃지 않기 위한 근본적인 중요성을 가진다. 인류 문명을 태동한 어머니와 같은 지구 행성을 파괴해 왔던 산업계의 힘을 이제 지구 생태계의 생명력을 복원하는 데 써야 할 시점에 이르게 된 것이다.

6. 기업 생태계와 이해관계자 경영 : 전일적인 상호 의존성

이해관계자 경영은 기본적으로 상생의 패러다임이다. 기업이 이해관계자와의 관계를 승패가 존재하는 거래로 본다면 기업경영이 궁극적으로 달성할 수 있는 상생의 가치를 창출하지 못할 것이다. 제로섬적 대립적 세계관을 넘어서서 상생의 세계관으로 세상을 바라볼 수 있음으로부터 이해관계자 경영 패러다임은 비롯된다.

우리가 상생의 시너지를 추구한다면 결국 이를 찾아낼 수 있다. 오늘날의 기업 리더에게는 상호 의존성의 기업 생태계를 시스템적으로 바라보는 의식으로의 전환이 요구된다. 정해진 파이를 나누기보다 파이를 키우는 가치를 만들어내는 발상의 전환이 필요하다. 즉, 남이 가져가는 것은 곧 내 것을 빼앗기는 것이라고 생각하는 결핍의 사고를 버리고, 모두에게 충분한 공유되는 가치를 만들어낼 수 있다는 믿음의 풍요의 사고에 기반한 상생의 패러다임이 요구되는 것이다. 이러한 의식의 전환은 곧 창조와 혁신을 지향할 수 있게 한다.

생태계의 선순환적 접근

지금까지 각 이해관계자별 상생 전략에 대해 살펴보았다. 이해관계자 전략은 또한 상호 의존성의 기업생태계 안에서 이해관계자 사이의 선순환적인 관점에서 바라보아야 한다.

기업 생태계의 상호 의존성을 이해하기 위해서는 시스템 사고가 필요하다. 이는 MIT의 제이 포레스터Jay Forrester 교수가 1956년에 제시한 시스템 다이내믹스에 기반한 것이다. 전통적인 산업화 시대의 연구분석 방식은 전체의 한 부분만을 따로 떼어내어 연구하는 것이었다. 사실 분석分析, analysis란 말 자체가 어떤 대상을 구성 요소로 쪼개어 나누는 것을 의미한다. 시스템 사고는 전체 시스템 안의 모든 요소들이 서로 영향을 주고받는 역동적 관계를 설명하는 것이다.

생태 중심적 접근eco-centric approach의 개념을 보다 자세히 알아보기 위해 [그림 3-5]에 나타난 바와 같이 기업 생태계 안 이해관계자들의 상호 의존성을 살펴보자. 이해관계자 경영을 통한 기업 생태계의 선순환virtuous cycle은 회사의 목적과 가치에서 시작된다. 회사는 우선 그 목적과 가치에 부합하는 가치관과 역량을 지닌 종업원을 선발한다. 종업원은 일을 통해 자신의 삶의 의미를 완성하고, 회사는 그 급부로 훌륭한 작업 환경과 고용조건을 제공한다. 동기부여가 향상된 종업원은 혁신적인 제품과 서비스의 생

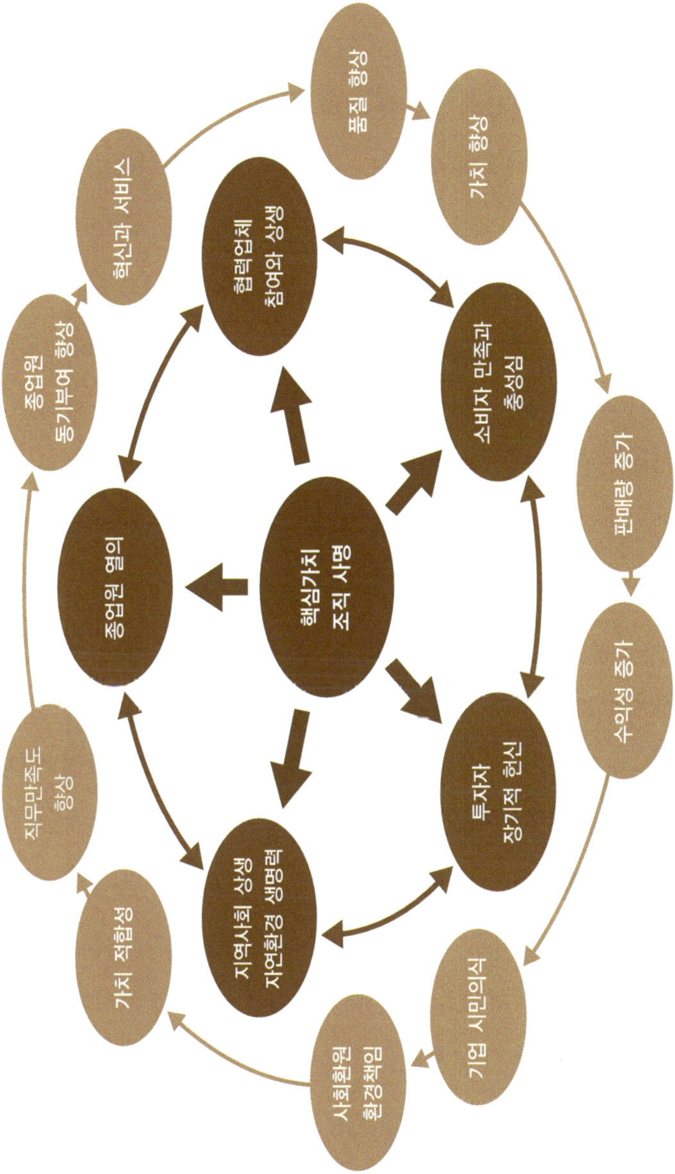

[그림 3-5] 이해관계자 경영 : 전일적 기업 생태계

산에 몰두한다. 종업원의 창의성과 혁신성은 협력업체의 진정성 있는 협력을 이끈다. 그리고 협력업체는 더욱 향상된 품질과 혁신성으로 보다 향상된 제품과 서비스의 가치를 시장에 내놓게 된다. 보다 향상된 제품과 뛰어난 서비스는 소비자 만족도를 향상시키고, 이는 판매가치를 확대해 보다 높은 이익을 회사에 가져다 준다. 재무 성과의 향상은 투자자에 보다 장기적이고 안정적인 투자의 동기를 부여하고, 이를 통해 회사는 더욱 지역사회에 대한 환원과 환경적 책임 활동을 수행할 수 있다. 이를 통해 회사는 지역사회로부터 굳건한 지지를 받게 되고, 회사의 가치에 대한 이해관계자들의 공감과 참여value congruence는 종업원의 자부심과 만족도를 더욱 향상시킨다. 그리하여 공유가치의 선순환은 계속되고 더욱 공고해지는 상호 의존성interdependence 안에 기업 생태계의 네트워크는 더욱 강화된다.

기업경영에서 상생의 공유가치 창출은 이러한 기업 생태계의 상호 의존성을 인식하고 이를 작동시키면서 실현되는 것이다. 선순환의 역동성의 무동無動의 동인動因은 회사의 목적과 가치이고 이해관계자의 상호 의존성은 종업원 이해관계자에서 시계 방향으로 작동된다. 그리고 선순환의 결과로서 회사의 이익과 같은 재무적 성과는 더불어 따라오는 것이다.

믿어야 보이는 것이 있다. 우리가 세상을 보는 관점에 따라 우리는 그렇게 세상을 보는 것이다. 이해관계자 관점 또한 마찬가지다. 기업 리더가 공유가치를 향한 상생의 기회를 바라볼 수 있다면, 그 실현방법을 결국 발견해 낼 수 있을 것이고, 반대로 제로섬 관점으로 세상을 본다면 그 늪에 갇히고 말 것이다.

결국 이해관계자 경영 패러다임을 실천에 옮길 수 있는 가장 중요한 요소는 장기적 안목에서 기업 생태계를 바라보고 이해관계자의 상호 관계성을 이해하는 기업 리더의 의식 전환에 있다. 기업 경영이란 기업 생태계business ecosystem 안에서 전일적인 상호 의존성holistic interdependence을 바탕으로 기업의 본래적인 목적과 가치의 구현을 향해 세상과 함께 진화하는 여정임을 이해해야 한다.

7. 요약과 성찰과제

계획화 관리과정은 훌륭한 기업경영을 향한 첫 번째 단계로 매우 중요하다. 계획화의 핵심은 조직의 사명과 목표를 설정하는 것과 이를 달성하기 위한 다양한 층위와 분야의 전략을 형성하는 두 가지 차원에 있다. 이는 조직 관리의 전반적인 비전과 방향을 설정하는 기업경영의 나침반의 역할을 하게 될 매우 중요한 관리과정이다.

훌륭한 기업경영의 계획화 관리과정에서 목표와 전략체계는 조직의 사명을 정점으로 하여 일관성 있는 시스템을 이룬다. 그리하여 모든 구성원의 매일의 일상은 조직의 목적과 사명을 매 순간 실천하는 현장이 될 것이다.

책임경영 시대의 새로운 전략경영은 폐쇄적 시스템에서 개방적 시스템으로의 전환, 경쟁의 관점에서 상생의 관점으로의 전환, 계획 관점에서 학습 관점으로의 전환 등의 세 가지 차원에서의 역사적인 전환을 지향한다.

깨어 있는 기업은 기업의 본원적 목적을 의식하고 옳은 일을 실천하는 기업이다. 이를 위해 기업은 이익 극대화를 초월하는 보다 궁극적인 목적과 미션을 가져야 하고, 경제생태 환경시스템(즉, 상호 의존성) 안에서 주주(혹은 자본주)뿐 아니라 모든 이해관계자들의 건강함을 도모할 수 있어야 하며, 진정성 있는 리더십authentic leadership과 공동체적 조직문화가 뒷받침되어야 한다.

이해관계자 관점의 경영 전략은 우선 각 이해관계자별로 상생 전략의 기본 방향을 수립한 후, 전일적 상호 의존성의 전체적 맥락 안에서 기업 생태계의 선순환 전략을 수립한다. 각 이해관계자별 전략은 부분으로 유리되는 것이 아니라 '부분적 전체'의 맥락에서 전일적 시스템으로 바라보아야 한다.

이해관계자 경영은 기본적으로 상생의 패러다임이다. 이해관계자 관계를 승패가 존재하는 거래로 본다면 기업경영의 최적화 가치를 창출하지 못할 것이다. 이해관계자 경영은 제로섬적 관점을 넘어서서 세상을 바라볼 수 있음으로부터 시작하는 것이다.

[성찰과제]

1. 목표와 전략체계의 일관성 원칙이란 무엇인가? 이 원칙은 책임경영의 실천에 있어서 왜 중요한 이슈인가?

2. 이해관계자 중심의 경영 패러다임은 자본 중심의 경영 패러다임과 어떠한 차이가 있는가? 이해관계자 중심의 경영 패러다임은 21세기의 경영 환경 안에서 왜 등장하게 되었는가?

3. 계획 관점의 전략 관리에서 학습 관점의 전략 관리로의 패러다임 전환은 무엇을 의미하는가? 학습조직과 지식경영의 의미는 무엇인가? 이는 이해관계자 중심의 경영 패러다임 실천에 어떻게 기여하는가?

4. 종업원, 소비자, 협력업체, 투자자, 사회, 자연환경 등 각 이해관계자와의 상생 전략의 예를 들어보아라. 그리고 이들 이해관계자 상생 전략이 상호 보완적인 선순환의 관계를 이루는 의미를 설명하고 예를 들어보아라.

5. 조직의 목적과 가치가 이해관계자 중심의 경영 패러다임을 실천하는 과정에서 중요한 이유는 무엇인가?

미주

1. Spence, Roy M. *It's Not What You Sell, It's What You Stand For : Why Every Extraordinary Business Is Driven by Purpose*. Portfolio/Penguin, 2009.
2. Sinek, Simon. *Start with Why : How Great Leaders Inspire Everyone to Take Action*. Penguin, 2011.
3. 조성기. 『유일한 평전』. 작은씨앗, 2005.
4. 경제학에서 정보의 비대칭성(information asymmetry)은 어느 한쪽이 상대편에 비해 더 많은 정보를 가지고 있는 상태, 혹은 필요한 정보를 얼마나 가지고 있는가의 차이를 말한다. 환경이 더욱 불확실해지고 복잡해지면서 거래의 당사자 간에 정보의 비대칭성이 증가할 확률은 더욱 증가한다.
5. 윤리적 소비운동이란 상품, 서비스 등을 구매할 때 원료 재배, 생산, 유통 등의 전 과정이 소비와 연결되어 있다는 것을 인식하고 소비자가 책임 성과 윤리성에 기반한 소비 활동을 지향하는 것을 가리킨다. 즉, 사회 · 동식물 · 환경에 해를 끼치는 제품은 피하고, 공정무역(fair trade)을 통해 사회와 자연 생태계의 선순환에 도움을 주는 제품을 구매하며, 저개발국가의 노동자들의 근로 환경을 개선하자는 소비운동이다.
6. 사회적 책임투자(Socially Responsible Investments ; SRI)란 도덕적인 기업, 투명한 기업, 환경 친화적인 기업만을 투자 대상으로 삼는 것을 뜻한다. 반면 담배, 술 등을 판매하는 비도덕적인 기업이나 반윤리적 기업 등은 투자 대상에서 제외한다. UN PRI(유엔 책임투자원칙 UN Principles for Responsible Investment https://www.unpri.org/)는 대표적인 사회적 책임투자 운동의 플랫폼이다.
7. 예를 들어 한 대상의 두드러진 특성이 그 대상의 다른 세부 특성을 평가하는 데에도 영향을 미치는 현상인 후광효과(halo effect)와 어떤 특정한 대상이나 집단에 대하여 많은 사람이 공통으로 가지는 비교적 고정된 견해와 사고를 의미하는 스테레오타입(stereotype) 등은 대표적인 인간의 인지적 오류이다. 이는 객관적인 정보에 대한 판단을 어렵게 하여 의사결정의 합리성을 저해한다.

8. 허버트 사이먼(Herbert Simon)은 호모 이코노미쿠스(homo economicus)가 가정하는 인간의 완전한 합리성에 대해 이의를 제기했다. 그는 '제약된 합리성(bounded rationality) 모형'을 통해 사람들은 선택에 필요한 정보와 시간의 제약 때문에 '최적의 해결책 대신 만족스러운 해결책'을 따른다고 지적했다(Simon, Herbert. A. *Models of bounded rationality*. Cambridge, MA : MIT Press, 1982.).

9. 아이작 뉴턴(Isaac Newton)은 잉글랜드의 물리학자이자 수학자로 1687년 발간된 『자연철학의 수학적 원리(프린키피아, "*Principia*")』를 통해 고전역학과 만유인력의 기본 바탕을 제시했다. 뉴턴의 고전역학은 근대의 기계적인 도구적 합리성 관점과 환원주의적 관점을 기반으로 분절적 세계관(divided world view)을 당시 사회의 지배적 관점으로 만들었고, 이는 경영학을 포함한 사회과학의 많은 분야에도 영향을 미쳤다.

10. 찰스 로버트 다윈(Charles Robert Darwin)은 진화론에 기여가 가장 큰 영국의 생물학자이자 지질학자이다. 다윈은 1859년에 저술한 『종의 기원(*On the Origin of Species*)』에서 생물의 모든 종이 공통의 조상을 가졌다고 보고, 생존경쟁을 거쳐 이루어지는 자연 선택(Natural Selection)을 소개했다. 이는 1950년대에까지 폭 넓은 공감대가 형성된 이후 최근에 이르기까지 경쟁이론은 드물었다.

11. 양자물리학자인 데이빗 봄(David Bohm)은 '단절적 세계관은 이제 모든 곳에 만연되어 있다. 이는 망상에 지나지 않아 끝 모를 갈등과 혼란의 원인이 될 뿐이다'라고 근대의 기계적 세계관의 현대적 한계에 대해 경고했다(Bohm, David. *Wholeness and the Implicate Order*. London : Ark Paperbacks, 1980).

12. 2012년 하버드대학의 에드워드 윌슨(Edward Osborne Wilson) 교수는 그가 출간한 『지구의 정복자(*The Social Conquest of Earth*)』에서 사회적 군집생활을 하는 생물들 중에 진사회성(eusociality)이라고 표현하는 생물의 특징을 가지고 개체 생명체들이 생물학적 자기 조직화 능력을 고도로 발전시켜 '공동체적 생물체'로서 생명현상을 나타냄을 제시했다. 생물학적 자기 혈통을 보존하고 강화하려는 '이기적 유전자'의 '혈연선택'에 집착하지 않고 공동체를 위한 이타적 '집단선택'을 택했기 때문이라는 것이다. 학계의 논쟁이 있으나 생물학

계에서도 약육강식의 자연선택을 넘어서는 공생의 시대를 논의하기 시작하고 있다.

13. Rifkin, Jeremy. *The Zero Marginal Cost Society*. Palbrave MacMillan, 2014.

14. 계몽된 자기이익(enlightened self-interest)이라는 용어는 18세기의 계몽시대에 이기적 이해관계와 공동선의 양자를 일치시키는 방법으로서 제창되었다. 벤자민 프랭클린(Benjamin Franklin) 등이 주도한 미국의 건국이념이기도 하다. 초기 자본주의의 이상은 계몽된 자기이익의 추구를 통해 궁극적으로 공동체(국가)의 부를 증진하는 데 있었던 것이다. 이런 점에서 책임경영 패러다임은 자본주의의 본원적 사명을 실현하는 자본주의의 자아실현(self-actualization of capitalism)이기도 하다.

15. Porter, Michael E. "How Competitive Forces Shape Strategy". *Harvard Business Review*, March 1979 Issue(https://hbr.org/1979/03/how-competitive-forces-shape-strategy).

16. 산업 내 기존 기업들 간의 경쟁의 정도(intensity of competitive rivalry)는 산업 내 기존 기업 간의 경쟁이 심한가 심하지 않은가를 분석해 보는 것이다. 경쟁이 심하면 심할수록 산업 매력도는 하락하게 된다. 경쟁이 심한 곳은 당연히 그 경쟁을 벗어나기 위한 차별화 전략을 세우거나 원가절감을 고민해야 할 것이다. 그리고 어느 시기에는 철수를 할지도 고민해 봐야 할 것이다.

17. 잠재적 신규업체의 진입 위협(threat of new entrants)은 현재 이 산업 내에 있는 기업들은 아니나 향후 진입할 수 있다는 위협 요소를 고민하는 것이다. 그런 위협이 존재한다면 규모의 경제를 통해 진입장벽을 만들어 놓거나 절대적인 우위를 점할 수 있는 진입장벽을 확보해야 할 것이다.

18. 대체상품의 위협(threat of substitute products or services)은 해당 기업의 제품을 구매하던 고객이 새로운 대체재로 넘어가게 된다면 기업의 수익을 약화시킬 수 있다는 위협 요인이다. 이 경우 회사 고유 제품에 대한 고객의 충성심을 강화하는 전략이 필요하다.

19. 소비자(혹은 소비업체)의 교섭력(bargaining power of buyers)은 예를 들어 공급자들이 상대적으로 많아 구매자가 가격인하를 요구하거나 품질을 높이기를 요구하는 교섭력이 강해지면 산업매력도가 저하된다는 것이다.

20. 공급업체의 교섭력(bargaining power of suppliers)은 해당 기업이 구매하고자 하는 부품이나 재화에 대해 공급자가 많지 않아 공급자가 가격인상을 요구하는 등 교섭력이 강하다면 산업매력도가 저하된다는 것을 말한다. 이는 소비자의 교섭력과 반대되는 것으로 해당 기업이 사업을 위해 필요한 원료나 자재를 공급하는 업체가 소수이고 해당 기업이 하는 사업을 영위하는 경쟁기업이 많을 때 발생되는 현상으로 대체할 수 있는 원료를 찾아보거나 원료 공급을 다양화할 필요가 있을 것이다.

21. Porter, M. and M. Kramer. "Creating Shared Value". *Harvard Business Review*, January-February 2011 Issue(https://hbr.org/2011/01/the-big-idea-creating-shared-value).

22. CJ 푸드빌, 상생 나눔자료, 글로벌 사회공헌 프로그램 CJ제과제빵학과(http://m.cjfoodville.co.kr/share/global.asp).

23. Senge, Peter. *The Fifth Discipline : The Art and Practice of the Learning Organization*. Currency, 1990.

24. Nonaka, Ikujiro and Hirotaka Takeuchi. *The Knowledge-Creating Company : How Japanese Companies Create the Dynamics of Innovation*. Oxford University Press, 1995.

25. Mackey, John and Rajendra Sisodia. *Conscious Capitalism : Liberating the Heroic Spirit of Business*. Harvard Business Review Press, 2012.

26. 사회자본은 사회 구성원들이 힘을 합쳐 공동의 목표를 효율적으로 추구할 수 있게 하는 조직의 자산이다. 공동하는 가치와 목적 그리고 상호이익을 향한 협력적 네트워크를 가지는 힘이다. 글로벌 무한경쟁의 시대에 조직의 가치에 헌신하고 참여하는 사회적 연대를 가지는 것은 기업의 경쟁력에 매우 큰 보탬이 될 것이다.

27. 조선일보, "환경보호는 자선사업이 아닌 기업이 투자할 만한 '자연자본'이다." (2015.09.19., http://weeklybiz.chosun.com/site/data/html_dir/2015/09/18/2015091801965.html)

28. Hawken, Paul, Amory Lovins and L. Hunter Lovins. *Natural Capitalism : Creating the Next Industrial Revolution*. Little, Brown and Company, 1999.

29. World Meteorological Organization, The Global Climate in 2015–2019, Communication and Public Affairs Office(WMO), 2019(https://library.wmo.int/doc_num.php?explnum_id=9936).

30. Diamond, Jeremy. *Guns, Germs, and Steel : The Fates of Human Societies*. Norton, W. W. & Company, Inc., 2017.

조직화 – 생명을 품은 조직 시스템

4장

1. 조직화 관리과정의 의미 / 2. 기업조직, 기계인가 생명체인가?

3. 학습조직과 지식경영 / 4. 실천의 공동체

5. 책임경영, 기업 경제 생태계와 지구 생태계의 돌봄

6. 지식경영을 넘어 지혜경영으로 / 7. 요약과 성찰과제

훌륭한 기업경영을 위한 첫 번째 관리과정은 계획화planning 관리과정이다. 제3장에서 살펴본 계획화 관리과정의 요체는 기업조직 관리의 방향성을 정하는 일이다. 즉, 우리의 기업조직은 왜 존재하는가(목적 수준의 전략), 그 사업목적을 달성하기 위해 우리는 무엇을 할 것인가(즉, 어떤 사업에 진출해야 할 것인가 : 전사적 전략) 그리고 주어진 사업부문에서는 어떻게 사업을 이끌어 갈 것이고(사업부 전략) 그 안에서 각 기능부서는 어떻게 활동할 것인가(기능부서 전략) 등의 마치 피라미드와 같은 목표와 전략체계를 수립하는 관리과정인 것이다. 훌륭한 기업의 첫 단계 관리과정인 계획화 관리과정은 기업의 근원적 목적과 가치에서 출발한다. 그리고 그 기업의 목적은 한 사람의 기업 리더가 가지는 삶의 미션으

[그림 4-1] 계획과 관리과정, 기업 리더의 사명

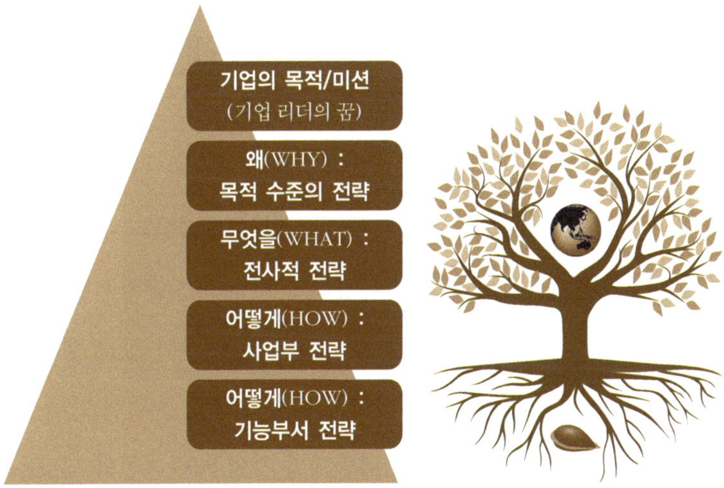

로부터 비롯된다. 이는 마치 작은 씨앗이 큰 나무로 자라 무성한 잎과 열매를 맺는 생명의 신비와도 같다([그림 4-1]).

기업조직 경영의 나침반과도 같은 역할을 수행할 계획화 관리과정 이후에 설정된 목표와 전략을 실행에 옮기기 위해 뒤따르는 관리과정이 바로 조직화 관리과정이다. 조직화 관리과정은 계획화 관리과정에서 도출된 전략체계를 실천에 옮길 수 있도록 조직의 틀을 설계하는 과정이다. 즉, 계획화 관리과정이 합리적인 전략 설계의 과정이라고 한다면, 조직화 관리과정은 합리적인 조직구조 설계의 과정이라고 할 수 있다.

인류사의 산업혁명과 함께 탄생한 경영학은 비교적 최근까지도 기업조직을 기계적인 대상으로 바라보았다. 기업조직을 기계적인 개체로 볼 때, 합리적 조직 관리의 핵심 주체는 테일러의 과학적 관리론에서 제시하는 '감독과 통제monitoring and control'에 있다.

그러나 탈산업화라는 새로운 문명 전환의 시대로 접어들면서 기업조직을 기계적인 개체로 보는 것은 한계를 지니게 되었다. 상호 의존성의 글로벌 시대에 기업은 더 이상 세상과 단절된 채 자기 완결성을 지닌 기계적 개체로서 내적인 효율성만을 추구할 수 없게 된 것이다. 글로벌 시대의 복잡하고 변화하는 불확실한 환경 안에서 기업조직은 생존과 성장을 위해서 마치 살아 있는 생명체처럼 환경과 함께 호흡하며 생태계 안에서의 상호 존재성 안에 자리 잡아야 하는 것이다. 특히 이해관계자 경영 패러다임의 새로운 기업경영을 실천하기 위해 기업조직을 기계적 관점에서 벗어나 유기적 관점으로 바라보는 것은 시대적으로 매우 중요한 조직화 관리 관점의 전환이다.

본 장에서는 조직화 관리과정의 기본 개념을 살펴본 후, 시대적 전환의 맥락에 따라 고전 경영학의 기계적 조직화가 현대 경영학의 새로운 유기적 조직화 개념으로 진화하는 의미를 알아본다. 또한 경영학의 중요한 이론으로 1990년대 이후 부상하게 된 학습조직과 지식경영을 설명하고, 2015년 UN의 지속가능개발목표SDGs 선포 이후 기업 생태계의 지속가능 경영 관점에서 새로이 떠오르고 있는 지혜경영wisdom management과 생태경영ecological management의 개념을 살펴본다.

1. 조직화 관리과정의 의미

조직구조organization structure는 기업의 미션을 달성하기 위해 조직의 자원을 부서별로 나누고(즉, 분업), 부서가 각자 나누어진 일을 통해 서로 유기적으로 협력하여 기업의 목적을 달성할 수 있도록 조정coordination하고 통합integration하는 구조체계를 나타낸 조직의 모습이다. 예를 들어 대기업과 벤처 중소기업은 그 업무분장의 정도와 내용 그리고 부서 사이의 업무 조정방식이 다르다. 구체적으로 대기업의 경우 상대적으로 소규모인 벤처기업보다 복잡하게 세분화된 업무부서와 엄격한 명령 및 보고체계의 업무 매뉴얼이 존재하는 등의 차이를 보일 수 있다. 이러한 다름이 바로 조직구조적 특성의 차이인 것이다.

계획화 관리과정이 합리적인 전략 설계 관리과정이라면, 조직화 관리과정은 합리적인 조직구조 설계 관리과정rational design of organization structure이라고 요약할 수 있다. 이는 계획화 관리과정에서 설정한 조직의 거시적 · 전략적 지향성과 세부적 실행 계획을 실행에 옮기는 관리과정이다. 계획화 관리과정 단계에서 설정된 조직의 비전과 방향을 거시적 차원에서 실행에 옮기는 관리과정이 조직화 관리과정macro-scopic level of implementation of strategy인 것이다.

2. 기업조직, 기계인가 생명체인가?

기업경영 관리의 대상은 조직이다. 기업경영을 어떠한 관점에서 접근할 것인가, 즉 기업경영의 패러다임은 기업조직의 성격을 어떻게 규정할 것인가와 밀접한 관계에 있다.

경영학 초기인 산업혁명 이후 고전적 경영학에서는 기업조직을 기계적 개체로 바라보았다. 이는 당시 근대화 과학혁명 이후 인류사회에 형성된 기계론적 세계관에 뿌리를 둔다. 사회과학의 한 분야인 경영학 역시 과학적 관리론이라는 초기의 이론이 상장하듯이 조직 관리의 핵심 주제를 기계 공학적 효율성 관리에 두었다. 기업을 경영한다는 것은 기계적 개체인 조직의 생산 효율성을 극대화함을 의미하는 것이었고 조직 관리의 기본 원칙은 사전에 규정된 업무 표준에 대한 '감독과 통제'였던 것이다. 그리고 인간 노동은 거대한 기계적 조직체계 안의 소모적인 생산 요소에 지나지 않았다.

그러나 기업조직을 통제성과 효율성 관리의 대상인 기계적 개체로 보는 관점은 기본적으로 조직이 인간으로 구성된 사회적 집단임을 생각할 때 그 자체가 제한된 관점임을 쉽게 알 수 있다. 더욱이 글로벌화로 인한 시장의 불확실성이 점차 증가하면서 조직 관리의 기조가 기계적 효율성과 통제성이 아닌 환경에 대한 적응성과 이를 위한 조직 유연성으로 무게 중심을 이동하게 됨에 따라, 경영학에서 기업을 기계적 조직mechanistic organization이 아닌 살아 있는 생명체, 즉 유기적 조직organic organization으로 바라보는 관점이 점점 우세하게 되었다.

기계와 생명체는 사뭇 다른 관점이다. 〈표 4-1〉은 MIT 경영대학 피터 센지 교수가 제시한 기계적 개체로서의 기업조직과 유기적 개체로서의 기업조직의 근본적인 차이점을 정리한다[1]. 센지 교수는 1990년대 초 학습조직learning organization 이론을 발표했는데 탈산업화 시대에 결정적인 기업의 조직 관리 역량은 바로 기업의 학습역량에 있으며, 살아 있는 생명 시스템으로서의 기업조직만이 학습할 수 있음을 역설했다.

표 4-1　　　기계적 조직과 유기적 조직의 특성

기계적 관점의 기업조직	생명 존재적 관점의 기업조직
기계는 타자인 주인의 소유물이다.	한 인간이 다른 존재를 소유함은 근본적으로 비도덕적이다.
기계는 설계자의 목적만 있을 뿐이다.	살아 있는 존재는 그 스스로의 실존적 목적이 있다.
기계는 고정되고 정적인 것이다.	살아 있는 존재는 자연적으로 진화한다.
기계는 외부의 타자가 설계하고 제조한 것이다.	살아 있는 존재는 자신의 생존과 진화과정을 창출한다.
기계는 그 정체성이 설계자에 의해 주어진다.	살아 있는 존재는 그 스스로의 정체성을 발현한다.
기계는 관리자의 결정에 수동적으로 반응할 뿐이다.	살아 있는 존재는 그 스스로 목적이 있으며, 주체적으로 능동적인 행동을 실천한다.
기계는 소모되고 결국 마모된다.	살아 있는 존재는 그 스스로 지속적 활력을 만들어낼 역량을 지닌다.
기계 안의 구성원은 사용되고 없어질 인적자원일 뿐이다.	생명 존재의 기업 구성원은 인간 공동체를 이룬다.
기계는 규정과 매뉴얼만을 따를 뿐이다.	살아 있는 생명 존재만이 학습하고 진화한다.

인간의 공동체인 기업조직이 하나의 생명 시스템으로서 정체성을 가지고 학습하고 진화하는 관점이 유기적 조직의 관점인 것이다. 불확실성이 증가하는 탈산업화 글로벌 시장 환경 안에서 기업은 기계적 통제성보다는 창조적 유연성을 가져야 한다. 주체적

정체성을 바탕으로 지속적 활력을 잃지 않고 능동적 학습과 진화를 이루는 살아 있는 생명조직 시스템으로서 기업을 바라볼 수 있어야 하는 것이다.

그렇다면 생명력이 넘치는 살아 있는 조직 시스템은 어떻게 설계할 수 있을 것인가? 조직의 생명력과 활력은 어디서 오는가? 조직구조는 분업과 조정방식의 총체적 특성이다. 조직구조적 특성을 결정하는 분업과 조정의 방식에 대해 좀 더 살펴볼 필요가 있다.

분업화와 조직구조

분업은 일을 나누는 방식이다. 나누어진 일의 범위는 구성원의 직무job를 의미한다. 그리고 직무는 일의 단위인 과업task으로 구성되어 있다. 예를 들어 교수라는 직무는 연구, 교육, 사회적 봉사 등의 과업으로 구성되어 있고, 이는 대학이라는 조직 안에서 교수가 수행하는 분업의 범위인 것이다.

분업의 방식은 수평적 분업horizontal division of labor과 수직적 분업vertical division of labor으로 나눌 수 있다([그림 4-2]). 수평적 분업은 일의 기능상 전문성을 근거로 이루어진 분업을 의미한다. 예를 들어 인사, 마케팅, 재무, 생산 등과 같은 회사의 일반적인 부서단위는 일의 전문성에 근거한 수평적 분업화의 예이다.

[그림 4-2] 수직적 분업과 수평적 분업

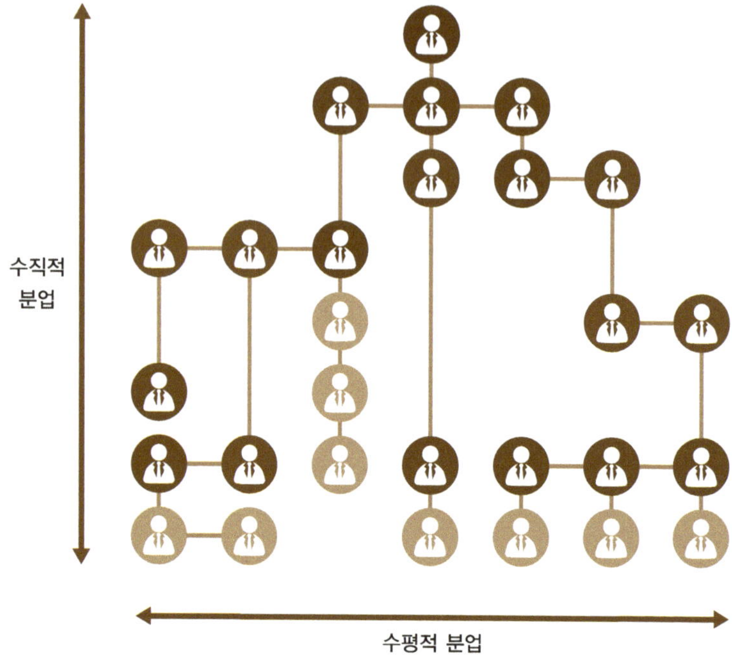

수평적 분업이 증가할수록 구성원의 업무 전문성과 효율성은 더욱 증가한다. 아담 스미스의 『국부론』 첫 장 제목이 바로 '분업화The Division of Labor'였다. 스미스는 당시 스코틀랜드 지역의 산업혁명 현장에서 공장의 효율성 증대의 비밀이 바로 (수평적) 분업화에 있음을 간파했다. 고전 경영학은 수평적 분업화를 가능한 극대화하여 일의 전문성과 생산성 증대를 이룰 수 있다는 믿음에 기반을 두었던 것이다.

수직적 분업vertical division of labor은 명령체계상의 분업을 의미한다. 수직적 분업이 증가할수록 중간 관리자 층이 많아지고, 하위 부서와 구성원에 대한 감독과 통제가 강화된다. 수직적 분업이 증가할수록 조직 활동의 통제성과 예측성이 증가하는 것이다. 그리고 수평적 분업의 증가는 수직적 분업의 증가를 초래한다. 수평적 분업이 세분화될수록, 분화된 추가적인 업무부서에 대한 상위 감독부서가 필요하게 되고 이들 상위 감독부서들을 감독할 추가적인 상위 부서로의 수직적 분업이 이루어지는 것이다([그림 4-3]).

[그림 4-3] 수직적 분업과 수평적 분업의 상관관계 : 조직계층의 분화과정
(Scala Process)

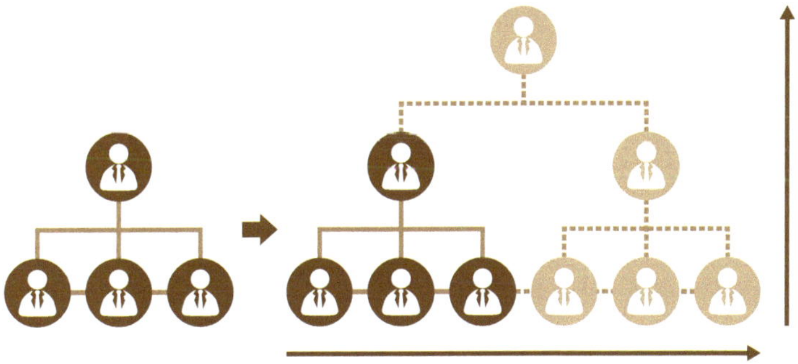

20세기에 접어들면서 독일의 사회학자 막스 베버Max Weber는 가장 효율적인 조직구조로 관료적 조직구조bureaucratic organization를 제시했는데, 이는 많은 규칙, 표준화된 프로세스, 세밀한 책임 분담, 명확한 계층 구조 등의 특징을 가지는 조직구조다. 이

는 곧 수평적 분업화와 수직적 분업화가 극대화된 조직을 의미한다. 수평적 분업의 극대화를 통해 일의 전문성과 효율성을 높이고 동시에 수직적 분업의 극대화를 통해 명령과 통제가 강화되므로 조직의 활동은 정밀한 기계처럼 빈틈없이 통제되고 예정대로 이루어지는 것이다. 수평적 및 수직적 분업화가 고도로 이루어진 조직구조를 조직구조적 복잡성organizational complexity이 높은 조직이라고 한다.

고전적 경영학의 관점에서는 고도로 분업화된 조직이 효율적이라는 견해가 지배적이었다. 막스 베버의 관료적 조직구조에서와 같이 명확한 책임 소재와 조직 활동의 정확성을 기대할 수 있고, 프레더릭 테일러의 과학적 관리론에서 제시되었듯이 업무의 세분화와 전문화와 감독과 통제의 시스템을 통해 조직 효율성이 증대할 수 있다는 믿음이 확고했다.

그런데 분업은 과연 기업의 경쟁력 제고에 언제나 도움이 되는 것일까? 특히 산업화 초기와 달리 21세기 탈산업화 시대의 불확실한 경영 환경 안에서 초기 경영학의 분업화에 대한 믿음은 여전히 유효한가?

불확실성의 시대에 기업 경쟁력은 기계적인 통제성보다 창의적인 유연성에서 결정된다. 지나친 수평적 분업화는 구성원으로 하여금 해당 부서에 국한된 기능적 시야functional view만을 가지게 하고 부서 이기주의로 인해 부서 간의 조정과 통합 비용이 증가한다. 또한 지나친 수직적 분업화는 의사결정의 속도를 둔화시키고 상대적으로 많은 중간 계층을 거쳐가므로 소통의 내용을 왜곡시키기 쉽다. 그리고 너무 세분화된 단순한 과업은 도전과 자기계발 욕구가 강한 현대사회의 근로자들에게 오히려 동기부여의 문제를 가져올 수도 있다.

이러한 문제를 해결하기 위해서는 수평적 분업화를 오히려 감소시켜 구성원으로 하여금 조직의 전반적인 생산 활동을 인식할 수 있도록 하는 전일적 시야holistic view를 가지게 하고 수직적 분업화를 감소함으로써 하위 부서에 업무재량권을 부여하여 창발적인 의견과 지식을 수렴할 수 있도록 하는 것이 유리하다.

수평적 및 수직적 분업을 극대화하는 조직 설계는 기계적 조직구조의 성격을 가지게 하고 반대로 수평적 및 수직적 분업을 극소화하는 것은 생명조직 혹은 유기적 조직구조의 성격을 가지게 한다. 기계적 조직구조는 업무의 전문성과 통제성을 바탕으로 조직의 성과를 높이는 장점이 있는 반면, 불확실한 환경에 대한 유연한 적응력을 포기해야만 한다. 반대로 유기적 조직구조는 업무의 유연성과 창의성을 바탕으로 한 조직의 경쟁력을 높이는 장점이 있지만 기계적 조직구조와 같은 통제성과 효율성은 포기해야 한다.

조정과 조직구조

분업과 함께 조직구조의 특성을 결정하는 두 번째 기준인 조정coordination 혹은 integration이란 나누어진 업무를 상호 유기적 협력관계를 이루어 조직의 목표를 달성할 수 있도록 통합하는 관리 활동을 의미한다. 분업의 경우와 마찬가지로 조정의 방식도 그 특성에 따라 조직구조의 기계적 혹은 유기적 특성에 영향을 미친다.

조정방식의 첫 번째 기준은 조직 관리 방식의 공식화Formalization 정도이다. 공식화란 조직의 의사결정 과정에서 공식화된 법규rule를 통한 조정과 통합의 방식을 의미한다. 가령 업무의 수행절차 매뉴얼이나 직무의 내용, 책임범위, 보고체계, 의무사항 등을 기술한 직무기술서job description와 같이 공식 문서화된 작업규정에 따라 종업원의 업무를 관리하는 것을 의미한다. 공식화의 수준은 조직마다 다르다. 공식화의 수준이 높을수록 종업원의 업무수행은 예측성과 통제성이 높고, 공식화의 수준이 상대적으로 낮을수록 종업원의 자율적 재량에 따라 유연한 업무적응을 이룰 수 있을 것이다.

조정방식의 두 번째 기준은 의사결정의 집권화 정도locus of decision-making이다. 이는 조직 내 의사결정이 중앙집권적centralized decision-making으로 이루어지는가? 혹은 분권적decentralized decision-making으로 이루어지는가의 문제다. 전자는 조직 활동의 감독과 통제성이 강화되는 장점이 있고, 후자는 종업원의 자발적 참여와 유연성을 높이는 장점이 있다.

세 번째 조정방식의 기준은 통제의 범위span of control이다. 이는 한 관리자가 지휘 · 통제해야 하는 부하 직원의 수(혹은 부서의 범위)를 의미한다. 통제의 범위가 좁을수록 상사의 부하 직원에 대한 집중적인 관리와 감독이 가능하고, 반대로 통제의 범위가 넓을수록 부하 직원의 자율성과 자발적인 참여를 보장할 수 있다.

마지막 네 번째 조정방식의 기준으로 표준화standardization를 들 수 있다. 이는 조직의 생산 활동 과정에서 투입자원, 생산과정 그리고 산출 결과를 표준화함으로써 조직 활동의 일관성을 유지하는 조정 관리를 의미한다. 표준화 조정 관리 방식의 대표적인 예로 패스트푸드 식당을 들 수 있다. 패스트푸드 식당에서는 음식의 재료(투입자원), 주문 처리와 조리과정(생산과정) 그리고 메뉴와 식당 환경(산출 결과) 등을 표준화함으로써 전체 조직의 업무분장 체계를 조정하는 관리방식을 수행한다. 표준화의 수준이 높을수록 조직 활동의 예측성과 통제성을 높일 수 있지만, 고객의 고유한 입맛에 세심하게 맞추는 유연성을 발휘하는 메뉴를 개발할 수는 없다.

이상의 네 가지 조정방식에 따라 조직은 기계적 조직구조(즉, 조직 활동의 예측성, 통제성, 효율성 등을 강화) 혹은 유기적 조직구조(즉, 조직 활동의 유연성, 창의성, 탄력 복원성 등의 강화)의 성격을 띠게 된다.

기계적 조직구조 vs. 유기적 조직구조

이상에서 설명한 분업과 조정의 방식에 따라 영국의 조직학자 번즈Tom Burns와 스토커G.M. Stalker는 조직구조의 두 전형prototype을 기계적 조직구조와 유기적 조직구조로 명칭을 정하고 각 유형의 특성을 구분하여 설명했다[2]. 〈표 4-2〉는 분업과 조정의 특성에 따른 두 조직 유형의 분류를 요약한다.

표 4-2 조직구조의 두 전형 : 기계적 조직과 유기적 조직(Burns and Stalker)

조직구조적 특성 (Structural Characteristics)	기계적 조직구조 (Mechanistic Organization)	유기적 조직구조 (Organic Organization)
분업의 정도 (복잡성 Complexity)	높은 수평적 · 수직적 분업 High vertical and horizontal differentiation	낮은 수평적 · 수직적 분업 Low vertical and horizontal complexity
조정의 방식		
공식화 (Formalization)	높음 (High formalization)	낮음 (Low formalization)
중앙집권화 (Centralization)	높음 (High centralization)	낮음 (Low centralization)
통제의 폭 (Span of control)	좁음 (Narrow span of control)	넓음 (Broad span of control)
표준화 (Standardization)	높음 (High standardization)	낮음 (Low standardization)

기계적 조직구조는 조직구조의 복잡성이 상대적으로 높고(즉, 상대적으로 높은 수평적 및 수직적 분업화) 조정방식은 상대적으로 공식화의 수준이 높고 분권화의 수준은 높으며, 통제의 범위는 좁고, 표준화의 수준이 높은 조직이다. 기계적 조직구조는 감독과 명령체계가 극대화되어 조직 활동의 예측성이 높고 기능적 전문성을 바탕으로 효율성이 높은 조직이다. 하지만 환경 변화에 유연하고 능동적으로 대응하기 어렵고, 불확실성에 대한 창의적인 해법을 제시하기도 어려운 조직이다. 그와는 반대로 유기적 조직구조는 통제성과 효율성이 상대적으로 떨어지는 반면, 조직 활동의 유연성과 창의적 적응성은 극대화된 조직이다.

합리적 조직구조의 설계는 결국 기계적 조직구조와 유기적 조직구조 사이의 선택문제인 것이다. 물론 각 조직 유형마다 장단점이 존재하고 그 장단점은 환경의 불확실성과 같은 기업조직이 처한 상황에 따라 그 효과의 크기가 달라질 것이다. 상황 적합성 이론에 따라 상황에 가장 잘 부합하는 조직구조의 설계가 가장 합리적인 조직화 의사결정이다.

21세기 탈산업화 시대의 기업이 처한 시장 환경의 불확실성environmental uncertainty이 더욱 증대되고, 그 안에서의 업무 기술의 복잡성technological complexity 또한 증가한다. 매뉴얼에 입각한 조직의 통제성은 비일상적인 불확실성의 환경 안에서는 오히려 부담이 될 수 있다. 21세기 글로벌 환경에서 기업조직에 요구되는 것은 변화에 유연하게 적응하고, 매뉴얼을 넘어서는 창의적인 해법을 제시할 수 있도록 하는 것이다. 또한 카오스적인 요동 안에서 중심을 잃지 않는 탄력 복원성resilience이 오늘날의 기업에게 요구된다. 탈산업화 환경에 부합하는 합리적인 조직구조는 유기적 조직구조이다.

직무특성 이론

유기적 조직구조 안에서 종업원은 기계부품이 아닌 인간 존재로서 직무를 수행한다. 이 경우 종업원이 자신의 일(직무)에 대한 의미성과 책임감을 느낄 수 있도록 만드는 것이 중요하다.

직무설계job design는 종업원의 직무 내용과 직무 수행방법 그리고 책임범위와 명령보고체제 등 직무구조를 설계하는 활동을 의미한다. 직무특성 이론Job Characteristics Model은 해크먼Hackman과 올드햄Oldham에 의해 탄생된 직무설계이론이다[3]. 이 이론은 구성원으로 하여금 최대한의 동기부여를 느낄 수 있도록 직무를 설계하는 방식을 제시하고 있다. 해크먼과 올드햄은 종업원들의 핵심적인 직무특성을 기술 다양성skill variety, 과업 정체성task identity, 과업 중요성task significance, 자율성autonomy, 피드백feedback의 다섯 가지 차원으로 나누어 설명했다. 즉, 이들 다섯 가지 핵심 직무특성이 종업원의 주요 심리 상태에 영향을 미치며, 이것이 다시 종업원의 직무 성과에 영향을 미친다고 설명하는 것이다.

[그림 4-4]는 직무특성 이론에서 제시하는 다섯 가지 직무특성과 종업원의 심리 상태 그리고 종업원들의 직무 성과와의 상관관계를 요약했다.

[그림 4-4] 직무특성 이론의 개념 틀(Hackman과 Oldham, 1980)

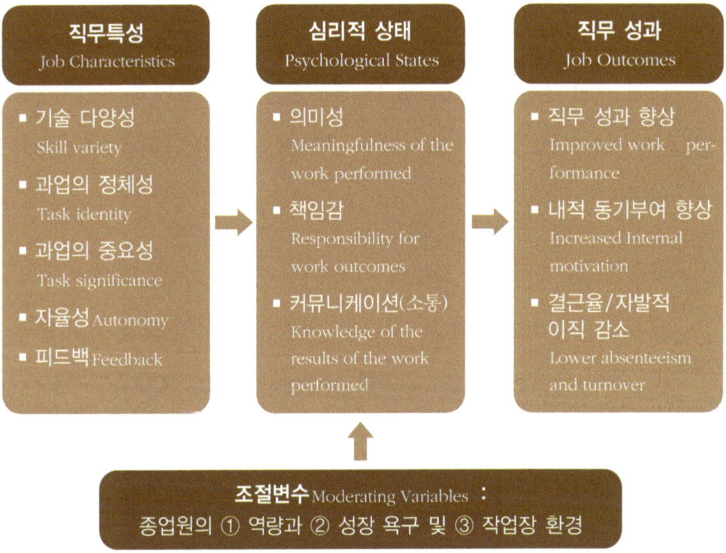

- **기술 다양성**(skill variety) : 종업원들이 직무를 수행하는 데 있어서 다양하게 기술과 능력을 사용하는 활동들이 요구되는 정도를 의미한다. 직무 자체의 의미성과 도전성 등이 높을수록 종업원들은 자신들의 직무에 보다 더 많은 가치를 느끼게 된다.

- **과업 정체성**(task identity) : 종업원이 깨닫는 직무의 존재적 자의

식을 의미한다. 즉, 자신의 과업이 조직의 사명에 어떻게 기여하는가, 과업의 목적은 무엇인가와 같은 질문이다. 직무가 요구하는 전체로서의 완결 정도가 높을수록 과업 정체성은 증가한다. 종업원이 직무수행의 전일적 관점을 가질 때 자신의 직무를 보다 더 의미 있고 가치 있게 인식한다.

- **과업 중요성**(task significance) : 직무가 가지는 영향력의 중요성에 대한 종업원의 인식을 의미한다. 직무 자체의 동료, 조직, 고객 등에 대한 영향력을 생각할 때 중요한 역할을 한다고 지각할수록(예 : 자아실현, 행복, 건강, 안전 등) 자신의 직무에 대해 더욱 관심을 기울이게 된다.

- **자율성**(autonomy) : 자신의 직무수행 계획과 수행과정에서 종업원에게 부여되는 자율성, 독립성, 재량권 등의 정도를 의미한다. 종업원이 자율성에 대한 의미를 부여하고 재량적 업무를 수행하기 위한 지식과 역량이 보장된다면, 자율성이 높을수록 노력이나 본인의 재량에 따라 창의성을 발휘하고 의사 결정에 대한 책임감이 높아진다.

- **피드백**(feedback) : 종업원의 직무수행의 성과에 대해 알게 되는 정보의 양을 의미한다. 종업원이 능동적이고 자기성장 욕구가 강할수록 직무수행 성과 결과에 대한 즉시적이고 타당한 피드백은 종업원의 업무수행에 대한 열의를 높인다.

직무특성 이론은 기술 다양성, 과업 정체성, 과업 중요성, 자율성, 피드백, 다섯 가지의 직무특성 수준에 대한 종업원의 인식이 증가할수록 종업원은 의미성, 책임감, 소통 등 긍정적인 심리적 상태가 되고, 궁극적으로 종업원의 직무 성과, 즉 행위에 긍정적인 영향을 미치게 됨을 보여준다. 즉, 생산성과 창의성의 제고를 통해 직무 성과가 향상되고, 내적 동기부여 향상에 따른 조직헌신 행위가 증가한다. 또한 종업원의 긍정적인 심리상태는 결근과 자발적 이직과 같은 부정적인 종업원 행위를 감소시킨다.

직무특성 이론은 상황적 맥락, 즉 조절변수의 역할에도 주목했다. 다시 말해, 종업원의 직무특성 인식, 심리적 태도 그리고 성과행위 사이의 상관관계는 조절변수에 의해 그 효과의 크기가 증감한다. 이 경우 조절변수는 ① 종업원의 지식과 역량 수준knowledge, skill, ability ; KSA, ② 종업원의 성장 욕구Growth Need Strength ; GNS, ③ 위생 요인 만족도hygiene factor 등이 있다. 즉, 종업원의 지식 수준과 성장 욕구가 높고, 작업장 환경, 임금 수준과 같은 위생 요인에 대한 만족도가 높을수록 직무특성 이론에서의 요인 간 상관관계의 크기는 더욱 증가하는 것이다.

직무특성 이론을 반영하는 직무설계의 예로는 직무 충실화job enrichment와 직무 확대화job enlargement를 들 수 있다. 직무 충실화는 종업원이 직무를 도전적이고 흥미 있는 일로 받아들일 수 있도록 하는 직무설계를 의미한다. 종업원이 스스로에게 부과된 직무가 양적 · 질적으로 충실하며, 의미 있고 책임감을 느낄 수 있는 일이라고 생각할 수 있도록 권한이나 책임을 확대하는 직무확충 등 직무 내용을 고도화시킨다.

직무 확대화는 다양한 일의 범위를 확대하는 직무설계를 의미한다. 과업이 너무 세밀하게 분업화되면 개개인의 직무가 극단적으로 단순한 일의 반복이 되어 오히려 동기부여가 감소한다. 직무 확대화는 종업원의 분업 범위를 확장시킴으로써 도전적인 업무 환경을 만들고, 직무에 대한 보다 전체적인 시야를 종업원이 가질 수 있도록 직무를 설계해주는 것이다. 종업원이 여러 직무를 차례로 경험할 수 있도록 하는 직무순환job rotation은 직무 확대화의 한 방법이다.

3. 학습조직과 지식경영

불확실성이 극대화된 탈산업화의 경영 환경 안에서 기업조직은 관료적 통제체제를 넘어 기업 생태계와 선순환을 이루는 살아 있는 유기적 시스템으로서의 역량을 갖추어야 한다. 살아 있는 생명조직(즉, 유기적 조직)으로서 고유의 목적을 위해 전체 시스템과 조화를 이루면서 주어진 상황에 대응하고 성공과 실패를 통해 학습하며, 진화하는 것이다.

학습조직이론 분야의 선구자인 MIT의 피터 센지 교수는 학습조직이란 '끊임없이 미래를 창출하는 역량을 확장해 나가는 조직을 의미한다'라고 했다. 미래를 향한 성장과 진화를 위해 구성원 자신이 올바른 관찰, 판단 그리고 실천을 통한 직무수행 과정의 경험을 쌓고 이를 통해 창의적인 해법을 배울 수 있는 역량을 지속적으로 개발시켜주는 조직을 의미하는 것이다. 새롭고 창의적인 사고가 길러지고 조직의 공동 비전이 자유롭게 논의되며, 구성원들이 함께 학습하는 것을 공유하는 조직이 바로 학습조직인 것이다.

학습조직 안에서 경영자는 조직의 관리자이면서 또한 스승의 역할도 수행해야 한다. 오늘날의 경영자는 구성원들이 기업 활동의 복잡성을 이해하고 회사의 비전을 명확화하며, 기업 생태계 안에서 공동체 의식을 향상시킬 수 있는 조직을 만들어 갈 책임이 있다. 즉, 구성원과 조직의 학습에 책임이 있는 것이다.

전통적인 산업화 시대에서 조직역량이 재무적 역량, 기술적 역량 혹은 마케팅 역량 등에 집중되었다면, 학습역량은 현대 기업에 있어 가장 중요한 역량 자산이다. 학습역량을 강화함으로써 기업조직은 마치 건강한 세포조직이 건강한 유기체를 이루듯, 각 구성원의 참여와 헌신을 강화시켜 조직 활동의 창의성을 발휘할 수 있게 될 것이다.

피터 센지는 그의 이론을 통해 학습역량을 제고하는 다섯 가지 원칙을 제시했다. 즉, 조직의 학습역량을 위해 개인적 수련personal mastery, 패러다임mental model, 공동체 학습team learning, 비전의 공유shared vision 그리고 시스템 사고system thinking의 다섯 가지 원칙이 중요함을 설명했다([그림 4-5] 참조).

[그림 4-5] 조직의 학습역량 제고를 위한 다섯 가지 원칙(Peter Senge, 1990)

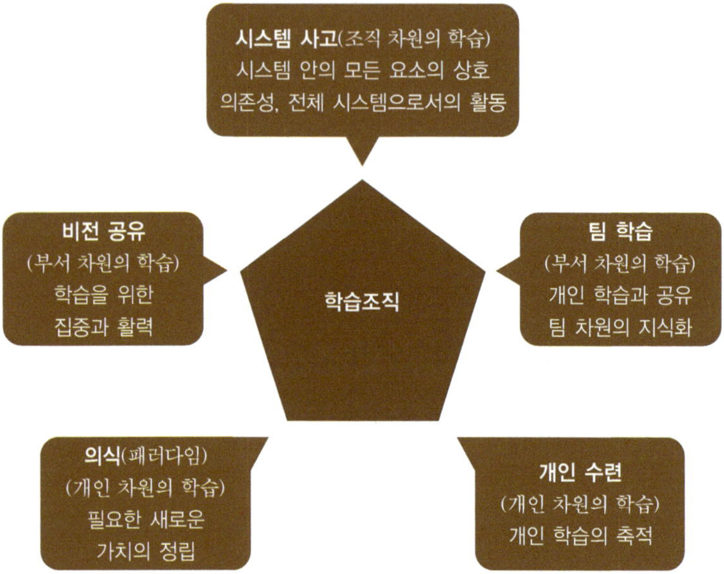

- **제1원칙, 개인적 수련 :** 조직 학습의 출발점은 개인적 수련이다. 조직의 학습은 개인 차원의 학습을 통해서만 이루어지는 것이다. 개인적 수련이란 조직 구성원 개인이 자신의 일과 삶에 대한 비전을 지속적으로 명확히하면서 심화시키고 개인 차원의 학습을 위한 노력에 집중하는 것이다. 개인적 수련의 차원이 높은 구성원일수록 시스템 사고를 통해 직관력을 가지게 된다. 자신이 시스템의 일부이고 세상과 연결되어 있음을 경험하는 것은 개인적 수련

의 일부이다. 개인적 수련을 통해 구성원 개인은 자신의 일과 삶에 깨어 있게 되고 이는 세상을 이해하는 올바른 관점을 형성하게 된다. 또한 주어진 현실에 대해 구성원 각자가 분별력을 가지고 혼란스러운 세상에서도 드러나는 질서를 읽을 수 있게 된다. 개인적 수련은 학습조직의 토대이다.

- **제2원칙, 패러다임**(정신 모델) : 세상을 이해하는 관점을 의미하는 패러다임(정신 모델)은 조직 구성원 개인의 수련의 결과로서 주어진다. 이는 개인이 세상을 어떻게 이해하고 행동하는가에 큰 영향을 미치게 된다. 조직 차원에서 아무리 훌륭한 정책이라 하더라도 그것이 실행으로 옮겨지지 못하는 이유는 개개인의 의식에 내재되어 있는 세계관과 사고방식에 대치되기 때문인 것이다. 상호연결성의 세상을 이해하는 올바른 패러다임(정신 모델)을 가지고 개인 차원의 학습은 더욱 활성화된다. 개인 차원의 학습이 팀 차원의 학습으로 확장되기 위해서는 개인 차원의 패러다임(정신 모델)이 내부 위원회 활동 등의 방법을 통해 팀 차원으로 관리되어야 한다.

- **제3원칙, 비전의 공유** : 개인 차원의 학습이 팀 차원의 학습으로 확장되기 위해서는 조직 전체에 걸쳐 공감대가 형성된 목적과 가치가 필요하다. 조직의 비전이 명확하고 이를 구성원이 공감하고 공유할 때 누가 지시하지 않아도 스스로 학습하고 성과를 내고자 노력하게 될 것이다. 학습은 기본적으로 새로운 것을 취하는 변화를 의미하는데 공유 비전을 가짐으로써 기존의 방식에서 벗어나

미래 지향적인 그 무엇을 창조할 수 있는 분위기가 조성되는 것이다. 조직 구성원이 비전의 공유가 없다면 조직은 증상 위주의 단편적 해결책만을 추구하게 되고 이러한 사소한 것들이 조직의 미션보다 더 큰 영향력을 미치게 되어 전체 조직은 혼란에 빠지게 된다.

- **제4원칙, 공동체 학습** : 조직 공동체의 학습은 개개인의 학습 노력을 팀의 학습 노력으로 통합하여 승화시키는 것을 의미한다. 개개인의 학습 노력이 조직 공동체 전체로 모아지지 않는다면 조직 내 에너지만 낭비하게 될 것이다. 공동체의 학습이 이루어지기 위해서는 조직 구성원 사이의 대화가 자연스럽게 이루어져야 한다. 구성원 사이의 대화(dialouge)는 기본적으로 자신의 입장을 제시하고 상대방을 이해시키고자 노력하면서 동시에 서로 간의 소통과 이해를 통해 의견일치를 유도하는 과정이다. 공동체의 학습을 위해서는 때로는 갈등도 건설적으로 활용해야 한다. 구성원 의견의 차이를 분석하여 대화하는 과정에서 창조성이 더욱 향상될 수 있고 이를 통해 공동체의 학습이 이루어질 수 있다. 공동체의 학습은 구성원 모두가 생태적 존재론과 생태적 인식론을 바탕으로 진정성을 가지고 함께하는 사유를 통해 이루어진다.

- **제5원칙, 시스템 사고** : 시스템 사고란 부분보다 전체와 그 전체를 구성하는 부분 요소 사이의 역동적 관계를 인식하는 사고 체계를 의미한다. 즉, 사물 자체보다는 사물 사이의 관계를 보고 한 시점의 정지된 현상보다는 역동적인 변화의 패턴을 보는 것이다. 기

업 조직에서 경영 관리자의 의사결정이 근원적인 문제보다는 겉으로 드러난 증상에만 초점을 맞추게 될 때 임기응변적인 미봉책으로 끝나기 쉽다. 이는 시스템 사고를 결여한 단선적 사고의 결과인 것이다. 단선적 사고만으로는 조직의 전체적 맥락을 파악하기 어렵고 조직 내 학습이 이루어지기 어렵다. 시스템 사고는 다른 네 가지 원칙들을 아우르는 궁극적인 지향점이 된다.

학습조직은 구성원 개인의 수련으로부터 출발한 공동체의 학습의지가 조직 전체를 변화시키는 중심이라고 인식한다. 즉, 기업 경영에서 현실에 대한 대처뿐만 아니라 미래의 창조에 이르기까지 인간 요소(human factor)의 능동적 역할을 간파한 것이다. 이는 이전까지의 공학적 최적해 도출에 머물렀던 기계론적인 관점을 가진 경영학이 인간의 주체적 역할을 일깨우는 새로운 경영학으로 전환됨을 알리는 경영학의 역사적 이정표이다.

학습조직이론과 함께 1990년대 경영학계에 부상한 지식경영은 조직의 학습역량이 창의적인 지식자산으로 창출되고 관리될 수 있음을 설명하는, 현대경영학에서 매우 의미 있고 중요한 이론이다. 지식경영 이론의 창시자인 노나카 이쿠지로는 1995년 출간된 『지식창출기업』[4]에서 종업원 개인의 사적인 지식personal knowledge이 가지는 잠재적 중요성을 간파하고 조직 구성원이 업무의 현장에서 체득하게 된 정보, 지식, 기술, 노하우를 회사 전체의 공식적인 지식체계로 선순환할 수 있도록 만드는 지식경영 관리체계를 제시했다. 즉, 일선 작업현장에서 종업원은 조직 명령체계안에서의 표준 작업지시사항 이외에 자신만의 암묵적 영역의 지식과 정보를 축적하게 되는데, 종업원이 이러한 암묵적 차원의 지식(암묵지implicit knowledge)을 조직의 공식적 차원의 명백한 지식(명백지explicit knowledge)으로 선순환시킬 수 있을 때 창의적 해법을 바탕으로 기업은 전략적 경쟁력을 얻게 된다. 21세기 경영 환경의 불확실성과 업무 현장의 비일상성이 증가함에 따라 표준화된 작업규정을 넘어 창의적인 해법이 요구되는 상황일수록 종업원 각자의 암묵적 영역의 지식은 더욱 중요해진다.

지식경영의 관리과정은 크게 네 가지 단계로 나뉜다. 각 단계는 암묵지와 명백지의 선순환 과정을 설명하는데, 이는 북극 바다에 부유하는 빙산의 모습을 상상하면 이해가 쉽다([그림 4-6] 참조). 어떠한 조직이든 그 안에 몸담고 있는 구성원은 인간 존재로서 어느 정도라도 자신의 일과 조직의 활동에 대해 나름의 생각을 하게 된다. 어떻게 하면 보다 효과적으로 혹은 효율적으로 내가 맡은 일을 수행할 수 있을지? 내가 하는 일이 우리 조직의 궁극적 미션에 어떻게 기여할 수 있고 보다 나은 성과를 위해 어떠한 기여를 할 수 있을지? 그리고 이와 같은 성찰을 통해 구성원 개인은 나름의 관련된 지식, 정보, 노하우 등을 쌓게 되는데, 이는 빙산의 해수면 아래에 감추어진 부분(즉, 암묵지)과 해수면 위로 가시적으

[그림 4-6] 지식경영의 SECI 관리과정(노나카 이쿠지로)

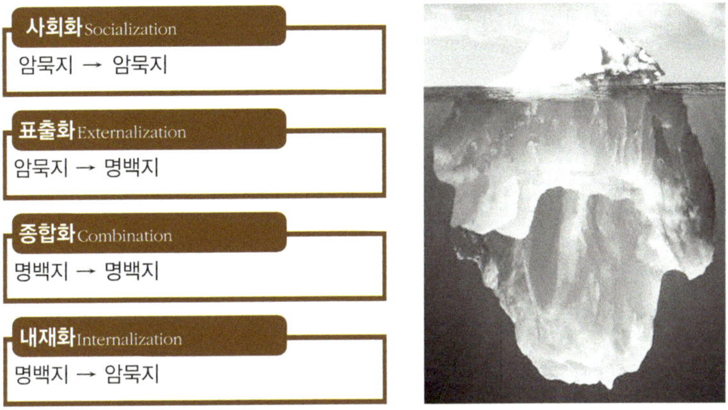

로 드러나는 부분(즉, 명백지)과 같이 나눌 수 있다. 조직 구성원이 지식을 창출하고 조직의 다른 구성원과 공유하는 과정이 지식경영의 핵심적인 부분인데, 이는 바로 사적으로 감추어진 부분과 공식적으로 드러나는 부분 두 차원의 지식을 창출하고 공유하는 과정인 것이다.

노나카 이쿠지로는 보다 구체적으로 네 가지 단계의 지식 창출 및 공유 과정을 제시한다. 이는 종업원의 암묵적 지식을 조직 전체의 공식적인 지식으로 체계화하고 이를 다시 종업원의 개인적인 지식으로 내면화하는 지식경영의 선순환 과정이다.

첫째, 사회화socialization 단계로 구성원의 암묵지를 암묵지 차원에서 창출하고 공유하는 과정을 의미한다. 아직 언어나 문장으로 표현하지 않은 형태의 지식, 즉 암묵지를 다른 구성원과 사회적 상호작용을 통해 창출하고 공유하는 단계를 의미한다. 조직 구성원 간의 관계적 친밀성과 같은 조직문화는 사회화 과정의 매우 중요한 전제조건이다.

둘째, 표출화externalization 단계로 암묵지를 문서 양식 혹은 상징으로 표현함으로써 명백지로 전환하는 과정을 의미한다. 표출화 단계에는 구성원이 자신만의 암묵지를 회사를 위해 기꺼이 형식화한 지식자산으로 만들고자 하는, 조직에 대한 충성심이 요구된다.

셋째, 종합화combination 단계로 명백지를 체계적인 데이터베이스로 구축하고, 상호 결합하면서 새로운 차원의 명백지를 창출하고 관리하는 과정을 의미한다. 이는 지식이 연결되고 통합되는 과정이다.

넷째, 내재화internalization 단계는 명백지를 구성원의 작업현장에서 행동과 실천을 통해 구성원 개인의 암묵지로 내면화하는 과정이다. 지식경영을 통해 축적된 회사의 지식자산을 실제 작업현장에서 실천함으로써 성과로 이어지는 순간이다.

노나카 이쿠지로는 이상의 지식경영 네 단계 관리과정을 각 단계의 첫 글자를 인용하여 SECI 관리과정이라고 했다.

20세기 말 출현한 학습조직과 지식경영은 경영학 역사에서 큰 분기점을 이루는 이론들이고, 이는 경영학 연구에서 전통적인 기계적 관점의 조직구조를 살아 있는 생명체와 같은 유기적 시스템의 관점으로 전환시킨 사건이다.

경영의 대상인 기업조직은 인간의 공동체로서 기업 생태계 안에 존재하므로 기계적 효율성의 분석과 설명만으로는 부족하다. 특히 21세기 불확실성이 극대화한 경영 환경이 도래함에 따라 살아 있는 존재로서 창의성과 탄력 복원성을 가지고 스스로 학습하고 진화해 가는 생명 시스템으로서의 기업관이 필요하게 된 것이다.

시스템 이론은 1937년 오스트리아 이론 생물학자 베르탈란피L. v. Bertalanffy에 의해 창시되었다. 시스템(체계)은 각 요소들의 단순한 집합체가 아니라 부분이기도 하고 전체이기도 한 상호 연관되는 각 요소들에 의해 구성된 전일적 통일체이다. 우리가 사는 세계의 현상들은 모두 상호 연관되어 있으며, 인간, 사회조직, 자연 생태 환경 등은 모두 살아 있는 시스템으로 파악할 수 있는 것이다.

〈표 4-4〉에 요약된 바와 같이 시스템적 사고는 기본적으로

표 4-4 **시스템적 사고와 가치의 전환**

시스템적 사고의 전환	시스템적 가치의 전환
자기주장 → 포월	상극 → 상생
합리성 → 직관성	팽창 → 지속가능, 보존
분석적 → 통합적	경쟁 → 협력
환원주의적 → 전일적	양 → 질
선형적 → 비선형적	지배 → 협력

자료 : Fritjof Capra(1997)[5]가 제시한 시스템 사고와 가치 모형을 재구성함.

자기 주장보다는 포용적 통합(즉, 포월包越)을 지향하고, 환원주의적·분석적 관점보다는 전일적·종합적 관점을 추구한다. 경쟁보다는 협력, 양보다는 질, 지배와 감독보다는 참여와 협력의 가치를 추구한다. 이러한 시스템적 사고로의 전환은 기업조직을 기계적 개체로 파악하지 않고 유기적 생명 시스템으로 접근함을 의미하는 것이다. 시스템적 접근은 기계적 세계관 중심의 전통적인 조직 관리적 접근을 넘어서 많은 시사점을 준다. 예를 들어 생명 시스템으로서 기업조직을 바라볼 때 효과적인 기업경영의 주요 기준은 다음과 같다.

- **개체에서 관계로의 전환** : 기업경영 관리의 주요 기준이 개체에서 관계로 전환된다. 즉, 부분적 효율성 관리에서 조직 네트워크의 관계적 활성화가 더욱 중요해지는 것이다. 기업과 이해관계자와의 연결성과 관계성이 보다 중요해진다. 관계의 신뢰성을 바탕으로 지식경영에 참여하는 주체는 내부 이해관계자인 종업원뿐만 아니라 외부 이해관계자인 소비자, 협력업체, 투자자, 사회 등도 포함한다.

- **구조에서 과정으로의 전환** : 합리적인 조직 관리의 접근이 결정론적 구조에서 창발하는 과정으로 그 중요성이 옮겨간다. 미리 정해진 전략과 해법은 카오스적인 불확실성의 환경 안에서 효과가 감소한다. 조직의 학습역량이 더욱 중요해지고 이를 활성화할 수 있도록 하는 지식경영의 실천이 필요하다.

- **학습과 자기 조직화** : 기업경영은 공학적 해법의 축적이라는 관점에서 조직 구성원의 주체적 각성과 창의성에 기반을 둔 '자기 조직화(self-organizing)' 에 있다는 관점으로 전환된다. '자기 조직화' 는 시스템 이론의 주요 개념으로서 시스템이 정확한 해답을 모르는 상태에서 자기 스스로 학습할 수 있는 능력을 의미한다. 자기 조직화 역량을 가진 시스템의 네트워크는 학습역량을 가지고 있어서 내 · 외부 환경과 조화를 이루며 진화한다. 자기 조직화는 궁극적으로 기업조직의 근원적 목적의 성취를 지향하는 조직의 자아실현(self-actualization) 과정인 것이다[6]. 생명 시스템으로서의 기업조직은 조직의 가치와 목적에 바탕을 둔 자기 근원적 성찰과 이를 통한 학습과 진화의 역동성을 가진다.

기업 생태계 안에서 근원적 목적을 가진 유기적 생명 시스템 관점으로 접근하는 기업경영의 모형은 현대경영학에서 좀 더 깊이 연구해야 할 주제이다. 전통적인 경영학의 분과적 주제인 마케팅, 인사, 생산, 재무 등의 기능 효율성 연구에서 기업조직 전체 시스템의 생태적 관리과정을 전일적으로 연구하는 학문적 전환이 요구된다. 예를 들어 ① 기업의 생산 활동에 필요한 에너지와 물자 도입과정의 친환경 관리, ② 제품 설계와 생산과정의 생태적 선순환 관리, ③ 판매, 마케팅, 산업폐기물 처리, 공해 방출과정의 환경 지속가능성 관리 그리고 ④ 재무, 인사, 여타 지원 관리 기능의 기업 생태계 안의 선순환 관리 등은 미래의 경영학에서 매우 중요한 연구주제이다.

4. 실천의 공동체

조직이론가인 에티엔 벵거Etienne Wenger는 조직 내 학습역량을 가진 비공식적 자기 생성적 네트워크를 '실천의 공동체community of practice'라 했다. 조직의 성공이 곧 자신의 성공이라는 분위기 안에서 이러한 비공식적 네트워크는 확대되고 조직의 학습능력은 높아진다는 것이다. 이는 조직의 창의력, 능동적 변화와 진화 등에 긍정적인 영향을 미친다.

'실천의 공동체'는 ① 구성원 연대성, ② 공동사업, ③ 관습과 암묵적 행위 등 세 가지 원칙이 있다. 이를 통해 실천의 공동체는 문화적 역동성dynamics of culture을 만들고 정체성을 형성해 간다.

어느 조직이나 조직의 생동감과 활력은 비공식적 네트워크인 '실천의 공동체'에 달려 있다. 비공식적인 네트워크인 '실천하는 공동체'와 공식 조직구조를 상호 보완적으로 만듦으로써 공식 구조와 자기 생성적 성격의 비공식 네트워크의 상호작용을 이해하고 비공식 네트워크가 생산하는 암묵지를 명백지로 환원하는 과정은 지식경영에 있어 결정적인 중요성을 가진다.

비공식적 커뮤니케이션 활성화를 위한 사회적 공간을 제공하는 '실천의 공동체'를 지원하기 위한 노력은 조직의 창의성과 학습

능력 고양에 도움을 줄 것이다. 조직의 학습능력을 고양시키는 가장 효율적인 방법은 조직 내의 '실천의 공동체'를 지원하고 강화시키는 것이다.

각각의 실천의 공동체가 전체 조직의 문화적 정체성을 만들어 가는 과정은 프랙털 구조fractal structure의 개념으로 설명할 수 있다. 프랙털이란 작은 구조가 전체 구조와 비슷한 형태로 끝없이 되풀이되는 구조를 의미한다. 나뭇가지 모양, 눈의 결정 구조, 자연 산맥과 해안선의 모습 등 우주의 모든 것이 결국은 프랙털 구

시스템의 부분 구조가 전체 구조와 유사한 형태로 끝없이 되풀이되는 구조를 의미하는 프랙털 구조(fractal structure)는 조직 시스템 안의 실천의 공동체가 전체 조직의 문화적 정체성을 만들어 가는 과정을 상징한다. 나뭇가지 모양, 눈의 결정 구조, 자연 산맥과 해안선의 모습 등 우주의 모든 것이 결국은 프랙털 구조로 되어 있다.

조로 되어 있다. 전체를 이루는 작은 부분들의 단순한 구조가 스스로의 유사성self-similarity과 순환적 상호 관계성recursiveness을 가지면서 끊임없이 반복되면서 정교한 전체 구조를 만드는 개념이다[7].

실천의 공동체가 프랙털 구조 안에서 조직 전체의 문화적 정체성을 만들어 나가는 것은 자발적 진화의 과정을 설명하는 것이다. 마치 '달이 천 개의 강물에 모두 다 서로 다른 모양으로 비침月印千江'의 원리에서처럼 각각의 실천 공동체의 창의력과 함께 창발하는 조직의 문화적 정체성이 발현하는 것이다.

5. 책임경영, 기업 경제 생태계와 지구 생태계의 돌봄

기업조직의 경영 관리 패러다임을 생명 생태계의 관점으로 접근하는 것은, 현대 문명이 처한 지속가능성의 문제가 산업화 문명의 그늘인 소비주의와 기술 지상주의적인 효율성만의 추구에 기인함을 성찰할 때, 인류 공동체의 지속가능한 문명사적인 전환을 위해 매우 중요한 역할을 담당한다. 현대 사회에서 대규모 다국적 기업이 가지는 거대한 영향력을 생각해보면 기업이 사회적 책임과 지속가능 경영을 실천하는 것은 지구 생태계의 지속가능성을 위한 초석이다.

기업조직이 경제생태 시스템(즉, 이해관계자 시스템) 그리고 더 나아가 지구적 생태 시스템에 지속가능한 생명력을 불어넣기 위해, 미래의 기업 리더는 조직의 경영이 기능적이고 기계적인 효율성 차원의 관리를 넘어 생명력이 넘치는 회사flourishing company로서 활력을 가질 수 있도록 해야 한다. 독일의 조직이론학자인 페트라 쿠언켈Petra Kuenkel은 시스템에 활력system aliveness을 주는 6가지 조직 관리 원칙을 다음과 같이 제시했다[8].

- **제1원칙, 의지적 창발성**(intentional generativity) : 조직 시스템의 존재론적 목적 안에서 의지를 가지고 자기 창조(autopoiesis)를 할 수 있는 역량을 의미한다. 조직의 서사적 이야기 안에서 구성원 모두가 함께 미래를 창조하는 것이다.

- **제2원칙, 열려 있는 경계**(permeable containment) : 외부의 더 큰 시스템과 소통하며, 새로운 단계의 시스템으로 함께 진화하는(co-evolve) 조직의 역량을 의미한다. 이해관계자와의 소통이 중요하고, 조직 학습과 지식경영에 조직 내·외부 이해관계자가 모두 함께 참여하는 다중이해관계자 협력(multi-stakeholder collaboration)이 필요하다.

- **제3원칙, 창발하는 혁신성**(emerging novelty) : 상황에 따라 최적을 향해 변화하고 진화할 수 있는 조직 시스템의 역량을 의미한다. 이는 보다 복잡한 시스템으로 성장할 수 있는 역량을 의미하고 이를 통해 새로움과 혁신의 창조가 이루어진다.

- **제4원칙, 맥락적 상호 의존성과 필수적 다양성**(contextual interconnectedness and requisite diversity) : 시스템 구성 요소의 다양성 안에서 역동적 변화와 상시적 균형을 이루며, 조직의 서사적 이야기를 이어가고 시스템의 정체성을 유지할 수 있는 역량을 의미한다. 모든 살아 있는 시스템의 핵심은 상생, 상호 의존, 역동적 관계에 있음을 강조하며, 시스템 내부의 소통 네트워크와 피드백 과정을 통해 창발하는 새로움의 과정 안에서 변화하고 진화한다.

- **제5원칙, 전일성을 향한 상호 협력적 증진**(mutually enhancing wholeness) : 단절적 부분으로서의 개체가 아닌 더 큰 전체 시스템 안에서의 상호 존재를 인식하고 시스템 내적인 전일성과 외부(전체) 시스템과 상호 일관성을 이루는 역량을 의미한다. 살아 있는 생명 시스템은 구분 가능하면서도 함께 둥지를 틀고 있는 홀론(holon)의 상호 통합체인 것이다[9]. '부분적 전체'를 이루는 홀론은 각기 전일성과 지향성 그리고 일관성을 나타낸다.

- **제6원칙, 자기 수용적 의식**(proprioceptive consciousness) : 의지적 희망 안에서 자신과 시스템에 대한 성찰과 의식 역량을 의미한다. 이는 조직 시스템의 현 위치에서 창발, 진화, 상호 의존성을 의식할 수 있는 존재적 역량이다. 자기 수용적 의식 원칙은 시스템 생명력을 설명하는 가장 핵심적인 요소이고 시스템 전환의 출발점이다.

이상의 6가지 원칙은 조직의 시스템적 생명력을 고양하고 불확실성과 위기의 상황에서 시스템의 전환적 변화를 이끌어낸다.

생명 시스템으로서 '살아 있다'는 것은 존재적 목적을 인식하고 끊임없이 진화하는 것을 의미한다. 마치 심포니처럼 서로 조화를 이루며 연결된 6가지 원칙 안에서 시스템이 생명력을 잃지 않으며 학습의 과정에서 이탈하지 않음이 중요하다.

기업조직을 생명 시스템으로 바라보는 생태적 경영(즉, 책임경영)에서는, 경영자는 기업조직 시스템의 자기 조직화self-organizing 과정의 관리자manager인 동시에, 외부 기업 생태계를 돌보는 청지기steward이기도 하다. 기업조직이 살아 숨 쉬는 협력적 시스템alive collaborative system으로 활력을 가지면서 기업 경제 생태계와 지구 생태계의 시스템적 활력과 상호 선순환의 관계를 이루는 것은 지속가능한 인류의 미래를 여는 열쇠인 것이다.

6. 지식경영을 넘어 지혜경영으로

일본의 조직이론학자인 노나카 이쿠지로가 1990년대 초 지식경영 이론을 발표한 것은 기존의 서구 산업사회의 기계적 효율성 중심의 경영학 연구에서 인간의 본질과 역할이 상대적으로 배제되어 왔던 반성에서 시작되었다. 사회과학의 후발 학문분야로 출발한 경영학 연구와 교육은 초기 산업사회의 발전과 양대 세계대전을 거치면서 전체와 통합적 관점에서 멀어진 분절적인 분석, 인간 의지가 배제된 기계적 최적화 모형 그리고 좁은 범위의 가정과 귀납적 추론이 위주가 된 환원주의적 관점이 지배하게 되었다[10, 11]. 이는 후발 학문으로서의 열등감과 조급함에 인류세적인 성장과 기계적 통제와 효율이 주류를 이루는 세계사적인 환경이 더해진 결과이기도 하다. 책임 있는 전문 경영인의 양성 프로젝트라는 초기의 사명은 희석되고 파편화된 소극적 문제 해결negative problem에 경도된 학문적 비관론에 이르게 된 것이다[12].

이와 같은 상황에서 지식경영 이론은 유기적 조직 안의 세포와 같은 인간 구성원의 조직 시스템에 대한 참여와 헌신의 메커니즘을 설명했다는 점에서 의의가 크다. 하지만 지식경영 이론이 발표된 지 한 세대가 흘렀고, 무엇보다도 유례없이 높은 수준의 지식과 정보를 현대사회가 축적했음에도 불구하고 인류가 당면한 현대문명의 지속가능성이라는 문제는 '지식'의 참된 의미를 성찰하게 한다.

경영학의 아버지로 일컬어지는 미국의 프레데릭 테일러가 1912년 미국의 의회보고서에 '과학적 관리론'라는 용어를 처음 사용한 이래 전 세계 수많은 대학에서 경영학 교육과 연구가 이루어져 왔고 수많은 기업에서 가장 효율적인 경영기법에 대한 연구를 하고 이를 실천해 왔으며, 더 많은 숫자의 컨설팅 회사들이 첨단 경영기법을 제시하여 왔으므로 엄청난 경영학적 지식의 축적이 이루어졌음은 가히 상상할 만하다. 하지만 지식의 축적은 언제나 인류의 축복이었을까?

일례로 1965년에서 2015년 동안 미국의 전 기업을 대상으로 자산수익율Return on Asset ; ROA 추이를 분석한 결과 4.7%(1965년)에서 1.3%(2015년)로 감소했고 감소의 추세는 한결같은 하향선을 보이고 있다[13]. 이에 대한 다양한 분석이 있을 수 있지만 분명한 것은 엄청난 경영학적 지식의 축적에도 불구하고 시장은 고갈되어가고 있었던 것이다. 주주 중심의 자본주의 관점의 경영학적 지식은 자기 중심적 · 효율성 중심의 기법들을 양산해왔고 결국은 기업 생산 활동의 토양인 생태계를 황폐화시켰다.

지식과 지혜는 다르다. 지혜는 지식의 올바른 활용을 의미한다. 미국의 인지심리학자 로버트 스턴버그Robert Sternberg는 인지지능 척도인 IQ가 간과하고 있는 것들로 ① 지식의 올바른 활용에 관한 합리적 사고능력, ② 시대정신을 잃지 않는 비판적 사고능력, ③ 분별 있는 판단에 근거한 상식적 사고능력, ④ 공동선을 향한 실천적 지혜능력 등을 제시했다[14].

이제 노나카 이쿠지로가 SECI 과정 관리에서 제시한 '지식'의 창출과 공유를 그 지식의 올바른 활용, 즉 '지혜'의 차원으로 승화시킬 필요성이 대두되었다. 이에 따라 필자는 로버트 스턴버그의 지혜균형 이론[15]과 노나카 이쿠지로의 지식경영의 SECI 관리 이론[16]을 통합하여 지혜경영wisdom management 이론을 발표했다[17]. 지식경영을 넘어 지혜경영의 관리 모형은 21세기 새로운 경영학의 패러다임에서 경영학 지식의 올바른 활용(즉, 지혜)이라는 문제의식에 기반을 둔다.

지혜경영 모형은 노나카 이쿠지로의 지식경영 모형과 로버트 스턴버그의 실천지혜연구 모형을 응용하여 통합한 것으로 다음과 같은 세 가지 기본적인 원칙에 의해 관리된다.

- **제1원칙, 존재적 목적** : 기업은 이익 극대화를 초월하는 공동선의 달성이라는 궁극적인 존재론적 목적을 지향한다.

- **제2원칙, 맥락적 균형** : 지식경영의 SECI 순환과정(암묵지와 명백지의 순환)에서 다음의 세 가지 상황적 맥락 차원의 균형을 유지한다.
  * **(2-1) 사회 관계적 맥락** : 자신 내면의 관계, 개인 상호 관계 그리고 조직 관계 차원의 이해 관계의 균형(a balance among intrapersonal, interpersonal, and extrapersonal interests)(예 : 이해관계자 경영)
  * **(2-2) 시간 차원적 맥락** : 시간 차원(혹은 세대 간)의 균형(a balance in time frame)(예 : 지속가능 경영 sustainable management)
  * **(2-3) 환경적 맥락** : 조직과 환경의 조화 차원의 균형(예 : 환경에 대한 적응, 변화, 선택 등)(a balance in dealing with environment among adaptation, shaping, and selection)(예 : 변화 관리 change management)

- **제3원칙, 리더십과 조직문화** : 지혜경영을 지속할 수 있도록 하는 깨어 있는 전환적 리더십과 생태적 공동체 문화를 기반으로 한다.

[그림 4-6] 지혜경영의 개념 틀[18]

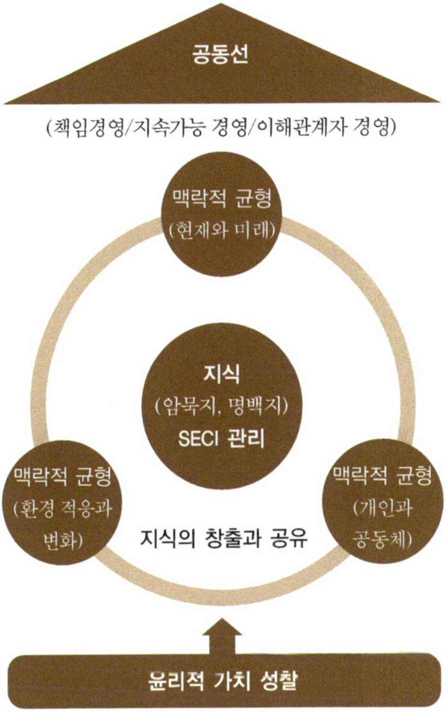

지혜경영을 실천하는 기업은 공동선을 지향하는 기업의 목적에 기반을 둔 윤리적 성찰을 바탕으로 SECI 지식의 창출과 공유의 과정에서 세 가지 차원의 균형적 지혜를 잃지 않음으로써 성장과 진화를 지속할 수 있다. 그리고 새로운 패러다임의 지혜경영을 실천에 옮기기 위해서는 깨어 있는 전환적 리더십과 생태적 공동체 문화가 필요하다(제5장 지혜를 일깨우는 리더십 참조).

지혜 경영은 기존의 경영학에서 논의되어 온 새로운 패러다임의 여러 문헌들을 균형 있게 포함하고 있다. 그동안 전통적인 경영학에서 상대적으로 간과된 주제들, 즉 ① 조직과 인간에 대한 적극적 가정, ② 기업경영의 전일적 · 생태적 관점, ③ 지속가능성과 세대 간 정의, ④ 전환적 변화 관리, ⑤ 인간과 조직에 대한 긍정적 가정, 구성원 개인과 조직의 자기실현과 자기 초월 등이 지혜경영의 각 원칙 요소 안에 포함되는 개념이다(〈표 4-5〉 참조).

표 4-5 지혜경영 모형의 각 구성 요소와 새로운 경영학의 관점 비교

지혜경영 구성 요소	기존 경영학에 대한 보완 관점	새로운 경영학 관점과의 비교
목적 지향성	조직과 인간에 대한 적극적 가정	긍정 조직학 연구(Positive organizational Scholarship ; Cameron, et al. 2003)[19], 깨어 있는 자본주의(Conscious Capitalism ; Mackey & Sisodia, 2013)[20], 책임경영교육(Responsible Management Education ; Park, 2018[21] ; Dickson, et al., 2013[22])
균형 : 이해 관계	전체 시스템 관점(Holism), 생태적 시스템 관점(Ecological System Approach)	이해관계자 경영(Stakeholder management ; Freeman, 1984)[23], 공유가치 창출 전략(Creating Shared Value ; Porter, 2011)[24], 전략적 CSR(Strategic Corporate Responsibility ; Carroll &Shabana, 2010)[25]
균형 : 시간	지속가능성(Sustainability), 세대 간 정의(inter-generational justice)	지속가능 경영(Sustainable Business ; Jones, 2017)[26], 자연자본 이론(Natural Capitalism ; Hawken, et al., 1999)[27], 유엔 글로벌 콤팩트와 지속가능개발목표(UNGC and SDGs ; Williams, 2014)[28], 세대 간 공정성과 지속가능성(Intergenerational equity and sustainability ; Padilla, 2002)[29]

균형 : 환경 적응	전환적 변화 관리 (Transformational Change management), 조직 개발 (Organizational Development)	지속가능성과 심층적응 전략 이론(Deep adaptation ; Bendel, 2018)[30], 시스템 전환 U이론(Theory U ; Scharmer, 2018)[31], 변화 관리 이론(Change Management ; Lewin, 1947[32] ; Kotter, 1996[33]), 조직개발 이론(Organizational Development ; Beckhard, 1969)[34]
깨어 있는 리더십과 조직문화	긍정 경영학 (Positive problem), 조직 개발 (organizational development), 자기실현과 자기 초월 (self-actualization, self-transcendence)	지혜 리더십(Wise leadership ; Nonaka and Takeuchi, 2011)[35], 서번트 리더십(Servant leadership ; Greenleaf, 1970)[36], 진성 리더십(Authentic leadership ; George, 2003)[37], 심리적으로 건강한 경영(Eupsychian management ; Maslow, 1965)[38], 깨어 있는 자본주의(Conscious capitalism ; Mackey & Sisodia, 2013)[39]

경영학은 그동안 괄목할 만한 성장에도 불구하고 지식체계의 실천적 부분에 있어서 많은 회의론이 있었던 것이 사실이다. 특히 근대 자연과학의 전통에 따라 지식의 파편화된 결정주의적 관점과 인간과 조직에 대한 소극적 가정의 문제는 경영학의 주된 학문적 경향을 이루어 왔고, 이는 학문체계의 분류상 인문학 안의 사회과학의 한 분야로서 인간과 조직의 문제를 균형 있게 다루어 왔어야 할 경영학의 역할을 회의적으로 만들었다.

지혜경영 관리 모형을 통해 사회적 실천 학문으로서의 경영학이 기업조직 경영과 시스템 이론, 인간과 조직에 대한 적극적 가정, 목적과 가치에 기반을 둔 경영 시스템 연구 등 기술적 환원주의 관점을 넘어 기업 생태계 안에서 인간과 조직의 발전을 위한 통합적 연구의 새 장을 열 수 있을 것으로 기대된다.

7. 요약과 성찰과제

조직화 관리과정은 계획화 관리과정에서 도출된 전략체계를 실천에 옮길 수 있도록 조직의 틀을 설계하는 관리과정이다. 계획화 관리과정이 합리적인 전략 설계의 과정이라고 한다면, 조직화 관리과정은 합리적인 조직구조 설계 과정이라고 할 수 있다.

초기인 산업혁명 이후 고전적 경영학에서는 기업조직의 성격을 기계적 개체로 보았다. 그러나 기업조직이 기본적으로 인간으로 구성된 사회적 집단임을 생각할 때 그 자체가 제한된 관점임을 쉽게 알 수 있다. 더욱이 글로벌화로 인한 시장 불확실성이 점차 증가함에 따라 조직 관리의 기조가 기계적 효율성과 통제성이 아닌 적응성과 유연성으로 무게 중심을 이동하게 됨에 따라 경영학에서 기업을 더 이상 기계적 조직이 아닌 살아 있는 생명체, 즉 유기적 조직으로 바라보는 관점이 점점 우세하게 되었다.

탈산업화 시대에 들어서면서 기업이 처한 시장 환경의 불확실성이 더욱 증대되고, 그 안에서의 업무 기술의 복잡성 또한 증가한다. 매뉴얼에 입각한 조직의 통제성은 비일상적인 환경 안에서는 오히려 부담이 될 수 있다. 오늘날의 환경에서 기업에 요구되는 것은 변화에 유연하게 적응하고, 미리 정해진 매뉴얼을 넘어서는 창의적인 해법을 제시하며, 카오스적인 요동 안에서 중심을 잃지 않는 조직의 역량, 즉 탄력 복원성이다. 기업조직은 이제 관료적 통제체제를 넘어 기업 생태계와 선순환을 이루는 살아 있는 유기적 시스템으로서의 역량을 갖추어야 한다. 살아 있는 생명조직(즉, 유기적 조직)으로서 고유의 실존적 목적의 구현을 위해 전체 시스템과 조화를 이루며, 주어진 상황에 대응하고 성공과 실패를 통해 학습하면서 진화하는 것이다.

20세기 말 출현한 학습조직과 지식경영은 경영학 역사에서 큰 분기점을 이루는 이론이다. 이는 경영학 연구에서 전통적인 기계적 조직구조를 살아 있는 생명체와 같은 유기적 시스템으로 관점을 전환시킨 사건이다.

경영의 대상인 기업조직은 물리적 기계를 넘어서는 존재이므로, 기계적 효율성의 분석과 설명만으로는 부족하다. 특히 21세기 불확실성이 극대화한 경영 환경이 도래함에 따라 기업은 기업 생태계 안의 살아 있는 생명체계로서 창의성과 탄력 복원성을 가지고 스스로 학습하고 진화해 가는 생명 시스템으로서의 기업관이 필요하게 되었다.

새로운 시대의 기업경영은 기업 경제 생태계(즉, 이해관계자 시스템) 그리고 더 나아가 지구 환경 생태계에 지속가능한 생명력을 불어넣기 위해 기업경영의 초점을 기능적 · 기계적 효율성 관리를 넘어 생태계적 지속가능성 관리에 맞추어야 한다. 현대사회의 인류 공동체가 당면한 지속가능성의 위기를 초래한 것도 기업이고 이를 해결할 수 있는 해법도 기업에게 있다.

[성찰과제]

1. 기계적 조직과 유기적 조직의 차이는 무엇인가? 이해관계자 경영 패러다임의 실천을 위해서는 어떠한 유형의 조직구조가 더 적합한가? 그 이유는 무엇인가?

2. 피터 센지가 제시한 조직 학습역량의 의미는 무엇인가? 조직 학습역량은 21세기 기업 경영의 전략적 경쟁력 제고를 위해 왜 중요한가?

3. 노나카 이쿠지로가 제시한 지식경영의 SECI 관리과정을 설명하라. 또한 지식경영을 넘어 지혜경영으로의 진화가 오늘날의 경영 환경에서 요구되는 이유를 설명하라.

4. 시스템적 사고란 무엇을 의미하는가? 이는 책임경영의 이해관계자 경영 패러다임의 실천을 위해 왜 중요한가?

5. 자기 조직화의 의미는 무엇인가? 이는 불확실한 기업경영 환경 안에서의 조직 학습과 지식경영에 왜 중요한 역할을 하는가? 자기 조직화의 역량을 강화시킬 수 있는 조직 관리의 방법은 무엇인가?

미주

1. Senge, Peter. Preface in Arie De Geus, *The Living Company*. Harvard Business Review Press, 2002.
2. Burns, Tom and Stalker, George. *The Management of Innovation*. Tavistock, London, 1961.
3. Hackman, J. Richard and Oldham, Greg. R. *Work redesign*. Reading, MA : Addison-Wesley, 1980.
4. Nonaka, Ikujiro and Hirotaka Takeuchi. *The Knowledge-Creating Company : How Japanese Companies Create the Dynamics of Innovation*. Oxford University Press, 1995.
5. Capra, Fritjof. *The Web of Life*. Anchor Books, 1997, p. 10.

6. 자기 조직화는 환경과 상호작용하면서 스스로의 구조를 바꾸는 변화 가운데 내재되어 있는 질서(inherent order)를 발견하는 것이다. 이는 성장과 자기 쇄신을 통해 존재의 근원성에 귀속하는 여정이다.
7. 이 용어는 '쪼개다'라는 뜻을 가진 라틴어 '프랙투스(frāctus)'에서 유래되었다. IBM의 연구원 브누아 망델브로(Benoit B. Mandelbrot)가 1975년 처음 제시한 개념이다.

8. Kuenkel, Petra. *Stewarding Sustainability Transformations : An Emerging Theory and Practice of SDG Implementation*. Springer, 2018.
9. Koestler, Arthur. *Janus*. Random House, 1978.
10. Ghoshal, S. "Bad Management Theories are Destroying Good Management Practices". *Academy of Management Learning and Education*, 4, 2005, pp. 75~91.
11. Hayek, F.A. von. *The Pretence of Knowledge*. Nobel Memorial Lecture, The Nobel Foundation, 1974.

12. 전 세계 경영학 교육에 가장 큰 영향을 미쳐 온 미국 대학의 경우 역사적으로 19세기 말에서 20세기 초반에 걸쳐 시작된 경영학 교육은 마치 의사와 변

호사의 양성과 같이 그 분야의 전문적 기능성뿐만 아니라 사회적 책임과 공동체의 발전을 지향하는 덕성을 겸비한 책임 있는 전문인력의 양성 프로젝트(Professoinalization Project)로 시작되었다(Khurana, Rakesh. *From Higher Aims to Hired Hands : The Social Transformation of American Business Schools and the Unfulfilled Promise of Management as a Profession*. Princeton University Press, Princeton, NJ., 2007).

13. Denning, S. "Shift Index 2016 : Why Can't U.S. Firms Innovate?". *Forbes*(December), 2016.

14. Sternberg, R. *Are We Creating a Society of Smart Fools?*. APS William James Fellow Award Address, 29th APS(American Physical Society) Annual Convention, Boston, 2017. available at https://www.youtube.com/watch?v=Yn6XEYnAU1g).

15. Sternberg, R. "A Balance Theory of Wisdom". *Review of General Psychology*, 2(4), 1998, pp. 347~365. http://dx.doi.org/10.1037/1089~2680.2.4.347.

16. Nonaka, Ikujiro and Hirotaka, Takeuchi. *The Knowledge-Creating Company*. Oxford University Press, 1995.

17. 박용승 · 김주원. 「지혜발현 기업을 향하여」. 한국경영교육학회, 제34권 제5호, 2019, pp. 87~108.

18. Park, Yong-Seung. *Towards a Wisdom-Unleashing Company, Invited Paper*. International Conference of the 40th Anniversary of Japan Management Association(日本マネジメント学会), Rikkyo University, Tokyo, Japan, 2019.

19. Cameron, Kim, S., Dutton, Jane, E. and Quinn, Robert, E.(Eds.). *Positive organizational scholarship*. San Francisco : Berrett-Koehler, 2003.

20. Mackey, John and Raj, Sisodia. *Conscious Capitalism : Liberating the Heroic Spirit of Business*. Harvard Business Review Press, 2013.

21. Park, Y. "Towards Responsible Management Education : A Transformational Model". *Business Communication Research and Practice*, 2018,

1(2), pp. 54~60.

22. Dickson, M., M. Eckman, S. Loker and C. Jirousek. "A model for sustainability education in support of the PRME". *Journal of Management Development*, 32(3), 2013, pp. 309~318.

23. Freeman, E. *Strategic Management : A Stakeholder Approach*. Cambridge University Press, 1984.

24. Porter, M. and M. Kramer. "Creating Shared Value : How to reinvent capitalism-and unleash a wave of innovation and growth". *Harvard Business Review*, 2011, January~February, pp. 1~17.

25. Carroll, A.B. and Shabana, K.M. "The businesscase for corporate social responsibility : a review of concepts, research and practice". *International Journal of Management Reviews*, 2010, 12(1), pp. 85~105.

26. Jones, G. *Profits and Sustainability, A History of Green Entrepreneurship*. Oxford University Press, 2017.

27. Hawken, P., A. Lovins and H. Lovins. *Natural Capitalism : Creating the Next Industrial Revolution*. Little, Brown & Company, 1999.

28. Williams, O. "The United Nations Global Compact : What Did It Promise?". *Journal of Business Ethics*, 2014, 122(2), pp. 241~251.

29. Padilla, E. "Intergenerational equity and sustainability", *Ecological Economics*, 2002, 41(1), pp. 69~83.

30. Bendell, J. "Deep Adaptation : A Map for Navigating Climate Tragedy". *IFLAS Occasional Paper* 2, 2018. available at https://www.lifeworth.com/deepadaptation.pdf.

31. Scharmer, Otto. *The Essentials of Theory U : Core Principles and Applications*. Berrett-Koehler Publishers, 2018.

32. Lewin, Kurt. *Field theory in social science*. New York : Harper & Row, 1947.

33. Kotter, John. *Leading change*. Boston, MA : Harvard Business School Press, 1996.

34. Beckhard, Richard. *Organization development : strategies and models*. Mass : Addison-Wesley, 1969.

35. Nonaka, Ikujiro and Hirotaka Takeuchi. "The Wise Leader : How CEOs can learn practical wisdom to help them do what's right for their companies and society". *Harvard Business Review*, 2011, May, pp. 58~67.

36. Greenleaf, Robert. *Servant Leadership : A Journey Into the Nature of Legitimate Power and Greatness*. Pluralist Press, 1977.

37. George, Bill. *Authentic Leadership : Rediscovering the Secrets to Creating Lasting Value*. John Wiley & Sons, 2003.

38. Maslow, Abraham. *Eupsychian Management : A Journal*. Richard D. Irwin, Inc. and The Dorsey Press, 1965.

39. Mackey, John and Raj Sisodia. *Conscious Capitalism : Liberating the Heroic Spirit of Business*. Harvard Business Review Press, 2013.

5장

지도화 – 지혜를 일깨우는 리더십

1. 인간 행위의 이해 / 2. 인간의 본질, 기업경영의 주체 / 3. 동기부여 이론
4. 자아실현과 조직 관리 / 5. 동기부여를 넘어 영감의 고취를 향하여
6. 리더십 이론 / 7. 지혜를 일깨우는 리더십 / 8. 조직문화 / 9. 요약과 성찰과제

경영학의 새로운 패러다임인 책임경영의 출발점은 인간 의식의 각성(즉, 깨어 있음)에 있다. 살아 있는 생명 시스템으로서의 기업조직이 내 · 외부의 이해관계자로 구성된 기업 생태계와 조화를 이루고 그 존재적 목적을 완성해 나가는 책임경영의 여정은 결국 깨어 있는 구성원 개인과 그들이 이루는 공동체 문화 안에서 이루어진다. 따라서 인간의 본질과 인간의 의식 그리고 책임 있는 기업경영을 위한 인간의 역할을 이해하는 것은 매우 중요한 일이다.

20세기 초반 본격화한 경영학 교육과 연구의 역사에서 기업의 생산 활동과 성과에 기여하는 인간의 역할은 매우 소극적이었다. 인간은 주어진 생산 활동의 제약조건 안에서 정해진 방법과 규칙에 따라 마치 기계부품처럼 기능적 역할을 수행하면 그만이라고 보았다. 경영학의 아버지로 불리는, 그 스스로 엔지니어이기도 한, 미국의 프레데릭 테일러는 과학적 관리론에서 기업경영의 요체를 '감독과 통제'로 정리했다. 여기서 인간이 전체 조직 성과에 미칠 수 있는 영향력은 극히 적었고 인간은 마치 '기름칠 잘 한' 기계의 한 부속품과 같은 것이어서 최소한의 기능적 역할만을 기대했다. 때문에 인간 노동은 언제든 마모되면 교체 가능한 소모품과 같은 것이었다.

그러나 21세기의 지식 기반 사회로 진입하면서 인간은 더 이상 소모품적인 생산 요소가 아니게 되었다. 오히려 가상공간과 물리적 공간을 통합하는 4차 산업혁명 기술은 인간을 더 이상 소모적 생산 요소가 아닌 능동적 창조자의 경지로 끌어올리고 있다. 인간의 주체성과 창의성은 이제 기업조직을 포함한 모든 사회조직의 목적을 달성하기 위한 활력의 원천이 되었다. 가상물리체계Cyber Physical System ; CPS 기술혁명이 상징하는 포스트휴먼 시대를 맞이하는 21세기의 오늘날, 새로운 경영학은 인간의 생태적 존재성과 창조적 역량을 재조명함으로써 인류 공동체의 지속 가능한 발전을 이끄는 시대적 사명을 부여받게 된 것이다.

경영학에서도 지난 100여 년 동안 기업조직 내의 인간의 문제를 연구하는 노력이 있어 왔고, 이는 주로 산업조직 심리학Industrial Organizational Psychology ; I/O Psy 분야에서 이루어졌다. 인간의 조직행동Organizational Behavior ; OB은 이들 학자들의 궁극적 관심사였다. 인간의 조직 안에서의 행위는 과연 어떤 요인이 동인motivator으로 작용하는가? 그리고 이러한 인간 개인 혹은 집단의 행위에 대해 또 다른 한 인간이(예를 들어 조직의 리더가) 어떠한 영향력을 미칠 수 있는가? 즉, 동기부여 이론motivation theory과 리더십 이론leadership theory은 산업조직 심리학자들의 핵심연구 주제이다. 전통적 경영학의 관점을 넘어 인간의 의식과 창조적 존재로서의 가능성을 조명하는 새로운 동기부여 이론과 리더십 이론이 필요하다.

제4장에서 살펴보았던 조직화 관리과정이 계획화 관리과정에서 수립된 조직의 목표와 전략체계를 거시적 차원에서 실천하는 관리과정이라고 한다면, 제5장에서 논의할 지도화leading 관리

과정은 조직 구성원의 행동을 이해하여 올바른 방향으로(즉, 조직의 미션을 달성할 수 있는 방향으로) 관리하는 것을 의미한다. 이는 조직의 전략을 미시적 차원에서 실천하는 관리과정인 것이다.

본 장에서는 우선 기업조직 안에서의 인간의 의미와 인간 행동에 대한 이해를 위해 조직행동의 기본적인 개념을 소개하고 특히 유기적 생명조직으로서 기업 생태계의 선순환 경영을 이끌기 위한 인간의 창조적 행위의 가능성을 살펴보고자 한다. 동기부여 이론에서는 긍정심리학positive psychology의 선구자인 에이브러햄 매슬로Abraham Maslow의 욕구단계 이론을 중심으로 개인의 자아실현과 조직의 자아실현을 기반으로 한 자기 초월적 조직 행위의 가능성을 설명한다. 기업 생태계 안에서 기업조직의 시스템적인 학습과 진화의 원동력은 바로 자기 성찰과 이에 기반을 둔 창조적 의지에 있음을 살펴본다.

그리고 리더십 이론에서는 새로운 전환적 패러다임의 발현emergency과정에서 필연적으로 요구되는 혼돈과 카오스를 돌파할 변혁적 리더십을 설명한다. 이를 통해 '발현하는 질서'를 이끌어낼 수 있는 지혜로운 리더십의 가능성을 열어보고자 한다.

본 장에서 마지막으로 구성원의 공유가치체계인 조직문화에 대해서 알아본다. 임파워먼트와 상호 존중에 기반을 둔 공동체 조직문화가 개인 구성원의 주체적 의식을 공동체의 의식혁명으로 이끌어냄으로써 시스템의 전환을 이루게 되는 과정을 살펴본다.

1. 인간 행위의 이해

기업은 경제적 조직이기도 하지만 사회적 공동체이기도 하다. 기업조직이 가지는 이러한 양면성은, 제1장에서 살펴본 경제적 가치와 사회적 가치 사이에 존재하는 논쟁과 같이, 이분법적인 딜레마를 낳기도 하지만 관점을 달리하면 통합적인 상생의 장을 열기도 한다. 21세기의 새로운 문명 시대는 이해관계자 경영 패러다임이 상징하듯 경제적 가치와 사회적 가치가 통합되는 상생의 시대이다. 그리고 이러한 통합과 상생의 열쇠는 바로 경영학의 연구에서 더욱 활발하게 인간에 대한 존재 의미를 핵심주제로 살펴보는 데서 출발한다. 즉, 새로운 시대의 새로운 경영학 패러다임을 향한 전환의 주체는 바로 인간 자신인 것이다.

통합 생태계의 시스템적 관점에서 인간과 사회 그리고 인간과 자연은 서로 연결되어 있고 선순환의 상호 관계성을 가진다. 즉, 인간의 생태적 건강함은 사회적 생태계의 건강함으로 이어지고 이는 자연환경 생태계의 지속가능성에도 긍정적인 영향력을 미친다. 물론 이러한 상호 의존성은 현실적으로 오늘날의 세계가 목도하고 있는 생태계의 악순환으로 이어질 가능성도 있다. 생태계의 선순환 혹은 악순환의 분기점에는 인간 자신의 생태적 의식이 있는 것이다.

마찬가지로 기업 생태계 안에서 전 생태계적 선순환의 출발도 그리고 궁극적으로 환원되는 결과의 종착점도 바로 인간 자신이다. 종업원, 소비자, 협력업체 직원, 투자자, 사회시민 등 인간의 의식과 행위가 결국 생태계의 선순환을 혹은 악순환을 만들어내는 것이고 상호 연결된 생태계 안에서 그 결과는 고스란히 인간 자신의 삶의 현실이 되어 돌아온다.

경영학에서 인간의 행위, 특히 조직 구성원의 행위에 대한 이해는 현대 경영학에서 매우 특별한 연구주제이다. 이해관계자 경영 패러다임에서 조직 구성원의 행위를 이해하고 이를 기업 생태계의 선순환을 향한 바람직한 방향으로 이끌어내는 일은 생태계의 전일적 상호 의존성 안에서 조직 외부 이해관계자의 행위를 이끄는 일이기도 하다(제3장의 [그림 3-5], 이해관계자 경영 : 전일적 기업 생태계 참조).

그렇다면 인간의 행위를 설명하는 요인은 무엇일까? 이에 관해서는 [그림 5-1] 조직행동의 통합적 접근 모형에 요약된 바와 같이 우선 개인적 차원의 변수와 조직(집단) 차원의 변수로 나누어 설명할 수 있다. 즉, 조직구조적 성격, 직무특성, 리더십 유형, 조직문화 등과 같은 조직(부서) 차원의 요인과 태도, 인식, 인성, 학습 등과 같은 개인 차원의 요인이 복합적으로 작용하여 구성원 개인의 동기부여와 같은 심리적 메커니즘을 작동하게 하고 이는 궁극적으로 직무 및 조직 성과와 같은 구성원의 행위로 이어진다.

물론 인간의 행동은 매우 미묘하고 복잡한 심리적 과정을 거

[그림 5-1] 조직행동의 통합적 접근 모형

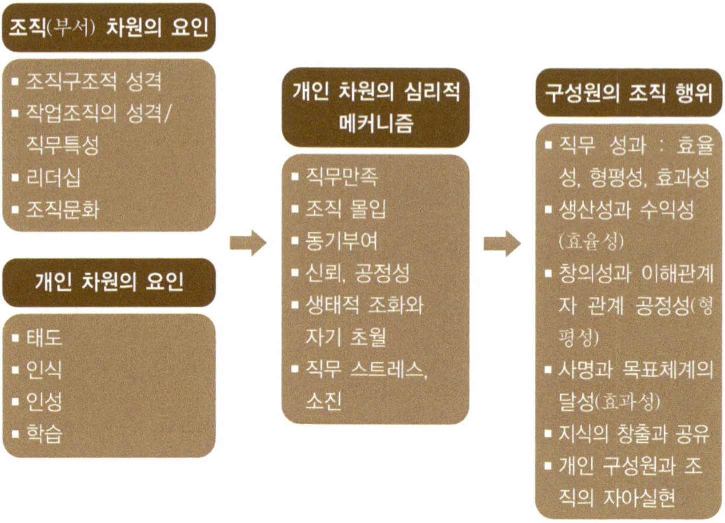

쳐 나타난다. 또한 인간의 본질을 실존적 자아를 완성해 나가는 존재적 삶의 주체로 파악할 때 인간의 행위에 대한 접근은 고차원적인 존재론과 인식론을 기반으로 접근해야 할 난해한 작업이다.

이해관계자 중심의 새로운 기업경영 패러다임의 진정한 실천은 결국 인간 행위의 전환에서부터 시작되는 것이므로 새로운 경영학의 논의에서 인간의 본질과 그 행위를 이해함은 근원적 중요성을 가진다. 결핍의 사고deficiency mentality를 넘어 풍요의 사고abundance mentality로의 전환, 자기 중심적인 배타적 이익추구의 관점에서 기업 생태계 중심의 공동선의 관점으로의 전환, 그리하여 깨어 있는 기업시민으로서 이해관계자와 선순환을 이루고 지속가능한 기업의 이익을 창출해 나가는 기업 전략을 수행하는 구성원 행위의 실천이 새로운 경영학에서는 요구되는 것이다.

우선 인간 행위에 대한 기본적인 이해를 위해 개인 차원에서 인간의 행동에 영향을 주는 다음의 네 가지 심리적 변수를 알아보자.

태도

인간의 행동을 설명하는 가장 기본적인 선행변수는 인간의 심리변수인 태도attitude다. 태도는 어떤 대상에 대해 인간이 가지는 좋고 싫음의 심리적 판단 상태를 의미한다. 즉, 인간이 어떤 대상에 대해 긍정적인 태도를 가지게 되면 그 대상을 향해 긍정적인 행위를 취한다. 예를 들어 종업원이 자신의 일과 조직에 대해 긍정적인 태도를 가지게 되면 맡은 일을 성실하게 완수하고 조직을 위해 헌신하는 행위를 보이게 된다. 또한 소비자 혹은 협력업체와 같은 이해관계자와의 관계에서도 종업원의 행위는 긍정적일 것이다.

인간은 자신의 태도와 행동 사이에 늘 일관성을 유지한다. 양자 간에 불일치가 일어나면 인간은 심리적 긴장을 가지게 되어 결국 태도와 행위를 일치시킨다. 인간은 태도와 행위의 일관성을 유지하고자 하는 근본적인 동기를 지니고 있어서, 인지적 부조화를 경험하면 이를 해소하기 위해 자신의 태도나 행위를 변화시킴으로써 심리적 불안을 해결하고 자신에 대한 일관성을 유지하려고 한다. 심리학에서는 이를 인지 부조화cognitive dissonance 이론이라고 한다.[1] 결국 인간의 행위는 인간의 심리적 판단인 태도에 기인하는 것이다.

인식(그리고 의식과 지성)

인간의 태도는 인간의 일정한 심리적 과정(즉, 인식perception 혹은 지각과정)을 거쳐 형성된다. 그리고 이 과정에서 인간의 인지과정은 주관성을 가진다. 편견stereotyping[2], 귀인歸因, attrition[3], 후광효과後光, halo effect[4] 등은 인간이 주관적으로 지닐 수 있는 인지적 오류의 예이다.

이러한 인지적 오류는 논리성과 객관성 측면에서 문제가 되지만 인간의 태도를 형성하는 심리적 과정이 주관적이고 비선형적인 성격을 띤다는 점은 중요한 의미를 지닌다. 즉, 인간의 인지적 판단과정을 거쳐 형성되는 긍정적 혹은 부정적 태도는 인간의 근원적인 의지와 가치를 반영하는 일정한 의도성을 가지게 된다는 점이다. 이러한 점에서 인간의 존재적 의식과 가치는 태도의 형성과정에 근원적인 중요성을 가진다.

예를 들어 종업원 A는 이해관계자 경영 패러다임과 기업 생태계의 선순환적 경영 가치를 현대 기업의 중요한 사명으로 받아

들인다. 그는 그의 부서장의 의사결정 속도가 느린 것을 보고, 이는 다양한 이해관계자와의 형평성equity을 고려하는 심사숙고에 귀인하는 결과라고 판단한다. 따라서 종업원 A는 그의 부서장에 대해 그가 훌륭한 기업 리더이고 책임 있는 부서장이라는 긍정적인 태도를 가진다. 종업원 A의 기업경영 패러다임에 대한 의식과 가치는 결국 그의 심리적 지각과정과 태도에 영향을 미친다. 반면 종업원 B는 주주 중심의 패러다임을 가치 있게 생각하고, 부서장의 의사결정 속도가 늦음을 업무 효율성을 저해하는 것으로 보고 부정적인 생각을 하여(즉, 귀인) 결국 부서장에 대해 부정적인 태도를 갖게 된다. 즉, 종업원 B의 기업경영 패러다임에 대한 의식과 가치는 결국 그의 심리적 지각 과정과 태도에 영향을 미친다.

인간 행위의 직접적인 설명 요인인 태도변수는 인간의 주관적인 인지과정에 의해 형성되는데 이는 궁극적으로 인간의 가치관value system과 의식consciousness에 기반을 두는 것이다. 그리고 인간 의식에 바탕을 둔 인식과정은 인간의 지성intelligence에 영향을 받는다. 인간의 지성은 인지기술, 논리성, 공간개념 등과 관련한 인지적 지성cognitive intelligence, 다른 이와 우리 자신과의 관계를 맺는 공감 역량과 관련한 감성적 지성emotional intelligence 그리고 존재의 본질에 대한 성찰적 명상 역량을 의미하는 영성적 지성spiritual intelligence 등이 있다. 인간의 심원한 지성은 그의 고차원적인 인지과정을 이끈다.

인성

인간의 의식, 인지과정 그리고 태도 형성의 심리적 과정은 그 인간의 인성personality 영향을 받는다. 인성은 개인의 심리적 특성을 의미한다. 이는 인간이 지니는 상대적으로 안정적인 감정, 생각 및 행동 패턴을 포함한다.

인간 개인은 각자 독특한 양식으로 생각하고, 느끼고, 행동한다. 이는 개인의 유전적 요인과 태생 이후 성장 환경 요인 등 여러 요인들의 복잡한 상호작용을 거쳐 형성된 결과다.

폴 코스타 주니어Paul Costa Jr.와 로버트 맥크레Robert McCrae는 인성의 기질을 5대 구성 요인으로 설명한다.[5] 〈표 5-1〉에 정리된 바와 같이, 대표적인 인성 분류를 위한 5대 구성 요인은 개방성openness, 성실성conscientiousness, 외향성extraversion, 친화성agree-

표 5-1 코스타와 맥크레의 인성 기질(personality trait) **5대 구성 요인**

인성 기질(trait)	내용
개방성(openness)	호기심, 독창성, 지성, 창의성, 새로운 패러다임에 대한 개방성
성실성(conscientiousness)	체계성, 조직성, 시간 엄수, 성과 지향성, 신뢰성
외향성(extraversion)	대외 지향성, 수다스러움, 사회성, 사회적 관계와 상황을 즐김
친화성(agreeableness)	붙임성, 인내성, 예민함, 신뢰성, 친절함, 온유함
신경증적 경향성(neuroticism)	불안함, 화를 잘 냄, 까다로움, 변덕스러움

ableness 그리고 신경증적 경향성neuroticism이다. 5대 요인의 머리글자(OCEAN 바다)가 은유하듯, 모든 인간은 이상의 다섯 가지 인성 기질을 어느 정도씩은 다 가지고 있다. 다만 각 유형 기질의 조합 구성이 인간 개인의 유전적 혹은 환경적 상황에 따라 다를 뿐이고 우리는 이를 인성이라 하는 것이다.

인간의 인성은 그에게 주어진 대상에 대한 인지과정과 태도 형성 등에 영향을 미치고 이는 인간의 행위로 나타난다. 인간의 타고난 인성은 공학적으로 통제하거나 제어할 수 없는 것이고 그럴 필요도 없다. 예를 들어 개인의 능동적 혹은 소극적 성향, 위험 수반형risk-taking 혹은 위험 회피형risk-averse 성향, 이타적 혹은 이기적 성향, 공동체주의적 혹은 개인적 성향 등은 모두 개인의 고유한 인성의 예인데, 각 성향적 특성은 상황에 따라 나름의 장단점을 가진다. 이해관계자 경영 패러다임과 같이 구성원의 자발적 참여와 창의성이 요구되는 조직일수록 개인의 고유 인성이 이에 부합하는 잠재력을 발휘할 수 있도록 적절한 업무 배치와 성과 관리 등 동기부여를 시키는 것이 중요하다.

학습

인간은 반복적 연습과 경험, 즉 학습learning을 통해 일정한 행위를 유지한다. 인간의 학습은 의식적 혹은 무의식적 수준에서 일어날 수 있고, 외적 혹은 내적 수준에서도 일어날 수 있다. 인간 행위를 설명하는 학습이론은 행동주의 학습이론과 인지주의 학습이론으로 나뉜다.

행동주의 학습이론에 의하면, 학습은 경험의 결과로 이루어지는 것이고, 인간 행위를 설명하는 선행변수인 것이다. 행동주의 학습을 설명하는 대표적인 이론으로는 파블로프Pavlov의 고전적 조건화[6]와 스키너Skinner의 조작적 조건화 이론[7]을 들 수 있다. 기업조직의 구성원 행위는 고전적 조건화 이론을 발전시킨 조작적 조건화 이론으로 설명할 수 있다.

고전적 조건화 이론은 조건적 자극을 통해 조건적 반응을 불러일으키는 반사적 행동의 학습을 의미한다. 예를 들어 개한테 먹이를 줄 때마다 종을 울리면(즉, 조건적 자극) 개는 종이 울리면 침을 흘린다(조건적 반사적 반응).

이에 한 걸음 더 나아가 반사적이지 않은 행동을 조건화하는 이론이 조작적 조건화 이론이다. 예를 들어 개에게 2개의 지렛대를 주어 첫 번째 지렛대를 누르면 음식(긍정적 보상)을 주고, 두 번째 지렛대를 누르면 전기 충격(부정적 보상)을 가한다. 개에게는 다양한 방식으로 행동할 자유가 주어지고 행동의 결과는 미래 행위에 영향을 미치게 된다. 특정한 긍정적 행위에 대한 조건적 보상이 이루어지고 이를 반복적으로 경험할 때 그 행위는 강화reinforcement된다. 이러한 학습과정을 조작적 조건화operant conditioning라고 한다.

조직 구성원의 행위는 이러한 조작적 조건화에 의한 학습과정을 통해 이루어진다. 가령 업무 성과 수준과 연동된 성과급 지급(긍정적 보상)의 경험을 통해 조직 구성원이 지식의 공유와 창출 행위에 보다 몰두한다거나(강화) 협력업체 직원에 대한 강압적 대우가 제품 품질의 저하로 이어질 때(부정적 보상) 협력업체 직원과의 관계의 공정성에 더욱 주의하게 되는 경우는 조작적 조건화에 의한 학습의 사례이다.

또한 본인의 직접적인 경험이 아닌 사회 공동체 안의 타자 경험을 관찰하고 인식하는 것으로도 학습은 이루어질 수 있다. 이러한 사회적 학습과정은 사회적 조건화social conditioning라고 한다.

인지주의 학습이론은 학습을 인지현상cognitive phenomena으로 본다. 즉, 인간이 어떤 문제를 인식하는 경우에 그것을 해결하기 위해 모든 가능한 해결책을 생각해 내고 그것을 실행에 옮기는 과정을 통해 문제 해결에 관한 통찰을 얻는다. 통찰의 과정을 통해 인지구조의 변화가 일어나고 외부 환경에 대한 인지과정의 변화가 초래되는 것이다.

인간의 학습은 행동주의적 입장의 자극과 반응 그리고 강화의 관계뿐만 아니라 인지적 내적 과정에 의해 이루어진다. 그리고 학습과정의 질과 수준 역시 마찬가지로 인간의 의식과 지성의 수준에 영향을 받는다.

2. 인간의 본질, 기업경영의 주체

인간의 행동을 설명하기 위해 개인 차원의 기본 변수로 태도, 인식, 인성, 학습 등의 의미에 대해 살펴보았다. 조직 구성원의 행위는 이 외에도 조직구조적 특성과 문화 그리고 리더십 등에 의해 영향을 받는다([그림 5-1]). 그리고 이러한 개인 및 조직 차원의 변수들은 인간의 동기부여와 같은 심리적 메커니즘을 거쳐 일정한 행위로 드러나게 되는 것이다. 리더십과 같은 조직 차원의 변수와 동기부여 과정에 대해서는 다음 절에서 살펴본다.

여기서는 기업경영에서 인간의 의미에 대해 좀 더 살펴보고자 한다. 제4장에서는 이해관계자 중심의 현대경영학에서 기업조직을 기업 생태계 안에서의 유기적 생명조직의 관점으로 바라보게 됨을 설명했다. 기업조직을 살아 있는 생명체로 볼 때 그 안에서의 인간은 기계부품과 같은 소모적인 생산 요소에서 조직의 활력을 불어넣고 조직의 존재론적 의미를 완성해가는 창조자의 모습으로 전환한다.

전통적인 경영학에서 인간의 역할은 제한적이었다. 최선의 기업경영이란 주어진 제약조건 안에서 최적의 공학적 해법을 제시하는 것이었고 그 안에서 인간의 역할은 기능 유지적인 차원에 국한되었다. 산업화 시대에서 인간은 공학적으로 최적화한 생산과정 안에서 감독과 통제의 관리방식에 따라 단순 반복적인 저숙련 노동을 수행하는 존재였다. 때문에 전통적인 경영학에서는 인간의 창의성과 의지와 같은 인간 요소가 배제되었던 것이다.

그러나 점차 환경의 불확실성이 증가하고 4차 산업혁명 기술과 같이 정보통신 기술이 고도화되면서 생산 주체로서의 인간의 역할은 점점 증가하게 되었다. 현대 기업조직에서 종업원은 소극적인 기능적 생산 요소가 아닌 주체적인 인간으로서 자신의 일과 조직에 대한 능동적인 헌신과 창의성 발휘가 요구되는 것이다.

기업경영에서 생산의 주체가 자본 중심의 전통적인 경영학에서는 기계와 자본이었다면, 이해관계자 중심의 새로운 경영학에서는 점점 더 인간 자신이 된다. 기업경영에서 인간이 주체적인 역할을 할 수 있음은, 산업화 사회에서 비판되어온 '(인간) 노동의 소외alienated labor'[8]를 극복하는 계기가 될 수 있다. 인간적으로 보람 있는 노동을 통해, 인간 사회의 공동선에 기여하는 제품을 생산하고, 투자자를 포함한 인간 이해관계자 모두가 공정하게 보상받는 지속가능한 선순환의 기업 생태계를 이루는 것이다.

기업경영에서 주체적 인간의 본질을 회복하는 관점은 직장에서의 일과 삶이 단절되지 않은 통합된 삶을 가져옴으로써 인간 생태계의 건강함을 회복할 수 있도록 한다. 이는 통합 생태계 안에서 사회 생태계와 자연 생태계의 건강함으로 이어진다. 이해관계자 중심의 경영 패러다임을 통해 통합 생태계의 지속가능성을 회복할 수 있도록 함은 기업경영 안에서 주체적 인간을 다시 찾는 일이기도 한 것이다. 이해관계자 중심의 새로운 패러다임의 기업 경영을 위해 심원한 차원에서 인간 행위의 동기를 이해하고 종업원 자신의 삶의 의미와 조직 전체의 존재적 가치를 통합할 수 있는 조직문화와 리더십이 요구된다.

3. 동기부여 이론

개인 혹은 집단 차원의 선행 요인이 작용하여 이루어지는 인간 행위의 심리적 메커니즘 가운데 핵심적인 부분은 인간의 동기부여 과정이다. 동기부여motivation란 조직 구성원이 조직의 사명과 목표를 달성하기 위하여 자발적 노력을 기울이는 것이다. 동기부여 이론은 인간의 이러한 동기부여 과정을 설명하는 이론이다.

동기부여 이론은 동기부여 내용이론motivation content theory과 동기부여 과정이론motivation process theory으로 나눌 수 있다. 동기부여 내용이론은 인간 행동을 동기화시키는 동력의 내용은 무엇인가, 즉 무엇이 동인動因을 일으키는가에 대한 연구이다. 반면 동기부여 과정이론은 동기부여가 어떻게 유지되고 어떤 단계를 밟아 진행되는가의 과정을 연구한 이론이다.

동기부여 내용이론

동기부여의 내용이론이란 인간의 행위를 유지 혹은 활성화시키는 동인의 내용 요인을 분석하는 동기부여 이론이다. 동기부여 내용이론의 대표적 이론으로는 에이브러햄 매슬로의 욕구단계 이론이 있다. 매슬로의 욕구단계 이론은 다른 동기부여 이론의 근간이 되는 중요한 이론이다. 이 외에도 허즈버그의 2요인 이론, 맥클러랜드의 성취동기 이론 등이 동기부여 내용이론에 포함되는데 이들 이론은 매슬로의 욕구단계 이론에 대한 보완적인 이론이라 할 수 있다.

매슬로의 욕구단계 이론

미국의 위대한 심리학자 에이브러햄 매슬로(1908~1970) 이전의 심리학은 인간에 대한 소극적 가정negative assumption, 즉 병리적 심리현상을 치료하는 임상 관점의 심리학이 지배적이었다. 그러나 매슬로의 연구 질문은 어떻게 하면 더욱 훌륭한 인간 존재로 나아갈 수 있는가와 같은 인간에 대한 적극적 가정positive assumption에서 출발한다.

매슬로의 욕구단계 이론need hierarchy은 인간의 동인이란 바로 욕구need의 충족이고, 인간의 욕구는 위계적으로 조직되어 있다는 관점에 기반을 둔다. 매슬로는 인간의 욕구를 생리적 욕구, 안전 욕구, 사회적 욕구, 존중 욕구 그리고 자아실현 욕구의 5단계로 구분했다. 그리고 이러한 인간의 욕구가 일정한 계층hierarchy of prepotency의 질서를 가지고 있다고 설명했다. 즉, 인간에게는 상대적으로 저층적 욕구와 고층적 욕구가 존재하고, 하위 계층의 욕구가 어느 정도 충족되면 상위 계층의 욕구가 나타난다. 그리고 일단 충족된 상대적으로 저층적인 욕구는 더 이상 동기부여의 요인으로 작용하지 않는다. 인간은 점점 더 높은 차원의 욕구를 충족하기를 갈망하게 되는 것이다.

[그림 5-2]에 나타난 바와 같이 욕구 피라미드의 하단에 위치한 4개 욕구 계층은 정점의 자아실현 욕구에 비해 상대적으로 저층적이고 생존에 관한 욕구이며, 타인에 의존하는 욕구이다. 구체적으로는 생리적 욕구, 안전의 욕구, 애정과 소속의 욕구(사회적

[그림 5-2] 매슬로의 욕구단계 이론(Theory of Need Hierarchy)

욕구) 그리고 자존 욕구이다.

이 네 가지 욕구는 인간 존재의 주체성에 기반한다기보다는 마치 어린아이처럼 자신의 욕구 갈망의 해결을 외부 환경과 타인에 의존하는 욕구이다. 매슬로는 이들을 '결핍 욕구deficiency needs', 혹은 줄여서 'd 욕구d-needs'로 명명했다.

① 생리적 욕구

생리적 욕구physiological needs는 인간에게 나타나는 가장 기본적이면서도 강력한 욕구로 욕구 피라미드의 최하단에 위치한다. 인간 생존을 위해 물리적으로 요구되는 필수 요소이기 때문에 생리적 욕구가 충족되지 않으면 인간의 신체는 제대로 기능하지 못하고 따라서 적응적 생존이 불가능하게 된다. 음식, 물, 성, 수면, 항상성, 배설, 호흡 등과 같이 인간의 생존에 필요한 본능적인 신체적 기능에 대한 욕구가 생리적 욕구이다. 가장 기본적이면서 중요한 욕구이므로 다른 어느 욕구보다도 먼저 충족되어야 한다.

② 안전 욕구

생리적 욕구가 어느 정도 충족되면 안전의 욕구safety needs가 우위를 차지한다. 인간은 누구나 그의 삶에서 예측성과 통제성을 바탕으로 한 질서를 유지하고 싶어한다. 정서적 안정감, 재정적 안정성, 고용 안정성, 사회적 복지, 법과 질서, 두려움으로부터의 자유, 사회적 안정감, 건강과 복지, 사고와 재해로부터의 안전성 등을 원하는 것이다. 가령 직장 안에서의 고용 보장과 같은 정서적 안정과 인체 공학적인 직무 환경 구조와 같은 물리적 환경의 안정은 모두 안전 욕구 수준에서 종업원의 동기부여를 증진시킬 것이다.

③ 사회적 욕구(애정과 소속의 욕구)

생리적 욕구와 안전의 욕구가 충족되면 인간의 사회적 관계에서 나오는 사랑받고 싶은 욕구와 집단에 소속하고 싶은 욕구need for love and belonging, 즉 사회적 욕구social need가 나타난다. 이는 인간이 사회적 존재임을 반영하는 것이다. 인간은 사회적인 상호작용을 통해 사회적 인간관계를 유지하고 싶어한다. 이는 인간의 자의식에서 중요한 부분이다. 예컨대 의미 있는 비전을 가지고 있는 집단의 일원이 되고자 하는 욕구, 훌륭한 동료들과 함께 공동체 정신을 공유하고자 하는 요구 등은 직장생활에서 보람을 느끼게 할 것이다. 반면 사랑과 소속의 욕구가 결핍되었을 때 인간은 소외와 결핍을 느끼며 동기부여의 수준은 낮아질 것이다.

④ 자존 욕구

생리적 욕구, 안전 욕구, 사회적 욕구 등의 상대적인 저층적 욕구를 충족하고 나면 인간은 그보다 상위의 욕구인 자존 욕구를 추구하게 된다. 인간은 누구나 자신의 사회적 지위에 따라 다른 사회 구성원으로부터 존경받고자 하는 욕구need for esteem를 가지고 있다. 이는 사람들에게 자신이 가치 있는 존재로 존중을 받고 있고 자신이 어떤 중요한 기여를 하고 있다는 느낌으로 스스로 만족하는 욕구이다.

자아 존중감self-esteem에는 두 가지 측면이 있는데 스스로가 자신을 중요하다고 느끼는 내적 존중감과 다른 사람에게도 인정을 받아야 비로소 충족되는 외적 존중감이 그것이다. 궁극적인 의미에서 존중의 욕구가 충족되기 위해서는 이 두 가지의 존중감이 통합적으로 충족되어야 한다. 스스로의 자신감, 독립성 혹은 자유의 가치를 바탕으로 한 내적 존중감을 확고히 갖지 못한다면 대부분 인간은 자신의 지위나 인정, 명성, 위신, 주목에의 욕구와 같이 타인에 의존적인 외적 존중감에 일반적으로 의존하게 된다. 그러나 명성과 같이 타인에 의존적인 것들은 내적으로 안정된 자아를 찾기 전까지는 진정한 자아 존중감을 쌓는 데 도움이 되지 않는다.

⑤ 자아실현 욕구

자아실현 욕구self-actulaization need는 매슬로가 제시한 욕구단계의 정점이다. 매슬로의 욕구단계 피라미드에 상대적 하위 욕구인 4개 계층을 매슬로는 결핍의 욕구라 했다. 이들 상대적 저층 욕구는 주로 타인에 의존적이며, 스스로 독립적인 인간 존재로서의 성숙함에 기반하지 않기에 결코 충족될 수 없는 욕구라는 역설이 뒤따른다. 그러나 결핍의 욕구를 초월하면 정점에서의 욕구인 자아실현의 욕구가 등장한다. 이는 결핍의 욕구와는 다른 인간 존재의 주체적인 자각을 바탕으로 하는 내면에서 발현하는 독립적인 욕구이다. 매슬로는 이를 존재의 욕구being need라고 했다[9].

자아실현 욕구는 각 개인의 타고난 능력 혹은 성장 잠재력을 발휘하여 자신을 성장시키고 완성함으로써 자신의 존재적 의미를 실현하고자 하는 욕구이다. 또한 욕구 해소의 동기가 작용하는 결핍 욕구와는 달리, 결핍 상태에서 출발하는 것이 아니라 성장을 향한 긍정적 동기의 발현이라는 점에서 훌륭하고 성숙한 인간의 동기이다. 자아실현을 향한 여정 가운데 때로 장애물과 맞닥뜨리기도 하지만 이를 극복하면서 더욱 인간적인 성장을 이루는 것을 의미한다. 자아실현의 욕구야말로 가장 인간다운 욕구인 것이다.

매슬로 욕구단계 이론에서 중요한 핵심은 인간이 결국 결핍의 욕구(동기)를 넘어 존재의 욕구(동기)를 지향하게 됨을 이해하는 것이다. 즉, 일단 충족된 상대적으로 저층적 욕구는 더 이상 동기부여의 요인으로 작용하지 못하며, 궁극적으로 인간은 '존재 동기'를 향하게 된다. 또한 결핍의 동기와 존재의 동기는 이분법dichotomy의 개념이 아닌 연속성의 개념continuum으로 보아야 한다. 매슬로의 저서 원제목에 있는 '향하여Toward'의 의미를 곱씹어 볼 필요가 있다[10].

인간이 존재 동기를 지향하여 자아실현을 경험함은 곧 '절정경험peak experience'을 의미한다. 매슬로는 인간의 절정경험은 궁극적 경지의 몰입이고, 절정경험을 통해서만 인간 존재는 창의성creativity을 발휘할 수 있으며, 타인에 대한 진정한 이해compassion도 가능하다고 역설했다. 자아실현의 욕구 충족은 인간으로 하여금 존재론적 노동을 가능하게 하여, 노동을 생존을 위한 생업job이나 사회적 명망만을 추구하는 경력career을 넘어 삶의 의미를 완성하는 소명calling으로 여기게 한다.

매슬로의 욕구단계 이론은 인간의 동기를 체계적이고 근원적으로 설명하는 가장 영향력 있는 이론이었다. 인간의 동기를 설명하는 기본적이고 보편적인 매슬로의 이론을 바탕으로 이후 학자

[그림 5-3] 인간 존재의 노동 3단계 : 생업(job), **경력**(career), **소명**(calling)

들이 각자의 관점에서 새로운 의견을 제시했다.

허즈버그의 2요인 이론

심리학자 프레데릭 허즈버그Frederick Herzberg가 제시한 2요인 이론은 종업원의 직무만족job satisfaction과 직무불만족job dissatisfaction을 서로 독립적으로 작용하는 별개의 것으로 보았다. 허즈버그는 인간이 최저 급여 수준이나 안전하고 쾌적한 근무 조건과 같은 낮은 수준의 욕구에 만족하지 않고 오히려 성취, 인정, 책임, 발전 및 일 자체의 본질과 관련된 보다 높은 수준의 심리적 욕구에 대한 만족을 찾는다는 것을 간파했다. 이 점은 매슬로의 욕구계층 이론에서 저층적 욕구와 고층적 욕구를 구분한 점과 유사하다.

허즈버그는 일정한 업무 특성이 종업원의 만족으로 이어지고 또 다른 직무특성이 불만족 요인으로 이어진다는 개념을 바탕으로 동기부여의 서로 독립적인 이중 요소(즉, 2요인two-factor) 이론을 제안함으로써 매슬로 이론에 새로운 차원을 더한 것이다. 허즈버그는 이 이중 요인을 위생 요인hygiene factor과 동기 요인motivator으로 구분했다.

우선 위생 요인이란 회사의 정책, 감독, 기술 문제, 급여, 직무 대인 관계 및 근무조건과 같은 직무 환경 관련 요인으로 이에 대한 욕구가 충족되지 않을 때는 종업원의 업무에 대한 불만족이 발생한다. 반면 동기 요인이란 종업원이 수행하는 일의 성격, 성취,

역량, 지위, 개인적 가치 및 자기실현과 같은 보다 상위적인 욕구로, 충족될 경우 종업원을 행복하고 만족스럽게 만든다. 위생 요인과 동기 요인은 서로 독립적인 관계를 가진다. 즉, 위생 요인이 충족되었다고 해서 업무에 대한 만족이 이루어지는 것도 아니고, 동기 요인이 충족되지 않았다고 해서 불만족의 요인이 되는 것도 아니다.

결국 2요인 이론은 업무 태도와 생산성을 향상시키기 위해 관리자가 두 가지 요인의 특성을 모두 인식하고 주의를 기울여야 함을 환기시키면서도, 궁극적으로는 종업원의 만족을 위해 동기 요인의 정점인 자아실현 욕구의 중요성을 부각시킨다는 점에서 매슬로의 욕구단계 이론을 보완하는 이론이다.

맥그리거의 X · Y 이론

더글라스 맥그리거Douglas McGregor는 매슬로의 상위 욕구 계층에 반응하는 그룹과 하위 욕구 계층에 반응하는 그룹으로 인간형을 구분했다. 즉, X이론은 인간을 수동적인 존재로 보고 생리적 욕구 혹은 안전 욕구와 같은 매슬로의 상대적 하위 욕구의 충족을 통해 인간의 동기부여가 이루어질 것이라고 설명했다. 이러한 X이론의 가정 아래에서는 종업원이 목표를 달성하는 데 필요한 본질적인 동기는 갖지 않으며, 대신 경영진이 목표를 설정하고 실행을 감독하며, 통제하는 확고한 관리 접근방식이 필요한 것으로 간

주한다.

반면 Y이론은 인간을 능동적이고 창의적인 존재로 보고 사회적 욕구, 자존 욕구 그리고 자아실현 욕구와 같은 상대적 상위 욕구의 충족을 통해서만 동기부여가 이루어질 것으로 보았다. 이 경우 감독과 통제방식보다는 종업원의 직무에 대한 만족, 책임감, 자존감 등을 불러일으켜 자발적 참여와 몰입을 이루도록 하는 관리방식이 필요하다.

맥그리거의 논의는 산업화 초기의 기계적인 경영 관리 방식(즉, X이론 관점)에서 인간의 고차원적 욕구를 충족하는 인간적인 경영 관리 방식(즉, Y이론의 관점)으로의 전환을 촉발시켰다[11]. 21세기의 인류문명은 인간을 점점 더 의미를 추구하는 존재로 진화시키고, 4차 산업혁명의 기술혁신은 인간의 능동적이고 창의적인 참여를 더욱 촉발시킨다. 미래의 기업 리더는 자아실현의 욕구를 충족시키는 존재적 영감을 불러일으킬 수 있는 리더십이 더욱 요구된다.

동기부여 과정이론

'무엇'이 인간 행위의 동인을 제공하는지에 대한 질문에 집중한 동기부여 내용이론은 동기부여의 역동적 과정을 연구하는 동기부여 과정이론으로 진화한다. 즉, 인간 행위의 정도, 노력의 지속성, 행위의 수정 등 시간이 지남에 따라 이루어지는 동기부여의 전반적인 과정이 작동하고 지속되는 방식과 관련된 문제를 연구하는 이론을 동기부여 과정이론이라고 한다. 동기부여 과정이론 역시 본질적으로는 인간 행위의 궁극적 동인인 자아실현을 향한 인간 삶의 과정에 대한 이해를 보완하는 의미로 해석할 수 있다. 대표적인 동기부여 과정이론의 두 이론으로 공정성 이론equity theory과 기대이론expectancy theory을 소개한다.

아담스의 공정성 이론

스테이시 아담스J. Stacey Adams의 공정성 이론은 인간의 동기부여 과정에서 타인과 비교된 보상의 공정성이 중요함을 설명한다. 즉, 인간은 자신의 행동 가운데 개인의 노력input에 대한 보상output의 일정한 비율을 계산하는데 그 비율이 다른 사람의 것과 동일하기를(즉, 공정하기를) 기대하게 되고 이러한 공정성을 유지하는 과정에서 동기부여가 이루어진다는 것이다.

이 경우 인간이 계산하는 비교의 값인 $\frac{\text{보상output}}{\text{노력input}}$을 공정성 비율equity ratio이라고 한다. 공정성 비율의 보상에는 임금과 같은 금전적 요인과 자긍심과 같은 비금전적 요인이 모두 포함된다. 가령 공정성 비율이 동일한 수준으로 유지된다면 동기부여가 이루어지지만, 자신의 공정성 비율이 준거의 대상인 타인의 것에 비해

낮다면 노력을 줄이거나 더 높은 보상을 요구하게 될 것이다. 결국 관리자로서 공정성을 유지하기 위해 어떤 유형의 노력과 보상이 인간의 공정성 비율을 구성하는지 이해해야 한다. 이 역시 매슬로의 욕구단계 이론에서와 같이 궁극적으로 인간이 지향하게 될 존재의 동기를 이해해야 한다.

브룸의 기대이론

빅터 브룸Victor Vroom은 세 가지 과정적 요소를 중심으로 동기부여에 영향을 미치는 조건에 관해 연구했다. 첫째, 기대감expectancy은 자신이 열심히 일하면 일정한 목표 성과를 이룰 수 있을 것이라고 인식하는 정도를 의미한다. 둘째, 수단성instrumentality은 일정한 목표 성과를 이루었을 때 그 결과로 보상이 주어질 것이라고 믿는 정도를 의미한다. 그리고 셋째, 유의성valence은 그 보상에 대해 개인이 인식하는 가치의 크기를 의미한다. 브룸은 한 개인의 동기부여 수준은 이상의 세 요소를 곱한 값으로 나타낼 수 있다고 설명한다.

동기부여 수준Motivational Force = 기대감 × 수단성 × 유의성

브룸은 특히 기대감과 수단성 모두 확률 값이고 유의성은 −1(부정적 가치)에서 +1(긍정적 가치)의 값을 취한다고 했다. 즉, 각각

$0 \leq$ 기대감 ≤ 1과 $-1 \leq$ (수단성 × 유의성) ≤ 1 범위의 값을 가진다.

예를 들어 한 개인의 동기부여 수준은 '내가 열심히 일한다면 좋은 성과평가를 받을 수 있는가?(즉, 기대감)', '좋은 성과평가 결과는 승진으로 이어지는가?(즉, 수단성)' 그리고 '승진은 나에게 중요한 가치인가?(즉, 유의성)' 등 세 가지 일련의 질문의 결과에 의해 결정된다. 경영자는 동기부여 과정의 이들 세 가지 요소들을 극대화시켜야 한다. 하지만 궁극적으로 중요한 것은 행위의 최종 결과가 가지는 유의성의 가치이다. 결국 인간은 가장 가치 있게 여기는 존재의 동기를 지향하게 될 것이다.

4. 자아실현과 조직 관리

매슬로는 인간이 자신의 존재적 목적에 깨어 있고 매 순간 이를 지향하는 삶에 헌신하게 될 때 창조적이고 이타적인 태도와 행위를 드러낼 수 있다고 했다. 이해관계자 경영의 새로운 패러다임은 기업 생태계의 전일적 상호 의존성을 이해하고 이해관계자의 복리와 회사의 성과 사이의 상생관계를 구현할 수 있는 창조적인 전략을 실천해 나가는 것이 핵심이다. 자아실현을 향한 인간의 이러한 진정성 있는 모습이야말로 책임경영의 새로운 패러다임을 실천할 수 있는 필수요건이 되는 것이다.

자아실현을 지향하는 삶은 인간 개인뿐만 아니라 조직 전체의 활동에도 적용된다. 책임경영은 목적이 이끄는 기업의 자아실현이다. 기업의 목적과 가치에 기반한 진정성 있는 전략, 기업 생태계에 생명력을 불어넣는 유기적 조직구조, 민주적인 학습 공동체의 문화 그리고 새로운 비전을 헌신적으로 이끌어 가는 전환적 리더십 등은 기업조직의 자아실현을 위해 필수적인 요소들이다.

조직의 자아실현은 인간 개인의 경우와 마찬가지로 존재론적 목적의 인식에서부터 시작된다. 매슬로는 그의 경영학 저서인 『심리적으로 건강한 경영』(1965)에서[12] "어떤 사업체 안에서 일과 관련된 모든 사람들이 조직의 목표와 방향 및 장기적 목적을 명확히 인식하고 있으면 그 외 존재하는 모든 문제들은 단순히 수단을 목적에 맞추는 기술적인 것들에 지나지 않게 된다"라고 간파하며, 기업의 장기적 목적과 비전의 중요성에 대해서 역설했다.

이해관계자 중심의 책임경영을 실천하는 깨어 있는 기업의 활동은 조직과 구성원의 자아실현의 여정이기도 하다. 매슬로는 자아실현을 지향하는 인간의 심리적 특성을 〈표 5-2〉와 같이 제시했는데 인간 개인의 심리적 특성은 조직의 문화적 특성에도 그대로 적용된다. 이는 책임경영을 실천하는 과정에서 조직 관리의일정한 방향성을 잃지 않고 조직의 자아실현을 이끄는 데 유용한 점검 기준이 된다.

표 5-2　자아실현의 심리적 특성과 조직의 문화적 특성[13]

자아실현의 개인 심리적 특성	자아실현의 조직 문화적 특성 (책임경영 기업의 문화적 특성)	결핍의 욕구에 기반한 기업의 문화적 특성
고도의 명민한 현실 인식 Superior perception of reality(more authentic, less influenced by idealization)	진정성, 투명성	통제성, 정보의 소수 집중
자기 수용성 Increased acceptance of self, of others, of nature	상호존중	파벌주의, 경쟁
문제 해결에만 집중 Increased in problem-centering (removing self from the equation ; not interested in being a hero)	실수의 용인, 학습, 능동적 참여와 협력	수동적 업무수행, 복지부동
풍부한 정서적 몰입 Greater freshness of appreciation, and richness of emotional reaction	열정, 즐거움	경직성, 기계적 규정 준수
인류애 Increased identification with the human species	상호 의존성, 신뢰, 배려	자기 중심, (배타적) 자본 중심
민주적 성향 More democratic character structure (genuine sense of equality, fairness)	평등성	감독과 통제
창의성 Greatly increased creativity	자발적 참여, 고성과 작업조직	경직성, 분과성, 창조성 억압
이타적 가치 Changes in value system(values shift from materialistic, narcissistic influences to others-centered influence)	섬김, 이해관계자 배려, 협력	자기 중심적, 탐욕

5. 동기부여를 넘어 영감의 고취를 향하여

동기부여 이론을 통해 인간 행위의 진정한 동인을 이해함은 궁극적으로 책임경영의 새로운 패러다임을 실천하는 리더십을 발휘하기 위해 필수적이다. 목적이 이끄는 깨어 있는 기업경영의 새로운 패러다임을 실천하기 위해서는 인간의 행위가 욕구 충족 등 계약적 보상에 반응하는 방식을 넘어서는 궁극적 몰입을 통한 인간의 초월적인 동기를 설명할 수 있어야 한다.

동기부여라는 어의語義에는 '내가 너에게 동인을 부여한다'는 계약에 의한 리더 자신의 자기 중심적 사고가 스며 있다. 그 안에 통제control, 강압fear, 구성원의 행위에 대한 조작적 강요manipulation 등과 같은 뉘앙스가 함께 깃들어 있는 것이다.

새로운 패러다임의 기업경영에서 '동기부여'라는 어휘는 '영감의 고취inspiration'로 대체되어야 할 것이다. 라틴어 spirare의 '숨을 불어넣다'는 의미에서 '영감의 고취in-spire'라는 말이 파생되었고, 이는 영적 차원의 공감을 이루게 함을 의미한다. 진정한 창의성의 발현은 종업원의 자발적 헌신을 이끌어냄으로써 가능하다. 이는 직장생활에서의 노동을 통해 인간 스스로 생명력을 북돋우고, 사랑의 공동체를 이루며, 자기 존재의 욕구를 충족하는 자아실현을 통해 이루어진다.

영감을 받은inspired 종업원은 자신의 일 안에서 마치 물이 거침없이 흐르는 듯한 몰입flow이란 정신적 상태를 가지게 된다[14]. 일의 몰입 안에서 행동하는 인간은 활력이 넘치고, 일에 온전히 몰두하게 되어 궁극적인 헌신을 경험하며, 그 안에서 보람과 성취감을 느끼게 된다. 이러한 몰입 안에서 인간은 긍정적이고, 활력이 넘치며, 주어진 노동에 자신의 존재가 부합하는 느낌을 가지게 된다.

조직 구성원의 영감의 고취는 영감을 받아 깨어 있는 리더를 통해 이루어진다. 새로운 패러다임의 책임경영을 완성하기 위해 이제 우리에게 남아 있는 최대의 과제는 새로운 미래를 열어갈 진정성 있는 리더십을 이해하고 실천하는 일이다.

6. 리더십 이론

리더십leadership이란 경영 관리자가 조직의 목표를 달성하기 위하여 개인이나 집단 행위에 영향력power을 행사하는 과정을 의미한다. 책임경영의 새로운 비전을 실천에 옮기기 위해 유기적 조직구조를 설계하는 것이 거시적 차원의 실천과정이라면, 리더십을 통해 조직 구성원의 행위를 이끄는 것은 미시적 차원의 실천과정으로 새로운 패러다임의 경영철학을 실천에 옮기는 완성단계라 하겠다.

특히 책임경영의 실천을 위해 리더의 확고한 비전과 리더십은 매우 중요하다. 점진적인 개선 정도가 아닌 새로운 패러다임으로의 전환을 의미하는 책임경영의 실천은 그 어떤 변화보다도 어렵다. 익숙한 것과의 결별은 그것이 근원적이고 거대한 담론적인 경우 더욱 어려울 것이다. 그리고 큰 변화일수록 변화의 과정 초기에는 일정한 조정 국면의 혼란이 발생할 수 있는데 미래에 대한 확고한 비전으로 이를 극복하고 패러다임의 전환을 완성할 수 있도록 이끄는 것이 책임경영의 시대에 요구되는 리더십이다.

예를 들어 [그림 5-4]와 같이 전통적인 자본 중심의 경영 패러다임 안에서도 다양한 혁신 프로그램으로 점진적인 성과 개선은 이루어질 수 있다. 하지만 기업조직이 익숙한 자본 중심의 경영과 결별을 고하고 이해관계자 중심의 새로운 경영 패러다임인 책임경영을 지향하게 될 경우는 궁극적인 성과 개선을 이루기까지 크고 작은 익숙하지 않은 상황들을 만나게 되기 쉽다. 이러한 패러다임의 전환 과정에서 겪게 되는 혼란은 새로운 이해관계자 중심의 경영을 구현하기 위해 넘어서야 할 장애물인 것이다.

특히 [그림 5-4]의 색이 칠해진 영역은 새로운 이해관계자 중심 경영 패러다임의 초기 실천과정에서 일어나는 혼란으로 말미암아 전통적 자본 중심 경영 패러다임의 경우보다 오히려 조직의 성과가 떨어지는 일정한 조정 기간을 의미한다. 새로운 전환적 패러다임의 발현emergency과정에서 필연적으로 요구되는 혼돈과 카오스를 돌파할 리더십이 필요하다. 새로운 경영 패러다임의 실질

[그림 5-4] 패러다임의 전환 관리와 리더십

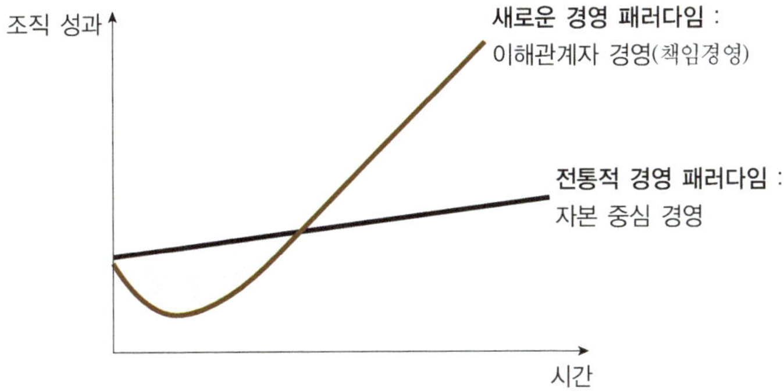

적인 성과를 이루기 시작할 때까지 조직의 구성원으로 하여금 미래의 비전에 대한 확고한 신뢰를 가지게 하는 리더십은 절대적으로 필요하다. '발현하는 질서'를 이끌어낼 수 있는 지혜로운 리더십의 가능성을 살펴본다.

리더십의 다섯 가지 원천

그렇다면 리더가 가지는 부하 직원follower에 대한 영향력의 원천은 무엇인가? 우선 첫 번째 원천은 리더가 가지는 조직 안에서의 공식적인 지위에서 나오는 힘, 즉 권한authority이다. 권한은 리더의 직위에 의해 부여되고 인정되는 공식적인 영향력의 크기를 의미한다. 리더에게 직접 보고하는 직원은 그 요청을 준수할 공식적인 의무가 있는 것이다. 심지어 작업을 완료하는 더 좋은 방법이 있다고 느끼더라도 그 해당 직원은 리더의 공식 지위에 대한 복종의 의무가 있다. 이처럼 권한이 가진 영향력은 절대적이다.

하지만 같은 공식적인 지위의 리더라도 실제로 부하 직원들에 미치는 영향력의 크기는 다르다. 가령 같은 마케팅 부장이라고 하더라도 마케팅 A 부장과 B 부장의 실제 리더십의 영향력 크기는 다르다. 이러한 차이를 설명할 수 있는 리더십의 원천으로 다음의 추가적인 리더십의 원천을 들 수 있다.

두 번째 리더십의 원천은 보상적 권력reward power이다. 이는 부하 직원의 긍정적인 행위에 대한 긍정적인 보상을 통해 리더가 가지게 되는 힘의 원천을 의미한다. 부하 직원의 성과에 대해 이에 상응하는 금전적 혹은 비금전적 보상을 세심하게 배려하는 리더는 직원의 행위를 이끄는 보다 큰 영향력을 가지게 될 것이다.

세 번째 리더십의 원천은 강압적 권력coercive power인데, 이는 보상적 권력의 대칭적 개념이다. 즉, 리더가 부하 직원의 부정적 행위에 대해 처벌함으로써 가지게 되는 힘이다. 그럴 경우 부하 직원은 처벌을 피하기 위해 명령을 준수하게 된다. 이와 같이 강압적 권력은 강압과 공포가 원천이다.

네 번째 리더십의 원천은 전문적 권력expertise power이다. 이는 리더가 자신의 전문 분야에 대한 지식과 경험을 바탕으로 가지게 되는 영향력의 원천을 의미한다. 마케팅 부장이 마케팅 분야에 대한 높은 수준의 전문성을 가지게 되면 부하 직원은 리더의 지시와 명령을 신뢰하고 따르게 될 것이다.

이상의 네 가지 리더십의 원천은 리더가 가지는 공식적 지위에 의존하거나 부하 직원과의 계산적 관계에 따르는 거래적인 특성을 가진다. 이러한 거래적 성격의 리더십은 부하 직원의 행위에 대한 영향력이 정해진 범위의 계약 안에서 제한적이다.

다섯 번째 리더십의 원천은 준거적 권력이다. 이는 리더의 부하 직원에 대한 영향력이 보다 근원적이고 거래적 관점에서의 행동교정 수준에 머무르는 것이 아닌 보다 본질적인 태도의 변화에서 우러나오는 자발적 행동을 유발시킨다는 점에서 차원이 다르다. 이를 준거적 권력referent power이라고 하는데 리더가 부하 직원으로부터 존경심과 충성심의 대상이 되는 준거의 틀frame of reference이 됨으로써 가지게 되는 영향력을 의미한다. 즉, 리더가 부하 직원으로부터 닮고 싶은 대상이 될 때 그 리더십은 절대적이다. 예수Christ를 닮고자 하는 기독교인들Christian에게 예수의 리더십 크기는 무한하다. 생각해보면 권위, 보상적 권력, 강압적 권력, 전문적 권력 등은 시간과 공간에 따라 제한적일 수밖에 없다. 명예와 지위 그리고 세상의 지식은 한시적인 것이고 제도적 보상과 처벌도 자유로운 인간을 언제나 완전히 규율할 수는 없다. 반면 준거적 권력은 본질적이고 상대적으로 항상성을 가진 위대한 리더십의 원천이다.

거래적 리더십과 변혁적 리더십

리더십은 그 영향력의 원천이 가진 특성에 따라 두 가지 유형의 리더십으로 구분할 수 있다. 즉, 리더가 부하 직원의 행동 유발을 위해 공식화된 계약적 관점에서 영향력을 행사하는 거래적 리더십transactional leadership과 부하 직원의 행동 유발 이전에 그의 태도를 변화시켜 부하 직원의 자발적 헌신을 유도하는 변혁적 리더십transformational leadership이다[15]. 전자가 권위, 보상적 권력, 강압적 권력 그리고 전문적 권력 등에 주로 의존한다면, 후자는 준거적 권력에 기반한 리더십이다.

거래적 리더십은 부하 직원의 반응적 행위reactive behavior를 유발할 뿐이며, 기존의 조직구조와 문화 안에서 작동되는 반면, 준거적 권력은 부하 직원의 능동적인 행위proactive behavior를 이끌어 새로운 조직문화를 만들어내고 새로운 패러다임을 구현하게 한다. 거래적 리더십이 행동 교정에 의한 현상 유지 수준이라면, 준거적 권력은 부하 직원으로 하여금 지성적인 판단에 의한 분별 있는 행위를 할 수 있게 하고 창의성을 통한 문제 해결능력을 증진하게 한다. 그리고 거래적 리더십은 부하 직원의 행위를 자기이익에 근거한 배타적 경쟁의 논리에 머무르게 하는 반면, 변혁적 리더십은 부하 직원으로 하여금 스스로 고차원적인 사유와 도덕적 가치에 기반한 행위를 하도록 이끈다.

거래적 리더십과 변혁적 리더십은 마치 매슬로의 결핍과 존재의 욕구단계 구분과 같이 이분법적이라기보다는 연속적 진화의 개념으로 보아야 한다. 중요한 것은 깨어 있는 기업경영을 의미하는 책임경영의 새로운 패러다임의 실천을 위해 리더는 변혁적 리더로서의 역량을 갖추어야 한다는 점이다.

그렇다면 변혁적 리더는 어떻게 될 수 있는가? 이 역시 매슬로의 자아실현 욕구와 마찬가지로 그 성취의 방법론을 명시적으로 나열하기는 어려울 것이다. 매 순간 책임 있는 리더로서의 사명과 지혜롭고 분별력 있는 실천에 깨어 있음이 요구된다.

다만 변혁적 리더십의 몇 가지 특성을 나열해 볼 수 있다[16].

첫째, 변혁적 리더십의 가장 큰 특성은 리더가 지니는 카리스마Charisma다. 이는 리더의 비전vision과 열정 그리고 리더에 대한 부하 직원의 신뢰와 공감과 직결된다. 또한 리더의 카리스마에 바탕한 목적과 의미성의 부여는 기계적인 동기부여를 넘어 영감의 고취에 바탕한 높은 차원의 동기부여inspirational motivation를 가져온다. 이를 통해 조직의 구성원들은 미래에 대한 희망과 조직의 역량에 대해 자신감을 가지게 된다. 또한 카리스마를 지니는 리더는 부하 직원이 존경심을 가지고 신뢰하는 이상적인 영향력indealized influence을 가지게 된다.

둘째, 리더가 끊임없이 부하 직원의 창의성과 자율성을 보장함으로써 조직 구성원 스스로 성찰하게 하는 지성적 자극intellectual stimulus을 부여한다는 점이다. 즉, 리더는 부하 직원들로 하여금 불확실한 상황 안에서도 자신의 일과 조직에 자발적으로 헌신하는 주인의식을 갖고 스스로의 지식과 노하우를 통해 문제를 해결할 수 있도록 격려하고 지원한다. 또한 리더는 부하 직원이 일정한 실패와 성공을 통해 나름의 창의적 해법을 습득할 수 있도록 격려한다. 이러한 개인 구성원의 창의적 학습과정을 통해 불확실한 경영 환경에서의 조직 경쟁력 제고에 필수적인 조직 학습의 역량을 늘릴 수 있는 것이다.

셋째, 리더의 개인 구성원의 성장을 위한 세심한 배려이다. 이른바 개인의 성장배려형 리더십individual/developmental consideration이다. 부하 직원 개인의 상황과 요구를 면밀히 파악하고 이에 부응하는 배려와 지도를 멘토 혹은 코치로서 해 나가는 것이다. 조직 구성원 개개인의 인간적 배려뿐 아니라 직무와 경력 차원에서의 성장을 지원하는 배려와 보살핌의 리더십이다. 이러한 변혁적 리더는 부하 직원의 경력 기회 관리뿐만 아니라 삶 전체의 꿈을 함께 지원하는 평생의 코치로서의 역할을 수행한다. 이를 통해 부하 직원은 자신의 맡은 바 직무 외에도 자신의 삶에 있어서의 궁극적 성장을 향한 강한 영감의 고취와 동기부여를 이루게 될 것이다.

변혁적 리더십은 리더가 가지는 시간과 공간을 초월한 진정성 있는 권력authentic power에 기반한다. 리더의 진정성 있는 권력은 리더 자신의 인간적 내면인 자유와 존재적 울림에서 나온다. 깨어 있는 리더가 보여주는 겸손함, 용서의 미덕, 영적 단순함, 배려와 보살핌 등의 인간적 매력은 변혁적 리더십의 현시적 예라 할 수 있다.

한산도 삼도수군통제영에 설치한 이순신 장군의 서재 운주당(運籌堂, 1593~1597)은 불이 꺼지지 않는 소통과 집단지성의 공간이었다. 그 어떤 신분의 인물이라도 쉽게 드나들 수 있도록 문턱을 없앴고, 해당 지역 출신 병사와 민간인까지 운주당으로 불러 술과 음식을 대접했다. 그리하여 이순신은 적의 동향, 해안의 물길과 지형 등 정보를 미리 숙지하고 명량에서의 일자진과 같은 창의적인 전법을 만들어낼 수 있었다.

출처 : 한국학중앙연구원

7. 지혜를 일깨우는 리더십

진정성을 지닌 리더십은 훌륭한 기업경영을 위한 절대적인 필요조건이다. 훌륭한 경영은 이해관계자의 다양한 욕구를 돌보면서 동시에 회사의 경제적 가치를 보장한다. 이처럼 사회적 가치와 경제적 가치를 통합해 기업은 조직의 본원적인 사명을 지속가능한 방식으로 달성해가면서 존재의 의미를 구현한다. 훌륭한 경영의 부동의 동인이 리더의 지도력이다.

훌륭한 기업경영을 위해 리더는 조직의 지혜를 일깨울 수 있어야 한다. 지혜는 지식과 다르다. 20세기의 경영학이 지식의 학문이었다면, 21세기의 경영학은 지혜의 학문이어야 한다. 서구 근대 초입에 영국의 경험주의 철학자 프란시스 베이컨Francis Bacon(1561~1626)은 "지식은 힘"이라고 했지만, 그보다 2천 년 전 동양의 붓다는 "지혜는 다섯 가지 덕목 가운데 가장 높은 차원의 덕목이다"라고 했다.

지식은 정보의 축적이고 교육과 경험으로 습득하여 이루어지는 반면, 지혜는 우리의 지식을 어떻게 적용하는가의 문제이고 사회와 생태계를 이롭게 하는가와 같은 도덕적 목적의 성찰로 이루어진다. 즉, 지혜는 지식의 분별력 있는 활용이며, 상호 의존성의 세계 안에서 존재의 일원성을 인식하고 지속가능한 생태계를 만들어 가는 책임의 실천인 것이다.

지식과 지혜는 서로 다른 의미이지만 밀접한 관계가 있다. 지혜 없는 지식은 가능하지만, 지식 없는 지혜는 불가능하다. 지식은 지혜에 긍정적이기도 혹은 부정적이기도 한 영향을 미치므로 인간의 분별력 있는 판단이 필요하다. 이타적인 적극성을 가지고 지식을 활용할 때 긍정적인 결과로서 지혜를 얻을 수 있다.

지식은 정보와 사실의 축적에 지나지 않지만, 지혜는 그것들의 올바른 활용의 문제다. 지식은 본질적으로 취사선택의 문제이지만, 지혜는 통합의 문제이고, 지식은 환원주의적 결정론을 따르지만 지혜는 비결정론적이다. 지식이 이해의 영역이라면 지혜는 이성의 분별 영역인 것이다. 따라서 지식의 습득은 교육과 훈련을 통해 이루어지지만, 지혜는 매 순간 (깨어 있는) 삶의 경험의 축적을 통해 이루어지는 영성적 수행의 과정이다.

1980년 이후 기존의 경영 전략 연구는 주로 환경에 적응하는 수동적 관점, 주주 가치 중심 전략 그리고 기계론적 객관성 및 합리성만을 강조하는 분석에 집중하는 한계를 보여왔다. 21세기의 새로운 경영학에서는 미래를 창조하며, 기업과 사회 그리고 자연 생태 환경을 위한 가치 창출의 가능성이 열려 있다.

기업의 사명을 달성하고 사회적 및 경제적 가치를 영속적으로 창출하기 위해서는 기업조직의 실천적 지혜가 필요하고 이를 위한 지혜를 일깨우는 리더십이 필요하다. 21세기의 경영학 교육에서는 지식의 교육을 넘어 공동선의 신념, 이상, 꿈과 같은 인간의 의식에 기반한 존재의 교육을 지향해야 한다.

실천적 지혜phronesis는 특정한 상황에서 공동선을 위한 최선의 판단을 내릴 수 있음을 의미한다. 이는 특정한 맥락과 상황에 맞는 온전히 올바른 해법을 찾을 수 있는 역량을 의미한다. 이를 위해 분별력을 잃지 않고 순간의 상황에서 창의적 유연성improvise을 발휘할 수 있는 능력이 요구된다.

결국 지혜로운 리더란, 부분을 전체로 통합할 수 있고 맥락적 판단능력과 함께 균형감각을 가지고 암묵지를 명백지로 끌어 올림으로써 지식경영 SECI 관리과정이 훌륭한 경영을 지향하는 선순환을 촉진하도록 조직을 이끄는 지도자를 의미한다.

1990년대 지식경영 이론을 최초로 제시한 노나카 이쿠지로는 21세기의 새로운 경영학에서 논의되어야 할 중요한 연구주제로 지혜로운 리더십 이론을 발표했다(Nonaka and Takeuchi, 2011)[17]. 노나카 이쿠지로는 실천지혜phronesis란 기업 리더가 부단히 최선의 목적을 추구하는 과정에서 얻게 되는 것이고 이러한 수행의 과정은 그 리더로 하여금 덕성의 장인virtuous artisan으로 성장하게 한다고 했다. 특히 노나카 이쿠지로는 이러한 수행과정에서 지혜로운 리더phronetic leader는 다음의 여섯 가지 리더십 역량을 쌓아가야 한다고 설명한다.

선한 의사결정과 실행의 역량

이는 리더가 사회의 공동선을 구하는 덕목을 갖추고, 리더의 의사결정과 실천의 행동이 선함goodness에 근거하고 있는가의 문제다. 즉, 존재의 의미에 대한 질문을 던질 수 있는 역량을 의미한다. 지혜로운 리더는 사회와 조직에 선한 것이 무엇인가를 파악한 후에야 결정을 내린다. 선함이란 도덕적으로 선량함과 인간적 존엄성과 공동선의 지향을 의미한다.

맥락과 상황을 소통할 수 있는 플랫폼을 만들 수 있는 역량

이는 지식 창출과 공유를 위한 플랫폼을 만들 수 있는 리더의 역량을 의미한다. 리더가 구성원과 함께 언어 및 비언어 커뮤니케이션을 통해 서로 이해하고 공감할 수 있는 상상력을 의미하며, 이를 통해 전략 실행 시 맥락적 조건들을 분별하고 궁극적으로 공감을 불러일으킬 수 있는 역량이다.

노나카 이쿠지로는 이러한 플랫폼을 일어의 바板, Ba라고 일컬으며, 이는 지식 창출의 토양base이 됨을 제시했다. 지금 여기here and now의 상황적 맥락을 공유함으로써 간주관성(공동체적 자아 : intersubjectivity)을 위한 역동적 플랫폼이 될 수 있도록 만드는 것이다[18]. 지혜로운 리더는 경영층 및 일반 종업원이 그들 사이의 상호 교류를 통해 새로운 의미성을 만들어 갈 수 있도록 공식적 혹은 비공식적인 상황과 맥락을 공유할 수 있는 장場을 창출해 낸다.

본질적인 질서와 흐름을 짚어낼 수 있는 역량

세 번째 역량은 변화하는 맥락적 상황 안에서 본질을 읽어내는 리더의 지혜를 의미한다. 이는 현상의 이면에 감추어진 미래를 조망하고 필요한 행동을 취할 수 있는 역량이다. 지혜로운 리더는 어떠한 상황이나 문제에도 그 본질을 명민하게 파악하고, 자연의 순환과 사람과 사물 그리고 사건의 본질적 의미를 직관적으로 읽어낸다. 행동 안에 명상하기contemplation in action, 현실 안에 깊은 사유하기indwelling in actuality with deep thinking, 매 순간 세밀한 부분을 놓치지 않기seeing the details of every moment 등 만행mindfulness의 수행을 통해 쌓아갈 수 있는 지혜로운 리더의 덕목이다.

서사적 스토리텔링으로 개념화할 수 있는 역량

리더가 인식하는 그 본질과 질서를 자신만의 주관적인 생각을 넘어 거시적 · 역사적 맥락에 통합하여 개념화하고 명확한 언어로 표현할 수 있는 역량을 의미한다. 이는 상황의 본질을 설득력 있는 비전으로 만들어 미래의 스토리를 구성하고 이를 공유할 수 있는 리더의 역량이다. 지혜로운 리더는 은유와 스토리를 활용하여 자신의 경험을 통해 깨달은 본질을 구성원과 조직을 위한 암묵적 지식으로 환원시킬 수 있어야 한다. 그리고 SECI 관리과정에서 이후의 암묵적 지식으로부터 맥락적 명백지화하는 표출화 과정의 노력은 구성원 당사자의 몫으로 남겨둔다.

목적 달성을 위해 정치적 권력을 행사할 수 있는 역량

다섯 번째 지혜로운 리더의 역량은 현실적으로 중요한 부분으로, 구성원들을 결속시키고 행동을 취할 수 있도록 이끄는 역량이다. 이는 목적 달성을 위해 모든 구성원의 지식을 종합하고 노력을 경주할 수 있도록 하는 역량을 의미한다. 모든 특정한 상황에 세밀함과 과감함을 가진 적절한 방법과 연설, 기고문 등 레토릭을 동원할 수 있는 역량이다. 지혜로운 리더는 서로 충돌하는 목표를 가지는 구성원들을 함께하도록 모으고 행동하도록 격려하는 정치적 역량이 있어야 한다.

구성원 안의 실천적 지혜를 일깨울 수 있는 역량

마지막으로 지혜로운 리더는 모든 구성원 안의 실천적 지혜를 일깨울 수 있는 역량를 갖추어야 한다. 리더는 유연성과 창의성을 가지고 어떠한 상황에도 조직의 목적을 잃지 않도록 탄력 복원적인 조직resilient organization을 건설할 수 있어야 한다. 지혜로운 리더는 도제식 훈련이나 멘토링 등을 통해 구성원들(특히 일선 현장의 종업원들) 안의 실천적 지혜를 계발하도록 격려하고 지원한다. 리더의 지혜는 구성원의 임파워먼트(empowerment, 자기실현의 강화)를 통하여 구성원의 지혜로 이어진다.

지혜를 일깨우는 리더십을 통해 우리는 기업조직을 활력과 영감과 공동체적 형제애를 나누는 터전으로 만들 수 있다. 기업은 단순히 생존을 위한 거래의 현장이 아니라 누구나 인격적으로 성장할 수 있는 곳이고 삶의 존재적 의미에 감동받고 고무되는 곳이 될 수 있다.

산업화 시대의 전통적 경영학에서는 기업을 기계론적으로 바라보았다. 그 안에서 조직 관리와 관련된 모든 사상을 기계적 운동으로 환원해서 설명하려는 입장을 견지했던 것이다. 21세기의 새로운 책임경영학에서는 경제 생태계 안의 기업을 생명적 관점으로 바라본다. 통제와 권력이 기계론적 기업의 특징이라면, 자발적 헌신과 신뢰 그리고 공감은 생명적 기업을 나타내는 특성이다. 목적이 이끄는 기업 안에서 사람들은 자신의 지혜를 동원하고 문제를 제기하며, 서로 사랑하고 신뢰하고 존중하는 공동 언어를 말하는 공동체를 이루게 된다.

새로운 책임경영학은 기업경영이 인간의 본원적인 존재적 삶의 의미와 동떨어진 게 아니라 오히려 이를 통해 지속가능한 이윤을 창출하는 규범적이면서도 실제적인 관점을 지향한다. 이는 지혜를 일깨우는 리더십을 통해 이룰 수 있다.

8. 조직문화

리더의 진정성에 기반한 깨어 있는 리더십conscious leadership이 책임경영의 새로운 패러다임을 향한 기업의 여정을 이끈다면, 기업의 조직문화는 그 여정이 올바른 항로를 잃지 않도록 하기 위한 닻과 키의 역할을 한다. 조직문화는 조직 구성원이 공유하는 가치체계를 의미한다. 이는 눈에는 보이지 않지만 분명히 공동체 안에 존재하는 우리의 '방식way'으로 조직 전체와 구성원 개인의 행위에 강력한 영향을 미친다.

조직문화는 조직의 사회심리적 인프라psychosocial infrastructure이다. 조직문화는 곧 조직 공동체의 세계관이고 이를 통해 조직 구성원 공동의 목적 지향성이 이루어진다. 또한 이로 인해 구성원의 응집력이 올라가 조직 성과가 높아진다.

새로운 경영 패러다임인 책임경영으로의 전환을 지원하는 공고한 조직문화를 구축하는 것은 특히 중요하다. 자본 중심 경영에서 이해관계자 중심 경영으로의 패러다임 전환은 새로운 세계관으로의 거대한 전환the great transformation을 의미한다. 세계관의 전환을 이루는 과정은 매우 큰 도전이다. 익숙한 것들과의 결별과정에서 조직 공동체는 때로 항로를 이탈하거나 소산消散할 것이며, 그때마다 패러다임의 전환을 향한 옳은 항로로의 복귀는 눈에 보이지 않는 유전인자와 같은 탄력 복원성resilience과 자기 조직화self-organizing의 문화적 역량을 갖추어야 가능하다. 책임경영의 새로운 패러다임을 완성하기 위한 마지막 남은 중요한 변수가 조직문화인 것이다.

조직문화는 [그림 5-5]와 같이 세 가지 중요 요소로 구성된다.

첫째, 조직의 비전organizational vision이다. 조직 비전은 그 공동체의 서사적 이야기에 구성원이 깨어 있을 때 가능하다. '우리는 누구이고 어디에서 와서 어디로 가고 있는가?'와 같은 자기 근원성과 존재적 목적에 대한 구성원의 공유에서 조직의 문화는 비롯되는 것이다. 그리고 '우리 조직 공동체가 세상에 던지는 약속은 무엇인가?'와 같은 조직의 존재적 성찰로부터 미래로 나아가는 질문을 던질 수 있다. 책임경영의 시대에 기업은 기업의 존재적 목적의식ontological purpose, 섬김의 리더십servant leadership, 기업시민

[그림 5-5] 조직문화의 3 구성 요소

정신corporate citizenship, 기업 생태계의 돌봄stewardship of business ecosystem 등 새로운 조직의 비전을 가져야 할 것이다.

둘째, 조직의 가치organizational values이다. 조직의 가치는 조직 구성원의 태도와 행위가 중심과 균형을 이루는 신념체계의 핵심적 기준(즉, 가치)을 의미한다. 이는 조직문화의 항상성과 지속가능성을 이끈다. 공동체 정신, 창의성, 직장과 가정의 조화를 통한 건강하고 행복한 삶, 자발적 헌신과 학습 그리고 개인과 조직의 자아실현 가치는 책임경영의 실천을 위한 조직의 가치다.

조직의 가치는 이를 회사의 모든 전략에 진정성을 가지고 일관성 있게 반영함으로써 더욱 공고해질 것이다. 가령 조직의 문화적 가치에 기반한 조직구조 설계, 성과기준, 인센티브, 신입 구성원의 오리엔테이션, 교육과 훈련 프로그램 등은 조직의 가치를 강화하는 데 중요하다.

셋째, 조직의 활력organizational energy이다. 구성원이 기업의 가치와 비전에 온전히 공감할 때 조직은 활력을 띤다. 이는 조직의 구성원들로 하여금 자신의 일과 조직에 대한 열정을 가지고 헌신하게 함으로써 긍정적이고 지속가능한 조직의 활동을 뒷받침한다.

기업 생태계 안에서 이해관계자 중심의 새로운 경영 패러다임을 실천하는 데 조직문화는 기업의 가장 차별화된 전략적 경쟁 요소이다. 조직문화는 보이지 않으나 공동체 어디에나 존재하며 구성원의 행위에 큰 영향을 미친다. 기업 활동의 모든 측면이 쉽게 계량화하고 정형화할 수 없는 이해관계자 중심의 책임경영 패러다임 안에서는 조직문화의 역할이 더욱 중요하다.

상호 연결된 기업 생태계 안에서 기업은 매 순간 사회적(생태계적) 가치와 경제적 가치의 균형을 조화롭게 관리하는 책임경영의 사명을 완수해 나가야 할 것이다. 『사랑받는 기업』의 저자인 시소디어 교수는 책임경영을 위한 깨어 있는 조직문화의 10가지 특징을 다음과 같이 제시한다[19].

- 학습의 문화(culture of learning)
- 신뢰의 문화(culture of trust)
- 상호 의존성의 문화(culture of interdependency)
- 성실함의 문화(culture of integrity)
- 투명성의 문화(culture of transparency)
- 충성심의 문화(culture of loyalty)
- 존중의 문화(culture of respect)
- 공동체의 문화(culture of belonging and oneness)
- 배려의 문화(culture of caring)
- 즐거움의 문화(culture of fun)

이상의 조직문화 특징은 기업이 유기적 생명조직으로서 스스로 자기 자신과 기업 생태계 전체에 활력을 불어넣고 궁극적으로는 지속가능한 건강한 이익을 창출해 나갈 수 있도록 하는 의미 있는 특징들이다. 즉, 기업 생태계 안에서 기업조직의 시스템적인 학습과 진화의 원동력은 바로 자기 성찰과 이에 기반을 둔 창조적 의지에 있다.

조직문화는 기업이 태생적으로 갖는 유전자DNA이기도 하지만 마치 후성유전학epigenetics 이론처럼[20] 새로운 기업경영의 패러다임 안에서 창의적인 기업경영의 여러 가지 관리방식에 따라 의도적으로 형성할 수도 있다. 예를 들어 조직의 서사적인 이야기와 전설을 편찬하여 공유하고 조직의 가치와 비전을 상징화하는 의식과 행사를 기획하며, 구성원의 언어와 커뮤니케이션 방식과 조직 내의 사무 공간, 건물 디자인, 캠퍼스 환경 설계 등을 통해서도 조직문화 특성을 더욱 공고히 해 나갈 수 있는 것이다. 결국 조직문화 구축에 가장 결정적인 요소는 진정성 있는 리더십으로 귀결된다. 깨어 있는 리더가 깨어 있는 조직문화를 만든다.

9. 요약과 성찰과제

새로운 책임경영의 패러다임을 창조하고 실천하는 주체는 인간이다. 전통적 자본 중심의 경영 패러다임이 가졌던 기계적 세계관 안에서 인간은 소모적 생산 요소에 지나지 않았다. 새로운 이해관계자 중심의 생태계적 경영 패러다임 안에서 인간은 개인, 사회 그리고 생태계 환경과의 전일적 조화 안에서 새로운 가치를 능동적으로 창조해 나가는 존재적 사명을 가진다.

구성원은 자신의 일과 조직 공동체 안에서 자아실현을 향한 존재의 욕구를 충족할 때 창의성을 가지고 업무에 헌신하게 된다. 목적이 이끄는 상호 연결된 공동체 문화 안에서 개인의 자아실현은 조직의 자아실현으로 이어진다. 살아 있는 생명 시스템으로서의 기업조직이 내·외부의 이해관계자로 구성된 기업 생태계와 전일적인 조화를 이루고 그 존재적 목적을 실현해 나가는 책임경영의 여정의 실천은 조직 구성원 개인과 그들이 이루는 공동체 문화 안에서 이루어지는 것이다.

책임경영의 새로운 전환적 패러다임의 발현emergency과정은 필연적으로 혼돈과 카오스를 동반한다. 이를 돌파하고 조화로운 기업 생태계의 '발현하는 질서'를 이끌어낼 수 있는 지혜로운 리더십은 리더의 카리스마에 기반한 변혁적 리더십을 통해 가능하다.

기업의 조직문화는 책임경영의 여정이 올바른 항로를 잃지 않도록 하기 위한 닻과 키의 역할을 한다. 기업이 유기적 생명조직으로서 스스로 자기 자신과 기업 생태계 전체에 활력을 불어넣고 궁극적으로는 지속가능한 건강한 이익을 창출해 나갈 수 있도록 하는 의미 있는 조직문화가 요구된다. 깨어 있는 리더가 깨어 있는 조직문화를 만든다.

기업경영에서 주체적 인간의 본질을 회복하는 관점은 직장에서의 일과 삶이 단절되지 않은 통합된 삶을 가져옴으로써 인간 생

태계의 건강을 회복할

사회 생태계와 자연 생태계ㄴ

심의 경영 패러다임을 통해 통합 통합 생태계 안에서

다. 이해관계자 중

수 있도록 함은 기업경영의 주체적 인ㄴ 가능성을 회복할

일에서 비롯

된다.

찰과제]

1. 에이브라 … 욕구단계 이론에서 결핍의 동기와 존재의 동기 … 가? 기업조직 안에서 개인 구성원의 존재의 동기와 의 의 … 체의 존재의 동기는 어떻게 통합될 수 있는가? 조직 …

2. 기 … 을 지향하는 조직 공동체의 특징은 무엇인가? 조직 공동체 … 아실현을 위해 실천할 수 있는 기업의 경영 관리 프로그램의 예로 어떠한 내용이 있는가?

3. 자본 중심의 경영 패러다임에서 이해관계자 중심의 새로운 경영 패러다임으로 전환하는 과정에서 변혁적 리더십이 필요한 이유는 무엇인가? 변혁적 리더십은 어떻게 키울 수 있는가?

4. 이해관계자 중심의 경영을 실천하기 위한 깨어 있는 조직문화의 특성은 무엇인가? 조직문화는 새로운 경영 패러다임으로의 전환을 위해 왜 중요한가?

5. 기업의 조직문화는 태생적으로 주어진 것인가? 혹은 조직의 생애주기 동안 후성적으로 구축되는 것인가?(조직문화를 후성적으로 구축할 수 있다면 그 경영 관리 프로그램의 예는 어떠한 내용인가?)

6. 지식과 지혜의 차이는 무엇인가? 지혜로운 리더십의 의미는 무엇인가? 지혜로운 리더의 리더십 역량은 어떻게 쌓을 수 있는가?

미주

1. 사회 심리학자 레온 페스팅거(Leon Festinger)는 인간의 행동과 태도의 관계에 관심을 가지고 연구했다. 그는 1957년에 발표한 인지 부조화 이론을 통해 인간의 행동과 태도의 부조화로 인해 심리적 갈등이 유발되고 이러한 갈등 상황을 해소하고 자신에 대한 일관성을 유지하기 위해 동기화되는 현상을 설명했다.
2. 상동적 태도라고도 한다. 대상에 대한 전반적이고 균형적인 지식 없이 특정한 기준만으로 부정 혹은 긍정적으로 평가하는 경향을 의미한다.
3. 귀인(歸因)이란 특정한 행동이 발생한 원인을 추론하는 것을 의미한다. 인간은 자신이 관찰할 수 있는 행동을 바탕으로 원인을 자의적으로 판단하고 그 의도를 추론한다.
4. 후광(後光)은 대상의 배경 혹은 외적 특징에 따른 고정관념을 의미한다.
5. McCrae, R. R. & Costa, P. T. "Personality trait structure as a human universal". *American Psychologist*, 1997, 52 (2), pp. 509~516.
6. Pavlov, I. *Conditioned Reflexes : An Investigation of the Physiological Activity of the Cerebral Cortex*. Nature, 1927.
7. Skinner, Burrhus, F. *The Behavior of Organisms : An Experimental Analysis*. NY : Appleton-Century Crofts, 1938.
8. 칼 마르크스(Karl Marx, 1818~1883)는 근대 산업사회에서 나타나는 사적 소유, 분업, 물신화된 화폐 등의 문제를 고찰하면서 '소외된 노동(die entfremdete Arbeit)'이라는 개념을 제시했다. 그의 저서 『자본론』(제1권은 1867년, 제2권과 제3권은 엥겔스 편집으로 각각 1885년, 1894년 출판)에 나타난 그의 이론은 인간의 소외이론을 통해 자본주의 사회에서의 소외의 양상을 격렬하게 비판하고 나아가 이러한 소외의 양상에서 인간을 어떻게 구출할 수 있을까 하는 방안을 제시하는 구조를 지니고 있다. 그는 소외가 극복된 상태로 공산주의 사회를 제시하고 이 공산주의 사회에 도달하기 위한 프롤레타리아트의 역할 및 공산주의 사회에서의 인간 감성(감각) 회복 등의 주제를 다뤘다. 『자본론』 출

간 이후 100여 년의 자본주의 역사가 흐른 뒤 새로이 등장한 이해관계자 경영 패러다임에서는 인간적 관계의 공정성(즉, 사회적 가치)과 자본의 효율성(즉, 경제적 가치)은 상호 배타적이지 않고 오히려 상호 보완적인 관계로 접근한다. 이해관계자 중심의 책임경영 패러다임을 통해 자본주의의 참 모습을 회복하고 '소외된 노동'의 역설이 해결되는 셈이다.

9. 매슬로의 욕구 단계는 5단계로 시작했으나 나중에 존중 욕구와 자아실현 욕구 사이에 인지적 욕구(cognitive needs)와 심미적 욕구(aesthetic needs)를 추가하여 7단계로 수정했다. 그리고 말년에 초월 욕구를 주장하며, 이를 자아실현 욕구 위에 놓음으로써 자기 초월을 가장 높은 단계의 동기 혹은 인간 삶의 완성이라고 주장했다.

10. 매슬로의 1943년 저서 원제목 *Toward a Psychology of Being*은 정확하게는 "존재의 심리학을 향하여"라고 번역한다. 이는 인간의 궁극적 동기인 존재 욕구가 어떤 목표의 달성 성과에 그 충족성의 여부가 달려 있는 것이 아니라 존재의 목적을 향한 여정의 과정을 의미한다고 하겠다.

11. 더글라스 맥그리거가 1960년대 집필한 『기업의 인간적 모습(*The Human Side of Enterprise*)』(Douglas McGregor. Publisher : New York : McGraw-Hill, 1960.)은 2차 세계대전 이후 과학적 관리론의 기계적 경영방식의 지배적 관점을 넘어 인간적인 새로운 패러다임의 경영방식의 가능성을 일갈한 경영학 역사에 새로운 이정표를 제시한 주요 저서이다.

12. 에이브러햄 매슬로(Abraham Harold Maslow). 『심리적으로 건강한 경영(*Eupsychian Management*)』. *A Journal*(Paperback), Richard d Irwin, 1965.

13. 에이브러햄 매슬로(Abraham Maslow)의 1968년 판 『존재의 심리학』(Abraham H. Maslow. *Toward a Psychology of Being*. Van Nostrand Reinhold, 1968, p. 26)에서 자아실현의 심리적 특성 목록과 라젠드라 시소디어 외 저 2007년 판 『사랑받는 기업』(Sisodia, Rajendra S., David B. Wolfe and Jagdish N. Sheth. *Firms of Endearment : How World-Class Companies Profit from Passion and Purpose*. Wharton School Publishing, 2007.)에서 자아실현 기업의 조직문화 목록을 발췌하여 필자가 재구성했다.

14. 자기 초월 심리학자인 미하이 칙센트미하이에 의해 소개된 '몰입'의 경지는 작

위적이고 계약적인 동기부여를 초월한 영감의 고취(inspiration) 차원의 일에 대한 헌신을 설명한다. 거침없는 흐름이 있는 몰입(flow)의 상징은 인간이 과업을 수행하는 과정에서 느끼게 되는 즉시적인 기쁨 혹은 심지어 황홀경이다(Mihaly Csikszentmihalyi. *Flow : The Psychology of Optimal Experience*. Harper Perennial Modern Classics, 2008.).

15. 조직학자인 제임스 번스는 그의 저서 『리더십』에서 처음으로 거래적 리더십(transactional leadership)과 변혁적 리더십(tranformational)의 유형을 구분하여 제시했다. 변혁적 리더십은 부하 직원의 복종을 넘어서는 차원의 경지를 의미하는 것이고, 이를 통해 부하 직원의 믿음과 가치체계를 혁명(shift)시키는 것이라고 했다(James MacGregor Burns. *Leadership*. 1978, Harper Torchbooks).

16. 산업조직 심리학자인 버나드 배스는 번스(J. Burns)의 변혁적 리더십 개념을 더욱 확장하여 거래적 리더십을 넘어 변혁적 리더십을 지향하기 위한 네 가지 심리적 기제, 목적이 이끄는 영향력(Idealised Influence), 지성적 자극(Intellectual Stimulation), 개인적 배려(Individualised Consideration), 영감어린 동기부여(Inspirational Motivation), 즉 4I를 연구하여 발표했다(Bass, B. M. *Leadership and Performance*. N.Y. Free Press, 1985.).

17. Nonaka, Ikujiro and Hirotaka Takeuchi. "The wise leader". *Harvard Business Review*, 89 (5), 2011, pp. 58~67.

18. 일반적으로 심리학자들은 간주관성의 개념을 '활동에 참여한 자들 사이의 공유된 이해'로 정의한다. 간주관성의 개념은 다학문적 개념으로 '공동체적 자아, 공유적 이해 그리고 합의된 객관성' 등으로 정의할 수 있다.

19. 깨어 있는 자본주의 운동의 선구자인 라젠드라 시소디어(R. Sisodia) 교수는 조직문화란 마치 음식에 마지막 맛을 더하는 양념(spice)과 같은 존재로 책임경영의 실천을 위해 빠져서는 안 될 중요한 경영 활동의 한 요소라고 했다. 이해관계자 관점의 생태계적 사명을 완수하기 위해 기업이 문화적 특징으로 강조해야 할 10가지 요소를 열거했다(Sisodia, Rajendra S., David B. Wolfe and Jagdish N. Sheth. *Firms of Endearment : How World-Class Companies Profit from Passion and Purpose*. Wharton School Publishing, 2007.).

20. 후성유전학(後成遺傳學, epigenetics)은 생래적인 유전자(DNA)를 통해서만 일어나는 변화가 아니라 생후 인간의 의식적 각성과 같은 다른 메커니즘에 의해 일어나는 표현형질이나 유전자의 발현적 변화를 뜻한다.

6장

통제화 — 함께하는 여정으로의 초대

1. 통제화의 기본 개념 / 2. 21세기 경영 환경과 통제화 관리의 도전
3. 책임경영 시대의 전략적 성과 관리 / 4. 통제에서 헌신과 자기 조직화로의 전환
5. 요약과 성찰과제

통제화는 앙리 파이욜의 고전적 경영이론인 과정이론에서 마지막 단계의 관리과정이다. 조직 관리의 관리과정인 계획화, 조직화 그리고 지도화 등 일련의 조직 관리과정이 올바르게 이루어지고 있는지를 점검하는 경영 활동이다. 즉, 훌륭한 기업경영을 위해 조직 관리의 효과성, 지속가능성, 효율성 그리고 형평성의 기준을 충족하고 있는지의 관리 감독 과정이다. 물론 책임경영 패러다임 안에서의 훌륭한 기업경영은 기업의 경제적 가치(즉, 효율성)와 사회적 가치(즉, 형평성)가 상호 보완적 균형을 이루어 기업의 지속가능한 효과성을 극대화하는 기업경영일 것이다. 이는 기업 조직을 기업 생태계 안의 유기적인 생명 시스템으로 보는 관점에 기반을 둔다.

그러나 20세기 초반에 고전 경영학 이론에서 만들어진 '통제화'라는 용어는 그 자체로 기업경영을 기계적으로 바라보는 관점이다[1]. 21세기 새로운 경영 패러다임의 생명적 관점에서의 '통제화'는 기계적인 감독과 통제를 넘어서는 유기적 관점의 참여와 학습에 기반한 새로운 '통제화' 개념이 필요하다. 이번 장에서는 통제화 활동의 기본 개념을 소개하고 특히 책임경영 시대의 새로워진 통제화 활동에서 우리가 새로이 학습해야 할 주요 내용을 알아본다.

1. 통제화의 기본 개념

통제화 관리과정control process은 경영 활동의 중요한 한 기능이다. 통제란 조직 활동의 성과기준을 미리 정하고 이의 달성 여부를 관리하고 감독하는 조직 관리 활동을 의미한다. 통제화 활동을 통해 앞선 계획화, 조직화, 지도화 관리 활동이 결국 조직의 목적을 달성하도록 올바르게 기여하고 있는가를 점검할 수 있다. 그 점검의 기준은 훌륭한 경영 활동을 의미하는 효과성, 효율성 그리고 형평성의 문제인 것이다.

통제화 관리과정은 기본적으로 조직 활동의 성과를 측정함으로써 이루어진다. 즉, 측정된 성과 수준이 목표치를 달성했는가의 문제이다. 목표치 달성 여부에 따라 조직 활동을 강화하기도 혹은 문제를 수정하기도 할 수 있다. 예를 들어 자동차 대리점의 판매원이 연간 목표 판매수를 실제로 팔았는지의 여부에 따라 초과 판매대수에 대한 인센티브를 지급하거나 혹은 목표 판매수 미달시 문제점을 분석하여 일정한 해결책을 마련함으로써 해당 판매원의 성과를 관리해 나갈 수 있을 것이다. 이렇듯 개인, 부서 그리고 전체 회사 차원의 성과 관리는 각 활동 영역별 성과지표의 내용과 목표치를 정하고 실제 성과를 측정하여 관리한다. 통제화 관리과정은 곧 성과 관리performance management과정이라 할 수 있다.

성과 관리(즉, 통제)의 유형

기업 활동의 성과라 할 때 우리는 흔히 일정한 결과로 나타나는 실적을 생각하게 된다. 실제로 기업의 성과 관리는 이러한 결과 중심의 성과로 이루어지는 것이 보통이다. 예를 들어 마케팅 부서의 연간 시장점유율, 자동차 판매원의 연간 판매대수 등은 모두 사후적인 결과 중심의 성과인 것이다. 이를 결과 중심의 통제output-based control 혹은 사후통제feedback control라고 한다. 이는 [그림 6-1]처럼 나무의 열매를 셈함으로써 성과를 관리하는 것과 같다.

[그림 6-1] 성과 관리(즉, 통제)의 3유형

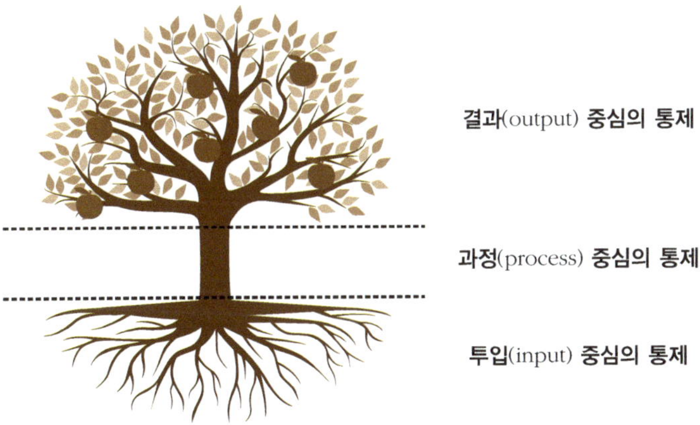

기업 활동의 또 다른 성과 관리의 방법은 활동의 과정을 중심으로 성과를 통제하는 것이다. 마케팅 부서에서 실제로 연간계획에 따라 시장점유율 확대 노력을 기울였는지, 자동차 판매원이 실제로 열심히 차를 판매했는지 등의 행위과정을 측정하여 통제하는 것이다. 이를 행위과정 중심의 통제process-based control 혹은 동시통제concurrent control라고 한다. 이는 나무줄기를 건강하게 돌봄으로써 성과를 관리하는 것과 같다.

마지막으로 성과 관리는 기업의 생산 활동 이전에 이미 이루어질 수도 있다. 예를 들어 필요한 역량과 기질을 갖춘 인력을 마케팅 부서에 실제로 투입했는가의 여부는 마케팅 부서의 연간 성과를 결정하는 데 절대적인 영향을 미칠 것이다. 이렇듯이 실제 활동이 일어나기 전에 예견되는 상황을 미리 예방하고 대비하기 위해 적절한 자원을 사전에 투입함으로써 이루어지는 통제를 투입 중심의 통제input-based control 혹은 사전통제feedforward control라고 한다. 이는 나무뿌리를 강건하게 유지함으로써 성과를 관리하는 것과 같다.

기업은 이상의 세 가지 통제방식을 적절히 활용하여 소기의 성과 관리 목표를 이루어야 할 것이다. 특히 21세기 글로벌 경영환경을 맞이하여 전통적인 관점에서의 통제화 관리 활동에 대한 새로운 도전을 이해함으로써 책임경영 패러다임 안에서의 새로운 통제화 관리를 지향해야 한다.

2. 21세기 경영 환경과 통제화 관리의 도전

21세기의 현대 기업이 당면한 불확실성의 경영 환경 안에서 기업은 전통적 개념의 통제화 관리 활동에 대한 큰 도전에 직면해 있다. 가령 가장 흔히 사용되는 결과 중심 통제의 경우 시장의 불확실성이 증가할수록 그 효과가 감소한다. 예를 들어 자동차 판매원의 판매실적은 그 종업원의 실제 노력과 상관없이 경기 동향에 따라 달라질 수 있는 위험 요소가 포함되어 있다. 과정 중심 통제의 경우도 업무기술이 복잡하고 비일상적일수록 과정적으로 올바른 행위를 모두 성과지표로 문서화하기가 매우 어렵다. 그리고 투입 중심의 통제 활동도 주어진 상황의 불확실성이 증가할수록 사전적 투입자원의 예비가 불가능한 것이다.

책임경영 패러다임에서 바라보는 기업 생태계와 조화를 이루는 생명 시스템으로서의 조직은 기계적 관점의 전통적 기업조직의 관점보다 높은 수준의 역동성과 상호 의존성의 복잡성을 지닌다. 이에 따라 책임경영의 패러다임 안에서의 통제화 활동은 변화와 불확실성 안에서 조직의 활동 방향성을 인도하는 유연성과 탄력 복원성을 끌어낼 수 있어야 한다.

통제에서 학습의 시대로의 전환

산업화 시대의 기계적 감독과 통제의 개념은 탈산업화 시대의 현대적 기업경영에서는 그 스스로 제한점을 지닌다. 우선 환경의 불확실성으로 말미암아 사전적으로 정해놓은 규정과 표준 성과 수준이 쉽게 변할 수밖에 없다는 점이다.

역동적인 불확실성의 시대에 사전에 모든 것을 완벽하게 '계획'하고 이에 근거한 표준 성과기준을 제시하는 것은 거의 무의미함에 가깝다. 환경의 복잡성과 동태성이 증대될수록 조직은 활동과정에서 발생하는 예기치 못한 상황에 유연하게 적응하는 역량, 즉 살아 있는 조직으로서 끊임없는 학습과 진화의 과정을 이끌어 갈 학습역량이 더욱 필요한 것이다.

경영사상가 피터 드러커Peter Drucker는 "가장 확실한 미래 예측은 그것을 창조하는 것이다"라고 했다. 특히 불확실성의 시대의 기업경영에서는 조직 관리의 방향 정립부터가 중요하다. 미래 기업의 구체적 전략은 살아 있는 조직의 학습과정에서 발현될 것이다. 새로운 책임경영의 시대에 통제화를 위한 성과 관리는 조직의 자기 근원성에 기반을 둔 창발적 진화 역량에 중점을 두어야 한다.

학습조직이론의 창시자인 피터 센지가 조직 학습역량의 다섯 가지 원칙disciplines[2]에서 제시한 바와 같이 조직의 학습역량의 핵심적 기반은 조직의 본원적인 존재 목적과 비전에 대한 구성원의 공유 그리고 조직 전체가 이러한 자기 근원성에 기반한 살아 있는 생명 시스템으로서 생태계적 전일적 조화를 유지할 수 있는 역량이다. 기계적 관점을 넘어 생명적 관점의 기업조직을 바라보는 책임경영 패러다임 안에서 조직 성과의 이해를 위해서 물질적 세계는 물론 비물질적 세계까지 이해해야 하는 시대로 접어든 것이다.

자본 중심의 성과에서 공유가치 창출 성과로의 전환

이해관계 중심의 경영 패러다임을 지향하는 책임경영의 시대에는 조직 성과의 기준이 자본 중심의 성과기준에서 이해관계자와의 공유가치 창출 성과로 확장될 필요가 있다. 기업의 인간, 사회, 환경에 대한 책임과 재무적 책임이 선순환되는 다원화된 성과기준이 필요한 시대인 것이다. 이와 같은 보다 포괄적인 기업 성과지표에 대한 개발 노력은 최근 30여 년간 관리회계와 금융투자 분야에서 지속적으로 이루어져 왔다.

균형성과기록표

자본 중심의 전통적인 개념의 성과지표를 넘어서는 이해관계자 중심의 포괄적인 성과지표 모형의 대표적인 예로 1992년 미국 하버드 경영대학 교수 로버트 캐플란Robert S. Kaplan과 데이비드 노턴David P. Norton이 공동 개발한 균형성과기록표Balanced Score Card ;

BSC[3]를 들 수 있다. 이는 기존의 전통적인 재무가치에 편중된 기업평가 기준을 확장하려는 최초의 노력이다.

BSC는 기업경영 성과를 ① 재무적 관점finnancial, ② 고객관점customer, ③ 업무 프로세스 관점business process, ④ 학습과 성장 관점learning and growth의 네 가지 관점에서 평가한다. 즉, 재무적 관점(과거)뿐만 아니라 고객의 관점(외부)과 내부 업무 프로세스의 관점(내부) 그리고 학습과 성장(미래) 관점이라는 네 가지 관점

[그림 6-2] 균형성과기록표(Balanced Scorecard ; BSC)

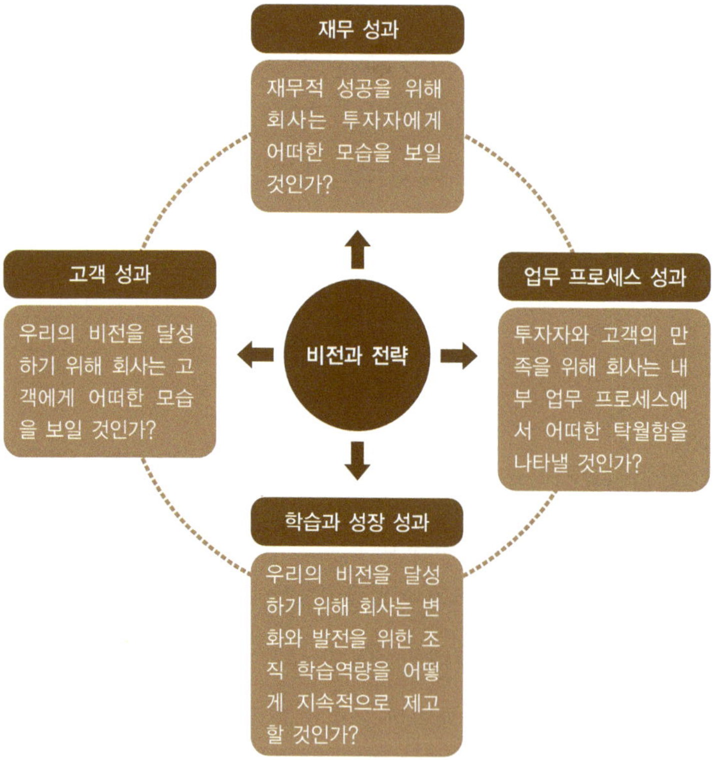

에서 기업경영을 평가하려는 성과 관리 모형이며, 재무적 관점(매출, 이익 등) 위주로 기울기 쉬운 경영지표를 다양한 지표로 확장한 것이다. 고객과의 강한 유대관계, 탁월하고 효율적인 업무 프로세스, 경쟁력 있는 인재 육성 및 조직 개발 등 경쟁력의 원천 등을 과거의 전통적인 재무적인 성과 측정지표에 추가하여 미래가치를 창출하도록 관리하는 시스템이다.

트리플 보텀 라인(3차원 성과지표)

3차원의 성과지표를 의미하는 트리플 보텀 라인Triple Bottom Line ; TBL은 기업이 사회적 책임, 환경의 지속가능성 그리고 재무적 이익, 이 세 가지 기준으로 조직 성과를 측정하는 종합적인 성

[그림 6-3] 트리플 보텀 라인 모형(Triple Bottome Line ; TBL)

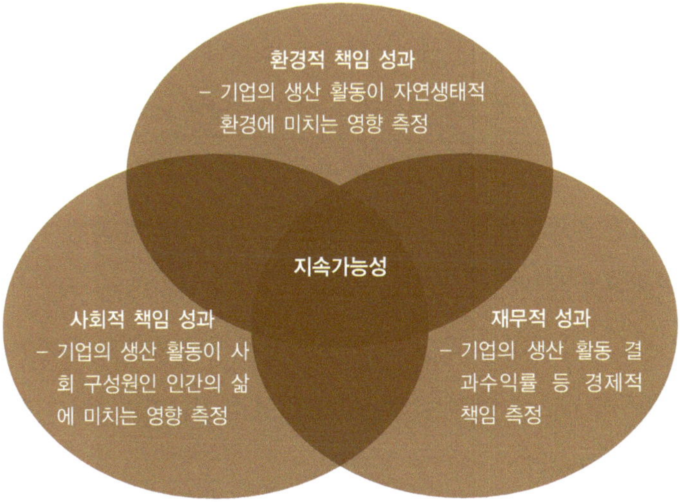

과 관리의 회계기준 원칙을 의미한다. 이는 BSC 모형이 등장했던 비슷한 시기인 1994년 경영사상가인 존 엘킹턴John Elkington이 만든 개념이다[4].

보텀 라인Bottom Line이란 회계상 손익계산서의 마지막 줄Bottom Line에 나오는 세후순이익을 의미하며, 이는 곧 기업의 재무적 성과를 나타낸다. 재무적 성과라는 단 한 가지 기준Single Bottom Line에 사회적 책임 성과와 자연환경적 책임 성과를 추가하여 확장된 개념으로 트리플 보텀 라인이 등장하게 된 것이다.

TBL의 개념은 본질적으로 기업조직의 책임이 주주가 아닌 보다 포괄적인 이해관계자에게 있음을 선언한 것이다. 이해관계자의 안녕과 복지에 대한 책임을 통해 궁극적으로 주주의 가치를 극대화하는 이해관계자 경영 패러다임의 실천 성과를 지원하는 성과 관리 모형이라고 할 수 있다.

2000년대에 들어서면서부터 UN 등 국제사회가 TBL에 대한 관심을 본격적으로 드러냈는데 특히 2007년에 UN이 도시 및 지역사회 회계에 대한 TBL 표준을 비준함으로써 공식화되었다.[5] 특히 TBL은 공공부문 회계에 대한 지배적인 접근방식이 되면서 민간영역에까지 확산하게 되었다. 이러한 경향이 나타나는 것은 기업의 사회적 및 환경적 책임이라는 본질적인 의미 외에도, 투자자들의 합리적 니즈에 따른 이해관계자 경영 패러다임으로의 전환을 의미하기도 한다.

GRI 가이드라인

GRIGlobal Reporting Initiative는 1997년 UN 환경연합United Nations Environment Program ; UNEP의 지원을 받아 미국의 비영리 단체인 환경책임 경제연합Coalition for Environmentally Responsible Economies ; Ceres과 텔러스 인스티튜트Tellus Institute에 의해 설립되었다. 1999년 GRI 가이드라인의 최초 버전이 발표되었다. GRI는 독립된 기구이지만 UNEP의 협력 센터로서 유엔 글로벌 콤팩트UN Global Compact와 협력하고 있다.

GRI는 기업, 정부, 기타 조직이 기후 변화, 인권 및 부패와 같은 문제에 미치는 영향을 이해하고 소통할 수 있도록 지원하는 국제 표준기구다. 정부, 소비자, 투자사와 같은 다양한 이해관계자 그룹의 환경적 · 경제적 · 사회적 영향에 대한 투명성을 높이라는 압력이 가중되는 가운데 많은 기업이 발행하고 있는 지속가능성 보고서에 GRI 가이드라인이 활용되면서 조직 간 비교 가능한 방식으로 정보를 분별, 수집 및 보고하는 데 도움을 주고 있다.

GRI 가이드는 각 기관조직의 사회적 및 환경적 영향을 평가할 때 활용되는데 그 기준은 국제노동 관행과 환경영향의 평가 기준에 근거한다. 예를 들어 국제표준기구의 여러 기준이 GRI의 환경평가 표준에 활용되었고(ISO 14010, ISO 14011, ISO 14012 및 ISO 26000), ILO의 8가지 핵심 협약을 기준으로 인권과 노동권의 기준을 정했다. 또한 GRI는 보고기관의 '그린 워싱green washing(보고기관의 위조된 사회적 및 환경적 책임 활동 보고)'을 최소화하기 위해 독립적인 감사를 수행하거나 해당 기관의 책임자와 확인을 위한 소통 절차를 두고 있다. 〈표 6-1〉은 GRI 가이드라인의 주요 평가항목을 요약한 것이다. GRI의 세부 평가항목은 홈페이지에서 확인할 수 있다[6].

표 6-1 **GRI 가이드라인의 주요 평가항목**

사회적 영향	노동관행	고용, 노사관계, 산업 안전, 교육훈련, 고용 다양성 및 고용 기회
	인권	투자관행, 차별금지, 아동노동, 강제노동, 상벌, 고용 안정, 전통문화 보호
	사회	공동체 영향, 공공정책, 불공정 경쟁 행위, 준법, 부패, 정치적 기여
	제품 책임	고객 안전, 제품 및 서비스 라벨링, 마케팅 커뮤니케이션, 고객정보 보호, 준법
경제적 영향	가격정책, 경제적 성과, 시장 역할, 비간접 경제적 영향	
환경적 영향	원자재, 에너지, 수자원 등의 활용, 생태 다양성, 환경공해 및 쓰레기, 공급사슬 환경적 준법 관리	

자료 : GRI 홈페이지(https://www.globalreporting.org/).

ESG 평가기준

ESGEnvironmental, Social, Corporate Governance는 기업과 기업에 대한 투자의 지속가능성과 사회적 영향을 측정하는 세 가지 핵심 요소(즉, 환경적 영향, 사회적 영향 그리고 회사의 지배구조)를 나타낸다. ESG 기준의 목적은 이를 통해 회사의 미래 재무 성과와 리스크를 더 잘 파악하여 사업과 투자의 의사결정에 도움을 주고자 하는 것이다.

ESG 기준은 2004년 코피 아난 전 유엔 사무총장이 세계 각국의 금융회사에 지속가능한 투자를 위한 가이드라인 개발에 동참해줄 것을 요청함으로써 등장하게 되었다. 당시 금융회사들은 ESG라는 요소를 활용해 투자 대상 기업을 평가할 수 있다는 결론을 내렸고, 이 내용이 2006년 '유엔 책임투자 원칙UN Principles for Responsbible Investment ; UN PRI'에 반영된 것이다.

ESG 기준은 기업의 행동이 환경과 사회에 미치는 영향과 회사 지배구조의 윤리성 등을 지표화한 것이 핵심이다. 각 ESG 평가 기관은 자신들만의 지표를 이용하여 ESG 준수 정도를 측정하는데, 널리 통용되는 공통의 산업 표준은 없다. 일반적인 ESG 평가 기존 모형은 [그림 6-4]에 요약된 바와 같다.

[그림 6-4] 일반적인 ESG 평가기준 모형

목적과 가치의 중요성

탈산업화 시대의 새로운 경영 환경에서는 기업경영의 통제화 관리 활동이 기계적 관리감독과 공학적인 성과통제의 방식을 넘어서는 새로운 차원으로 진화할 필요가 있다. 이상에서 살펴온 바와 같이 지난 수십 년간 이해관계자 패러다임에 기반한 기업 성과의 다양한 새로운 평가기준 개발의 노력이 있어 왔지만 기업 생태계 전반의 시스템적 복잡성을 고려하면 모든 산업에서 특정한 기업 활동의 이해관계자 성과기준을 완벽하게 측정 가능한 지표로 개발하기란 거의 불가능하다. 더욱이 ESG 등과 같이 새로이 개발된 기업 성과 평가항목을 기업의 사회적 평판도 관리만을 위한 홍보와 투자 유치의 도구로 삼는다면 책임경영 시대의 진정한 기업 성과 통제 기준으로의 기능은 어렵게 될 것이다[7].

책임경영 시대의 새로운 통제화 관리 활동은 기업 생태계적 성과지표의 개발노력과 더불어 조직의 지속적인 학습역량을 바탕으로 한 기업 생태계와의 전일적 조화를 탄력적으로 유지해가는 조직의 생명적 역동성에 기반한다. 이러한 기업조직의 생명적 역동성은 기업의 존재적 목적과 가치에 대한 구성원의 공감과 회사의 진정성 있는 전략의 실행에 달려 있다. 진정성 있고 창의적인 이해관계자 상생 전략을 바탕으로 실질적인 공유가치를 창출해 감으로써 조직은 책임경영의 신천을 향한 학습과 진화의 여정을 지속할 수 있다.

현대물리학의 앨버트 아인슈타인이 이야기했듯이 '모든 중요한 것이 측정 가능한 것이 아니고, 모든 측정 가능한 것이 중요한 것은 아닌' 시대는[8] 현대 경영학에도 적용된다. 보이지 않는 조직의 힘, 즉 자기 근원성에 기반한 존재적 사명은 기업조직의 생명적 역동성을 추동한다. 기업의 목적과 가치에 기반한 조직의 자가 근원성은 현대 기업경영의 통제화 활동의 절대적 중심인 것이다.

3. 책임경영 시대의 전략적 성과 관리

책임경영의 시대에 통제화 관리 활동은 새로운 차원에서의 전략적 접근이 필요하다. 기계적인 감독과 통제를 넘어 종업원과 이해관계자들의 헌신과 몰입에 기반을 둔 새로운 전략적 성과 관리가 필요한 시대로 접어든 것이다.

전략적 성과 관리

전략적 성과 관리stragegic performance management란 조직의 전략적 체계 안에서 조직 구성원들이 자신의 최대 역량을 발휘하여 성과를 이룰 수 있도록 업무 환경을 창출하는 관리과정을 의미한다. 21세기 이해관계자 경영 패러다임 안에서 기업조직이 지향하는 책임경영의 전략적 체계 안에서 구성원들이 각자 맡은 바 올바른 일(즉, 각자의 직무 안에서 기업의 사명을 달성하는 일)을 올바른 방법(즉, 각자의 직무 안에서 사회적 가치와 경제적 가치를 통합하는 공유가치 창출 전략의 실천)으로 수행할 수 있도록 지원하는 관리 활동이 오늘날의 전략적 성과 관리의 핵심을 이룬다.

21세기 경영 환경 안에서 책임경영을 실천하는 기업이 되고자 한다면 다음과 같은 두 가지의 전략적 성과 관리의 미션을 되새겨야 한다.

첫째, 성과 관리의 기준은 반드시 조직의 미션과 가치에 기반해야 한다. 예를 들어 개인과 부서의 성과기준은 책임경영의 조직 미션에 따라 이해관계자와의 공유가치 창출 성과를 창의적이고 진정성 있게 반영해야 한다. 위에서 설명한 ESG, GRI, BSC 그리고 TBL 등에 근거한 회사의 상황에 맞는 성과지표를 개발할 수 있을 것이다.

둘째, 성과 관리가 종업원의 성과를 측정하여 승진, 임금, 훈련 등 인사에 반영하는 기능 관리적 측면administrative function을 넘어 구성원 개인과 조직 시스템 전반의 역량 진단과 개발developmental function을 위한 목적이 있음을 유념해야 한다. 학습과 진화의 측면이 기계적인 통제의 측면보다 더욱 강조되는 책임경영의 새로운 패러다임 안에서는 오히려 개발 목적의 성과 관리가 인사 기능적인 성과 관리보다 중요하다.

책임경영의 목적과 가치에 기반한 전략적 성과 관리를 통해서 기업은 효과성, 효율성, 형평성 그리고 지속가능성 등 훌륭한 기업경영의 주요 성과기준을 준수하며 조직의 사명을 향한 학습과 진화를 지속하게 될 것이다.

전략적 성과평가

전략적 성과 관리과정에서 중요한 관리 활동은 성과평가performance appraisal이다. 이는 조직의 전략적 체계 안에서 구성원의 역할, 목표, 기대 수준, 성과 수준에 대해 이해하고 이를 바탕으로 조직의 효과성을 제고할 수 있도록 하는 커뮤니케이션 과정communication process을 의미한다.

일반적으로 성과평가가 실패로 이어지는 이유는 첫 번째로 평가기준의 타당성validity 문제를 들 수 있다. 타당성이란 주어진 성과기준이 측정하고자 하는 실제 성과를 올바르게 측정하고 있는가의 문제다. 예를 들어 이해관계자 경영 패러다임 안에서 수익률 같은 재무적 성과만을 측정하고 사회적 성과와 환경적 성과기준은 누락한다면 그 자체로 불완전한 타당하지 않은 성과기준일 것이다. 애초에 타당하지 않은 성과기준을 기반으로 이루어지는 통제화 관리 활동은 의미가 없다.

성과평가의 두 번째 실패 요인은 평가의 신뢰성reliability 문제다. 신뢰성은 성과 측정 결과의 일관성을 의미한다. 이는 관찰, 면담, 설문 등 일정한 성과 측정의 방식에 따라 측정한 결과를 다시 반복적으로 측정할 때 동일한 성과평가 결과를 얻을 수 있겠는가의 문제이다. 이러한 성과 측정 방식의 신뢰성 문제는 기업조직이 기업 생태계와 상호 작용적인 시스템 차원의 교호적 활동 성과를 측정해야 할 책임경영 시대에 특히 도전적인 과제이다. 평가의 신뢰성 제고를 위해 전통적인 상사로부터의 일방향식 위계적 성과 평가방식을 지양하고 이해관계자가 함께 참여하는 다면평가 방식을 도입하거나, 기업 활동의 빅데이터 등 새로운 기술을 활용한 평가방식의 도입 등 창의적 방법으로 타당성 제고를 위한 보완 노력을 지속적으로 기울일 필요가 있다.

성과평가 세 번째 실패 요인은 평가자의 오류rater bias 문제다. 이는 평가자가 성과 관리와 평가 관리 전반의 전략적 체계성에 대한 이해가 부족하고, 주어진 평가 관련 정보와 지원 등 평가업무 수행을 위한 현실적 여건이 불완전하며, 평가자 자신의 인지적 오류cognitive bias로 인해 발생하는 문제다. 평가자의 오류는 앞서 설명한 평가기준의 타당성과 신뢰성의 문제에도 영향을 미친다.

평가자 오류를 극복하기 위해 평가자는 관리자로서 성과평가의 효과성에 대한 확신을 가지고 기업이 지향하는 책임경영의 미션과 가치에 기반한 성과 관리 시스템을 숙지하고 모든 영역의 평가방법과 성과 결과 피드백 방법에 숙달해야 한다. 또한 성과 관리 관리자는 '평가자의 역할judgment role'과 '육성 지원자의 역할development role' 사이에 조화를 이루어야 한다. 즉, 성과평가는 기능 관리적 측면 이외에도 종업원의 개발과 육성이라는 측면이 있음을 상기해야 한다. 끝으로 평가 후에 평가자인 성과 관리자는 피평가자인 종업원과의 대면 커뮤니케이션face-to-face discussion을 충분히 하고 종업원(피평가자)과 성과평가 후 피드백을 위한 면담 등 사후 관리에 적극적으로 임하는 것이 중요하다.

창조적 혁신을 위한 전략적 성과 관리

목적을 잃은 통제화 과정의 성과 관리 활동은 성과주의의 함정을 가져오기도 하므로 주의해야 한다. 기계적 통제와 감독은 단기적이고 가시적인 성과에 대한 집착을 낳게 되고 과도한 실적 지상주의를 가져올 수 있다. 이는 종업원으로 하여금 주어진 매뉴얼 방식대로의 생산성 제고만을 추구하게 함으로써 구성원 개인과 조직 전체의 창의력과 학습역량을 훼손할 가능성이 있다. 또한 과도한 경쟁과 효율 중심의 성과주의는 결국 조직의 공동체 정신과 응집력을 약화시키기도 한다.

오늘날의 기업이 성과 관리를 통해 성과주의 함정에 빠지지 않고 책임경영의 미션을 달성하기 위한 의미 있는 통제화 관리 활동을 완성하기 위해서는 기업의 목적과 가치에 기반한 전략적 성과 관리value-based strategic performance management를 지향할 수 있어야 한다. 즉, 성과 관리의 목적과 비전, 성과평가의 기준과 방법 그리고 인사의 반영과 경력 관리 등 일련의 과정이 종업원이 매일 임하는 업무 안에 책임경영 패러다임이 구현될 수 있도록 한다는 가치와 목적에 맞추어져 있어야 한다.

목적과 가치에 기반한 전략적 성과 관리를 통해 기업 전체와 종업원 개인의 사명이 일체감을 이루게 하고 구성원 간의 신뢰, 정의 그리고 공정성 등의 가치에 대한 공감을 통해 공동체의 기업문화가 더욱 공고하게 구축될 수 있다. 이러한 공동체의 기업문화가 가치 중심의 전략적 성과 관리 시스템을 견고하게 뒷받침하는 선순환을 이룰 때 일상에서의 업무 성과 관리와 창조적 혁신을 동시에 달성할 수 있을 것이다.

4. 통제에서 헌신과 자기 조직화로의 전환

이제 책임경영 패러다임 안에서 기업의 진정한 본질은 효율적 생산만을 위한 기계가 아닌 기업 생태계와 유기적인 조화를 이루는 생명 존재로 이해해야 한다. 기업조직 안에서의 인간은 감독하고 통제되어야 할 기계부품과 같은 수동적 대상이 아니라 스스로 학습하고 창조하는 능동적인 주체로 인식해야 하는 것이다.

기업조직을 생명 시스템으로 바라본다면 종업원의 과업 수행은 수동적인 의미에서의 기계적 생산이 아닌 그 자체로 의미와 목적을 향한 창조 행위의 관점으로 전환되어야 한다. 각자의 업무가 분업화된 구조 안에서 단절된 것이 아닌 유기적으로 상호 연결된 관계로 보아야 하고 종업원의 업무 수행과정은 공학적 거래가 아닌 인간관계의 관점으로 전환되어야 하는 것이다. 따라서 책임경영의 패러다임 안에서 전략적 성과 관리란 명령의 수동적 수행이 아닌 구성원의 주체적인 참여로 이루어지는 학습과 진화의 관점으로 전환되어야 한다. 또한 주어진 목표 달성에 대한 집착을 넘어 자신의 노동을 통하여 자신과 조직의 자아실현에 대한 자발적인 헌신을 불러 일으켜야 한다.

살아 있는 생명조직으로서의 기업은 그 근원인 사람에서 출발한다. 조직 생명력의 원천은 인간이다. 매일의 업무수행 현장에서

가을 하늘 철새 떼의 흩어지는 듯 하면서도 다시 목적지인 도래지를 향해 대오를 이루어 비행하는 모습은 '자기 조직화(self-organizing)'하는 생명조직 시스템의 이미지이다. 자기 조직화는 시스템 이론의 주요 개념으로 정확한 해답을 모르는 상태에서 자기 스스로 학습할 수 있는 시스템의 역량을 의미한다. 자기 조직화 역량을 가진 시스템의 네트워크는 학습역량을 가지고 있어서 내 · 외부 환경과 조화를 이루며 진화한다. 자기 조직화는 궁극적으로 기업조직의 근원적 목적을 지향하는 조직의 자아실현(self-actualization) 과정이다.

자신의 노동의 의미와 삶의 존재적 의미가 통합될 때 조직의 생명력은 극대화될 것이다. 이를 통해 기업은 훌륭한 제품과 서비스를 생산하고 소비자 등 이해관계자의 가치에 공헌하며, 지속가능한 공유가치를 창출할 수 있다.

조직의 구성원은 자신의 일을 생계 유지를 위한 생업으로 여기는가 혹은 삶의 의미와 목적을 이루기 위한 소명으로 여기는가? 조직의 존재적 목적을 구성원이 공감하고 매일의 업무현장에서 이에 대한 헌신이 자신의 직무와 연결되어 있음을 느끼는가? 조직의 목적과 가치에 대한 구성원의 공감과 존재적 자기 근원성에 기반을 둔 주인 의식과 자발적인 창의성 발휘는 전통적 관점의 위계적 통제화 관리에서 기업 생태계적 학습과 진화의 관점으로 전환을 이루는 데 필수적 요소이다.

5. 요약과 성찰과제

책임경영의 시대에 통제화 관리 활동은 새로운 차원에서의 전략적 접근이 필요하다. 기계적인 감독과 통제를 넘어 종업원과 이해관계자들의 헌신과 몰입에 기반을 둔 새로운 전략적 성과 관리가 필요한 시대로 접어든 것이다. 기업경영의 패러다임이 기계적 세계관에서 생태적 세계관으로 전환하게 된 현대경영학에서는 조직의 학습과 진화가 미리 규정된 성과기준에 근거한 감독과 통제의 방식을 보완하게 된다. '모든 것이 모든 것과 모든 면에서 연결된' 상호 의존성의 세계 안에서 진정한 문제의 해결은 공동체의 학습과정에서 창발하는 형성전략을 통해 이루어진다.

기업 생태계적 관점에서 기업의 성과기준은 더 이상 재무적 성과에만 머물지 않고 생태계 전반에 걸친 사회적 성과와 환경적 성과 등 포용적인 성과기준으로 진화하게 되었다. 또한 기업 생태계 안의 역동적인 변화 가운데 기업이 지향하는 사명에 기반을 둔 '탄력 복원성'을 잃지 않음이 중요하게 되었다. 역동적인 불확실성이 편재하는 현대 기업경영 환경에서는 목표지점을 미리 정했다 하더라도 그 목표지점은 항상 변하기 마련이다. 때문에 항로를 잃지 않고 그 여정에 조직의 구성원이 함께 머무르는 것이 무엇보다 중요하다.

지난 수십 년간 여러 이해관계자 패러다임에 기반을 둔 새로운 기업 성과 평가기준 개발의 노력이 있어 왔지만 기업 생태계 전반의 시스템적 복잡성과 불확실성을 고려하면 모든 산업에서의 특정한 기업 활동의 성과기준을 완벽하게 측정 가능한 지표로 개발하기란 거의 불가능하다. 책임경영 시대의 새로운 통제화 관리 활동은 새로운 성과지표의 개발노력과 더불어 조직의 지속적인 학습역량을 바탕으로 한 기업 생태계와의 전일적 조화를 유지해 가는 조직의 생명적 역동성에 기반을 둔다.

기업조직의 생명적 역동성은 기업의 존재적 목적과 가치에 대한 구성원의 공감과 회사의 진정성 있는 전략의 실행에 달려 있다. 조직의 목적과 가치에 대한 구성원의 공감과 존재적 자기 근원성에 기반을 둔 주인의식과 자발적인 창의성 발휘는 전통적 관점의 위계적 통제화 관리에서 기업 생태계적 학습과 진화의 관점으로 전환을 이루는 데 필수적인 요소이다.

[성찰과제]

1. 통제화 관리의 세 가지 유형(즉 결과 중심의 통제, 과정 중심의 통제, 투입 중심의 통제)의 각각의 의미는 무엇인가? 이상의 세 가지 유형의 통제화 관리가 21세기 탈산업화의 현대 기업경영 환경 안에서 가지게 되는 한계점은 무엇인가? 이를 극복하는 새로운 패러다임의 통제화 관리는 어떠한 것인가?

2. 전략적 성과 관리와 전략적 평가 관리의 의미는 각각 무엇인가? 이해관계자 경영 패러다임 실천을 위해 각 개념이 가지는 도전은 무엇이고 어떻게 대응해야 하는가?

3. 전략적 평가 관리에서 평가기준의 타당성과 신뢰성 그리고 평가자의 오류의 의미는 무엇인가? 특히 책임경영의 진정성 있는 실천을 위해 이러한 평가 관리의 제한점들을 해결할 수 있는 방안은 무엇인가?

4. 포괄적인 기업 성과지표에 대한 개발 노력으로 최근 30여 년간 이루어져온 균형성과기록표(BSC), 트리플 보텀 라인(TBL), GRI 가이드라인, ESG 평가기준 등이 등장하게 된 이유는 무엇인가? 책임경영의 진정성 있는 실천을 위해 포괄적인 기업 성과지표 개발 노력은 향후 어떻게 보완되어야 하는가?

5. 기업 생태계의 상호 의존성의 세계에서는 조직의 학습과 진화가 미리 규정된 성과기준에 근거한 기계적인 감독과 통제의 방식을 보완하게 된다. 그 이유는 무엇인가? 기업조직의 학습과 진화를 지속적으로 촉진할 수 있는 조직 관리 방안은 무엇인가?

미주

1. 통제화는 앙리 파이욜의 고전적 과정이론에서 영어 단어 'control'을 번역한 것이다. 이는 라틴어로 어떤 대상에 근거하여 살펴본다는 의미의 'contra'(영어의 against)와 파피루스 두루마리 책을 의미하는 'rtulus'(영어의 roll)의 합성어로 '규정을 따져보고 이의 준수 여부를 측정하여 통제하고 감독한다'라는 의미를 지닌다.
2. 피터 센지는 조직의 학습역량을 구성하는 5대 원칙으로 ① 개인적 의식의 각성(personal mastery), ② 세계관과 패러다임의 정립(mental models), ③ 공동체의 학습(team learning), ④ 비전의 공유(shared vision), ⑤ 시스템적 사고(system thinking)를 제시했다. 개인, 집단, 조직 공동체, 생태계 전반의 상호의존성 안에서 개인의 주체적 각성(consciousness)과 시스템과의 전일적 조화(holistic coherence)가 조직의 학습역량의 시작과 종착역임을 역설한 이론이다(Peter M. Senge. *The Fifth Discipline : The Art & Practice of The Learning Organization*. 1990, Currency Doubleday).
3. 균형성과기록표(Balanced Score Card ; BSC)는 성과 측정 전문 컨설팅 회사인 르네상스솔루션의 데이비드 노턴과 하버드 비즈니스 스쿨의 로버트 카플란 교수가 함께 개발하여 1992년에 최초로 제시했다. 이는 과거 전통적인 성과에 대한 재무적인 측정지표를 통해서 미래 성과를 창출하는 측정지표이다. 재무 · 고객 · 내부 프로세스 · 학습과 성장 등 4분야로 구분하여 기업별 특성에 맞는 지표를 선정하고 각 지표별 가중치를 적용하여 산출한다(Robert S. Kaplan and David P. Norton. *The Balanced Scorecard : Translating Strategy into Action*. Harvard Business Review Press, 1996.).
4. TBL은 기업의 사회적 책임과 지속가능 개발 분야의 전문가인 존 엘킹턴(John Elkington)이 1990년대 초반에 고안한 개념이다(Elkington, John(June 25, 2018). "25 Years Ago I Coined the Phrase 'Triple Bottom Line'. Here's Why It's Time to Rethink It", *Harvard Business Review* ; Elkington, John. "Triple Bottom Line". *The Economist*, November 17, 2009).

5. TBL의 확산은 UN 등 국제사회의 공공부문(public sector)의 조직 성과 모형 사례로부터 사기업부문(private sector)으로 점차 전파됨으로써 본격화되었다. 국제사회에서 최초로 TBL을 공식화한 것은 2007년 초로 UN이 도시 및 지역사회 회계에 대해 TBL 표준을 비준화했다(UN "Enhancing the role of industry through for example, private-public partnerships", United Nations Environment Programme. May 2011).

6. GRI 가이드라인의 세부 평가항목은 홈페이지에서 참고할 수 있다(https://www.globalreporting.org/reporting/latest-guidelines/g3-1-guidelines/Pages/default.aspx.).

7. 하버드 경영대학의 전략경영 전공 교수인 마이클 포터는 실질적인 공유가치 창출의 전략적 실천이 배제된 ESG는 실패할 수밖에 없음을 지적했다(Porter, M., Kramer, M., & Serafeim, G.(2019, October 16), Where ESG Fails, Retrieved from Institutional Investor : https://www.institutionalinvestor.com/article/b1hm5ghqtxj9s7/WhereESG-Fails).

8. 이는 앨버트 아인슈타인의 프린스턴대학 연구실에 걸려 있었던 경구였다고 한다. "중요하다고 해서 그것이 늘 측정 가능한 것은 아니고, 측정 가능하다고 해서 그것이 반드시 중요한 것은 아니다(Not everything that counts can be counted, and not everything that can be counted counts)."

기업 리더의 소명 7장

18세기 서유럽 국가들에서 촉발된 산업혁명 이후 인류사회에 새로이 등장한 산업화 시대에 사회과학의 한 학문 분야로서 태동한 경영학은 이제 21세기의 4차 산업혁명으로 상징되는 전혀 새로운 차원의 기업 환경을 맞이하여 큰 전환의 시점에 다다랐다.

전통적인 산업화 시대의 관료적 조직구조 안에서 기계적 효율성 중심의 감독과 통제 관점에 기반을 둔 전통적인 기업경영 패러다임은 현대 인류가 살고 있는 초연결성 시대의 기업경제 생태계 안에서 유기체적 공존과 상생을 지향하는 새로운 기업경영 패러다임으로 전환하고 있다. 기계적 세계관에 기반을 둔 주주 중심의 고전적 경영 패러다임은 이제 생명적 세계관을 바탕으로 한 이해관계자 경영 패러다임으로 전환하고 있는 것이다. 현대의 기업경영은 경제 생태계의 생명력을 보육함으로써 기업 스스로의 지속가능한 성장을 담보할 수 있어야 한다.

이제 인류는 새로운 문명 시대로 진입하고 있다. 새로운 문명의 핵심은 생태론적 존재론에 기반을 둔 전일적 패러다임holistic paradigm이다. 생명의 전일적 본질에 기반한 상생과 조화의 세계관을 지향하는 것이다. 전환의 시대에 경영학은 학문적 소명을 완수하기 위한 옳은 길을 스스로에게 물어야 한다. 우리는 누구인가? 우리는 어디에서 와서 어디로 가는가?

새로운 경영 패러다임 : 책임경영

이해관계자 자본주의 시대의 책임경영을 위한 첫 발걸음은 기업의 깨어 있음으로부터 출발한다. 기업조직 스스로 서사적 성찰을 바탕으로 인류 공동체 안에서 기업의 존재적 목적을 의식하는 것이 훌륭한 경영의 시작인 것이다.

새로운 책임경영의 패러다임 안에서 기업조직은 이익 극대화를 초월하는 기업의 존재적 목적과 사명을 가진다. 그리고 기업경제 생태계 안에서 목적이 이끄는 기업의 전략경영은 이해관계자와의 조화와 상생을 의미한다. 이는 자본의 경제적 가치를 외면하는 것이 아닌 오히려 생태계 안의 공유가치 창출을 통해 지속가능한 이익을 추구하는 합리적 전략인 것이다. 그리고 기업의 모든 전략체계는 상호 의존성의 세계 안에서 학습과 진화의 과정을 거쳐 창발하는 형성 전략이다.

기업조직 경영의 본질적인 목적과 함께 조직 활동의 방향성 안에서 기업은 조직의 틀을 설계함으로써 기업 생태계와의 상생의 전략체계를 실행에 옮기게 된다. 글로벌 시대의 복잡하고 변화하는 불확실한 환경 안에서 기업조직은 마치 살아 있는 생명체처럼 생태계 안에서 함께 호흡하며 상호 의존성 안에서의 존재성을 자리 잡아야 함이 기업의 생존과 성장을 위해 중요해진다. 기업조직을 기계적 관점에서 벗어나 기업 생태계 안의 생명적 관점으로 바라보는 것은 새로운 책임경영 패러다임을 실천에 옮기기 위한 조직 설계의 핵심이다. 인간의 공동체로서 존재적 정체성을 가지고 지속적 활력을 잃지 않고 능동적 학습과 진화를 하는 살아 있는 생명조직 시스템으로서 기업을 바라볼 수 있어야 하는 것이다. 이는 불확실성이 증가하는 탈산업화 글로벌 시장 환경 안에서 기업이 기계적 통제성보다는 창조적 유연성을 가져야 한다는 점에서 중요하다.

목적이 이끄는 책임경영은 조직 구성원 각자의 주체적 각성을 바탕으로 개인과 집단의 학습과 진화를 이끌어 가는 지혜로운 리더십을 통해 완성된다. 지혜로운 기업 리더는 상호 연결된 공동체 문화 안에서 조직의 목적과 가치를 공고히 하고 개인과 조직의 자아실현을 이끈다. 이를 통해 조직 구성원 각자의 일상의 업무가 자신의 삶의 존재 의미에 통합되어 있고 개인과 집단의 헌신이 조직의 사명을 실현해 가는 기업의 학습과 진화의 여정으로 이어질 수 있도록 지원한다. 리더십과 조직문화는 살아 있는 생명 시스템으로서의 기업조직이 내부와 외부의 생태계적 그리고 전일적 조화를 이루면서 지속가능한 성장을 이룰 수 있도록 지원하는 조직 생명력의 원천이다.

생태적 상호 의존성이 강조되는 새로운 기업경영에서는 조직의 정체성과 목적 안에서 학습과 진화의 노력을 추동할 조직의 자기 근원성이 중요하다. 책임경영의 시대에는 기계적인 감독과 통제를 넘어 종업원과 이해관계자들의 헌신과 몰입에 기반을 둔 전략적 성과 관리가 중요하다. 전통적인 자본 효율성 중심의 성과 평가체계는 인간, 사회, 자연자본의 성과를 통합적으로 포함해야 하고, 계량적 측정의 한계는 조직문화와 같은 질적 영역으로 보완되어야 할 것이다.

책임경영 패러다임 전환의 기조

경영 관리의 일반적인 관리이론을 중심으로 계획화 관리과정, 조직화 관리과정, 지도화 관리과정 그리고 통제화 관리과정의 각 단계별로 새로운 책임경영 패러다임의 전환적 면모를 살펴보면 〈표 7-1〉에 요약된 바와 같다. 이를 종합하여 경영학의 패러다임 전환이라는 전체적 맥락에서 정리하면 다음과 같은 세 가지 패러다임의 전환 기조로 다시 요약할 수 있다.

부분에서 전체로의 전환

산업화 시대의 전통적 경영학에서는 기업조직을 기계적 개체로 파악하고, 조직구조가 아무리 복잡해도 경영 관리의 각 부분적 특성을 합하면 전체의 역동성을 이해할 수 있다고 믿었다. 새로운 경영학의 패러다임에서는 부분과 전체는 함께 상호작용하는 것이고, 부분적 전체로서(즉, 홀론holon으로서) 기업조직 시스템이 내적

표 7-1　　새로운 책임경영 패러다임

관리과정	전통적 경영 패러다임	새로운 책임경영 패러다임
계획화	자본 효율성 극대화 목표 의도적 · 합리적 전략계획 관점 사회와 환경비용의 외부화 자기 중심적 제로섬 경쟁 전략	이익 극대화를 초월하는 기업의 존재적 사명 형성적 학습과 진화 경제 생태계와 조화와 협력 공유가치 창출의 상생 전략
조직화	기계적 조직구조 관료적 조직구조 전문성과 통제성의 극대화	유기적 시스템 조직 학습조직과 지식경영 전일적 생태계의 조화
지도화	거래적 리더십 결핍의 욕구 충족에 기반을 둔 동기부여	변혁적 리더십 존재의 욕구 충족에 기반을 둔 영감의 고취
통제화	감독과 통제에 기반을 둔 성과관리 자본효율성 중심의 성과기준	목적과 가치에 기반을 둔 헌신의 조직문화 사회적 · 환경적 · 재무적 성과기준의 균형

으로도 그리고 외적으로도 생태적인(혹은 전일적인) 조화를 이룰 수 있음을 지향한다. 새로운 경영학의 패러다임은 경영 관리 기능의 부분적 접근에서 전일적 기업 시스템적 접근으로의 전환을 의미하는 것이다.

구조에서 과정으로의 전환

조직 관리 활동은 미리 합리적으로 설계된 구조와 전략 안에서 일사정연하게 집행할 수 있고, 이 과정에서 관리자의 역할은 조직의 구성원이 표준 성과를 달성하도록 감독하고 통제하는 데 중점을 두는 것이 전통적인 경영 패러다임의 접근이었다. 그러나 새로운 패러다임의 경영학에서는 모든 구조와 성과의 객관적 기준은 불확실성의 환경 안에서 형성되어지는 것이고 그 자체가 끊임없이 진화하며, 변화하는 것으로 본다. 이를 위해 오늘날의 기업에게 조직의 역동적 학습역량은 조직 경쟁력의 핵심이 된다. 새로운 경영학은 구조적 감독과 통제에서 역동적 학습과 진화과정으로의 전환을 의미한다.

환원주의적 분과적 학문에서 통섭적 학문으로의 전환

과학적 관리론으로부터 출발한 전통적인 경영학은 태생적으로 객관적 학문을 지향했다. 전체의 개념을 하위 단계의 요소로 세분화하여 명확하게 정의할 수 있다고 주장하는 환원주의還元主義, reductionism적 견해를 견지했던 것이다. 하지만 새로운 패러다임의 경영학은 기업경영을 전일적 생태계 관점에서 통섭通涉, Consilience적으로 접근한다. 책임경영의 연구는 전통적인 경영학에서 이루어져 온 기업의 기계적 생산 활동에 대한 환원주의적인 객관적 관찰을 넘어 기업조직이 '부분적 전체'로서 기업 생태계 안에서 시스템적 관계성 안에서 존재하고 진화하는 것임을 이해하기 위한 다양한 인식론을 포함해야 한다. 새로운 경영학은 객관적 학문으로서의 과학과 인문적 학문으로서의 예술이 통합을 이루는 초

학문적 접근을 지향한다.

새로운 경영학 교육 패러다임 : 책임경영교육

주주 중심의 자본주의 시대를 넘어 이해관계자 중심의 자본주의 시대로의 전환을 위해 우리 시대의 경영학 교육은 큰 도전과 기회를 함께 맞이하고 있다. 산업혁명 이후의 근대화 과정을 거쳐 태동한 경영학 교육은 이제 인류의 문명사적인 전환의 시대를 맞이하여 새로운 패러다임의 미래를 모색하게 되었다. 이를 위해 오늘날의 경영대학은 경영학 교육의 본원적인 목적을 성찰하고 새로운 시대의 시대적 소명을 되새겨야 한다. 마치 오늘날의 기업이 새로운 이해관계자 중심의 경영 패러다임으로의 전환을 완성해야 할 과제를 안고 있듯이, 오늘날의 경영대학은 새로운 책임경영교육이라는 도전을 안게 된 것이다.

유엔 글로벌 콤팩트와 함께 창립된 유엔 책임경영교육 사무국은 경영대학이 새로운 시대의 교육 사명을 완성하기 위한 노력에 체계적인 도움을 줄 수 있을 것으로 기대된다. 특히 UN PRME 6대 원칙에 기반을 두고 각 대학의 사정에 맞는 실천 프로그램을 설계하고 이를 전 세계 회원 경영대학과 함께 소통하며, 책임경영교육의 사명을 이루기 위한 노력을 지속할 수 있는 것이다. UN PRME 6대 원칙의 내용은 다음과 같다.

첫째, 경영대학은 대학조직의 사명이 미래의 책임경영 리더의 양성임을 확고히 조명해야 한다. 즉, 경영대학은 경영대학 학생들이 미래의 기업 리더로서 기업뿐 아니라 사회와 자연 생태계 전반적으로 지속가능한 상생의 가치를 창출할 수 있는 역량을 쌓음으로써 포용적이고 지속가능한 글로벌 경제를 위해 일할 수 있도록 교육 프로그램을 제공해야 한다.

둘째, 경영대학은 새로운 시대의 책임경영에 부합하도록 학술활동과 교육과정에 전통적인 기업의 경제적 가치 이외에도 사회적 및 환경적 가치를 포함해야 한다. 또한 경영대학은 스스로 사회와 환경에 대한 책임경영을 실천할 조직이기도 하다. 인간, 사회, 자연 생태계의 지속가능성을 위해 경영대학 스스로 책임 있는 학술조직으로서 유엔 글로벌 콤팩트와 지속가능개발목표SDGs 등과 같은 국제사회의 이니셔티브에 제시된 책임경영의 조직 운영 원칙을 준수해야 한다.

셋째, 경영대학의 교육 원칙으로서 책임 있는 리더십에 관한 효과적인 학습이 가능하도록 교육의 체제, 학습자료, 교과과정과 학습 환경을 조성해야 한다. 이해관계자 경영 패러다임의 구현은 경영대학의 전환적인 책임 경영학 교육의 실천에 달려 있다. 오늘날의 인류사회에 팽배한 단절적 세계관으로부터 생태계적 조화에 기반을 둔 통합적 세계관으로의 회심을 이루어내기 위한 통합적 교육이 전환적 책임경영교육의 핵심이다. 문명의 전환을 성공적으로 이루기 위해 가장 먼저 대면하게 되는 것은 바로 우리 자신인 것이다. 온전한 인간교육whole-person education과 전일적 생태계를 포괄한 온전한 통합교육whole-system education은 전환적 경영학교육의 핵심이다.

넷째, 경영대학은 지속가능한 사회, 환경, 경제적 가치 창출에서 기업이 가지는 역할, 역동성, 영향에 대한 이해를 증진시키는 개념적 혹은 실증적인 연구를 수행해야 한다. 알프레드 화이트헤드가 하버드 경영대학 설립 즈음에 던졌던 화두와 같이 대학의 역할은 보다 나은 세상에 대한 상상과 이를 개념화하고 실천에 옮길 수 있도록 인도하는 지혜를 결합한다는 비전을 가져야 한다[1].

다섯째, 상호 의존성의 기업 생태계 안에서의 경영대학은 새로운 차원의 산학협력을 촉진하는 장으로서의 역할을 수행할 수 있어야 한다. 책임경영을 교육하는 우리 시대의 경영대학은 사회적 · 환경적 책임을 다하기 위해 기업 리더가 직면하게 되는 도전을 이해하고 이러한 도전에 대처하는 보다 효과적인 접근방식을 공공 기관과 민간 기업 그리고 비정부 기구 등이 함께 협력할 수 있도록 창의적인 기회를 제공할 수 있어야 한다.

여섯째, 경영대학 스스로 책임경영 패러다임을 실천하는 윤리적이고 책임 있는 조직으로서의 학생들에게 전달하는 가치 및 태도의 모범을 보일 수 있어야 한다. 책임경영교육을 실천하는 학술기관으로서 글로벌 사회적 책임과 지속가능성에 관련된 중대한 이슈들에 대해 교육자, 기업, 정부, 소비자, 미디어, 시민사회단체 등의 이해관계자들과 대화와 토론을 촉진하고 지원해야 한다. 책임경영의 실천을 위해 오늘날의 기업에게 요구되는 학습역량은 전환적인 책임경영교육의 실천이라는 시대적 소명을 가지고 있는 오늘날의 경영대학에게도 그대로 요구된다.

경영학 교육이 새로운 패러다임을 지향해야 함은 경영학 교육의 당초의 소명을 완수하는 경영학 교육의 자아실현이기도 하다. 이는 오늘날의 경영학계에게 쉽지 않은 도전이고 막중한 과제가 아닐 수 없다. 이상의 UN PRME 6대 원칙은 이러한 전환을 성공적으로 이루어내기 위해 국제적 연대를 이루고 변화의 시대를 함께 열기 위한 임계질량critical mass을 구축하는 훌륭한 기회를 오늘날의 경영대학에게 제공할 것이다[2]. [그림 7-1]은 경영대학의 UN PRME 원칙 실천을 위한 책임경영교육 패러다임의 전환 모형을 요약하고 있다.

인류 문명의 대전환의 시대를 이끌어갈 미래 리더의 역량을 쌓기 위해 오늘날의 경영대학은 학생들로 하여금 세상을 올바로 보고 감지하는 능력(즉, 관찰), 보다 심층적인 차원에서의 분별 있는 사고를 통해 지혜로운 판단을 이끌 수 있는 능력(즉, 판단) 그리고 옳은 일을 실천에 옮길 수 있는 능력(즉, 실천)을 계발하는 배움의 기회를 제공해야 한다. 옳은 미래를 감지하고 구현할 수 있는 미래 세대의 역량을 계발하는 것은 우리 시대 깨어 있는 경영대학

[그림 7-1] 경영대학의 UN PRME 실천 교육 패러다임 전환 모형

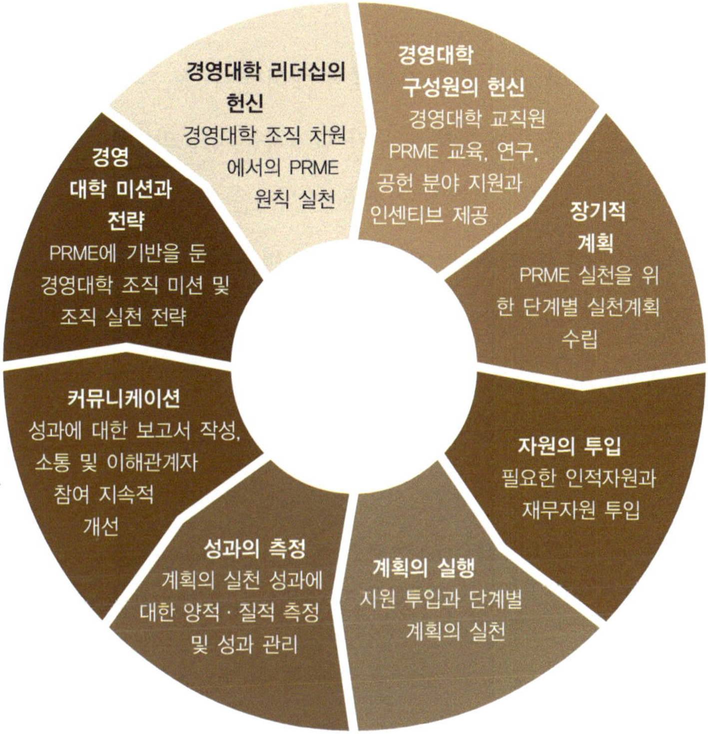

자료 : UN PRME, Transformational Model for PRME Implementation https://d30mzt1bxg5llt.cloudfront.net/public/uploads/PDFs/PRMETransformationalWeb.pdf

의 소명이다.

책임경영교육의 핵심은 우리 인류가 분절적 세계관을 극복하고 전 지구적 시스템의 생태적 조화를 바탕으로 하는 통합적 세계관으로의 인식의 전환을 이룸으로써 이해관계자 경영 패러다임을 실천할 수 있도록 하는 데 있다. 새로운 문명 시대에 요구되는 전

환적 교육은 우리 모두 생태적인 존재론과 인식론에 깨어 있도록 이끌 수 있어야 한다.

인류가 생명 공동체적 전체로서 깨어날 수 있도록 하는 책임경영교육은 교육자와 학생 모두가 함께하는 학습의 여정이다. 그리고 생태적 의식의 전환을 일깨우는 새로운 참된 학습의 여정은 교육자 자신의 존재적 의식의 각성에서 비롯되는 것이다. 책임 있는 교육자로서의 소명이라는 그 원초적인 에너지를 일깨움으로써 책임경영교육의 학습은 시작된다.

책임경영교육은 기능과 실천의 도구적 교육을 넘어 인간 존재의 심원한 차원을 일깨우는 전인교육이고, 분과적 전공지식을 넘어 전체 생태계의 통섭을 아우르는 전일적 교육이다. 기술의 진보는 우리 인간의 윤리적 요구에 봉사할 필요가 있고, 공학적 접근은 생태계적으로 건강한 조화로움을 유지하는 틀 안에서 이루어져야 하는 것이다. 결국 기계에 지혜를 주는 것은 사람이고, 윤리가 배제된 기술은 스스로를 통제하기 어려울 것이다.

새로운 교육 패러다임을 향한 전환적 학습, 상호 연결된 세계 안에서의 공동체적 경험을 통한 체험적 학습, 관조적 체험학습을 통한 성찰적 학습 그리고 존재의 목적과 가치의 기반을 잃지 않는 영성적 학습은 책임경영교육이 지향하는 지혜로운 통합적 학습의 요체들이다.

인류의 새로운 문명 전환을 향한 책임경영교육 패러다임의 모

프랑스의 조각가 오귀스트 로댕(1840~1917)이 단테의 『신곡』을 표현한 부조물인 "지옥의 문" 상단 중앙에 등장하는 "생각하는 사람". 그는 지옥을 향해 질주할 수도 있는 20세기 산업화 사회에 사는 인간의 운명에 대해 골똘히 생각하는 표정을 짓고 앉아 있다. 20세기의 산업화 시대가 드리운 빛과 그림자 안에서 21세기를 맞이한 인류는 기술적 진보와 함께 인류세적 지속가능성의 위기를 맞이하고 있다. 물질적 풍요와 인간적 보람이 조화를 이루는 옳은 미래 사회를 창조하는 제2의 르네상스를 선도해가는 것은 우리 시대에 깨어 있는 기업 리더의 소명이다.

색은 미래 세대의 요청이기도 하다. 진리를 추구하는 새로운 인류 세대인 Z세대의 출현은 인류 공동체가 새로운 의식 혁명의 시대로 진입하고 있음의 단적인 상징이다. 책임경영교육은 이러한 새로운 세대가 지속가능한 인류의 미래를 이끌어 갈 수 있도록 지원하는 것이다. 상호 연결된 세계에서 지구 공동체적 의식과 함께하는 인류의 진화는 책임경영교육을 요청하는 가장 강력한 시대 상황적 요인이다.

새로운 시대의 책임경영교육은 지식의 교육을 넘어 존재의 교육을 지향해야 하며, 학생들이 올바른 내면의 가치를 함양하고 이를 실천으로 옮길 수 있도록 지원하는 전인적 교육이어야 한다. 새로운 경영학 교육은 지식의 학습learning to know을 넘어 지혜를 일깨우는 존재의 학습learning to be이 되어야 하는 것이다. 존재의 의식이 깨어나면 삶은 전체적이고 온전하게 된다.

기업 리더의 위대한 소명

현대 사회에서 시장과 기업의 역할은 인류 역사상 그 어느 때보다도 중요해졌다. 우리 인류가 오늘날 누리는 기술적 진보와 물질적 풍요는 일찍이 유례가 없는 수준이다. 그리고 세계화로 연결된 지구촌의 새로운 문명 시대에 인류는 역사상 처음으로 우리의 지속가능한 미래에 대한 선택을 스스로 고민할 수 있는 지성을 가질 수 있게 되었다. 이러한 새로운 문명의 시대에 우리 삶에 가장 큰 영향력을 미치는 기업의 힘은 더욱 절대적이다.

책임경영 패러다임을 통한 기업의 영향력과 오늘날 현대사회의 복합적 생태계의 위기를 고려할 때 우리 시대 기업 리더의 소명은 본질적으로 매우 중요한 사안이 아닐 수 없다. 기업 리더가 신념과 희망을 잃지 않고 열정과 사랑으로 그 소명을 진실하게 실천해 갈 수 있음은 기업 스스로 지속가능한 건강한 이익을 창출하는 전략적 선택이기도 하고, 우리 인류의 미래를 운명 짓는 위대한 과업이기도 하다.

이해관계자 자본주의와 책임경영의 새로운 패러다임은 미래의 기업 리더로 하여금 엄청난 새로운 기회를 마주하게 한다. 새로운 기업경영 패러다임의 구체성을 가지는 진정성 있는 실천으로서 기업은 법적인 책무를 넘어 사회에 대한 기업경영의 본원적 책임을 완수하는 것이다. 이는 곧 자본주의의 자아실현self-actualization of capitalism이기도 하다. 기업의 시대적 소명과 역할을 완수함으로써, 인류가 당면한 위기 상황을 극복할 가장 현명한 대안을 찾을 수 있을 것이다.

산업혁명 이후 서구 중심의 근대화 문명과 함께 탄생했던 경영학은 서양의 학문으로 발전했다. 새로운 문명 시대에 필요한 새로운 패러다임의 경영학은 서양에서 시작된 경영과학 중심의 도구적 지식교육과 동양의 우주적인 인문철학의 전통이 창조적으로 결합할 때 완성될 수 있을 것이다. 이는 한국 대학의 경영학 교육의 시대적 소명이다.

새로운 시대의 새로운 경영학은 기업경영이란 생존을 위한 재화를 생산하는 합리적 도구만으로서가 아닌 모든 세상의 만물을 조화롭고 풍요롭게 하는 '경영의 도道'를 실천하는 장이 되어야 한다. 기업 리더의 소명은 자신이 맡은 기업조직과 주어진 환경을 통해 인류 공동체의 선한 가치를 창조해 나가는 여정을 이끄는 것이다.

> 도(道)는 일원성을 낳았고
> (道生一, The Way gave birth to Unity),
> 일원성은 이중성을 낳았으며
> (一生二, Unity gave birth to Duality),
> 이중성은 삼위일체를 낳았으니
> (二生三, Duality gave birth to Trinity),
> 삼위일체는 세상의 만물을 낳았다.
> (三生萬物, Trinity gave birth to the myriad creatures).
>
> – **노자**(老子 Lao Tzu), **도덕경 42장**[3]

새로운 경영학 패러다임의 전환을 향해 나서게 될 기업 리더는 마치 정글과도 같은 무한경쟁의 냉엄한 현실 가운데 쉽게 냉소

주의의 벽에 부딪히게 될지 모른다. 또한 자기 중심적인 제로섬 사고의 관성 안에서 공동체를 향한 열정과 사랑을 잊게 할 유혹을 기업경영의 현장에서 마주하게 될 것이다.

책임경영의 소명을 실천하기 위해서 기업 리더는 무엇보다도 스스로 깨어 있는 삶을 살아야 한다. 책임 있는 기업 리더의 직분을 소명으로 여기며, 훌륭한 제품, 훌륭한 노동 그리고 훌륭한 부의 창출이라는 책임경영의 실천 원칙을 구현해 나가야 할 것이다. 인류의 지속가능한 미래와 기업의 건강한 성장 그리고 결국은 우리 모두의 자아실현을 위한 깨어 있는 기업 리더의 이 위대한 여정에 우리 시대 경영학도 모두가 함께할 수 있기를 기원한다.

미주

1. 2017년 전 세계 10개국 경영학 분야의 석학교수 24인이 출범시킨 책임경영학 연구 연합조직(Responsible Research for Business and Management ; RRBM)은 경영학 연구의 새로운 비전을 상징적으로 보여준다. 미국 경영학교육 인증협회(AACSB)와 긴밀한 협력관계에 있는 RRBM은 ① 연구의 사회적 봉사, ② 다학문적인 협력 연구, ③ 이해관계자 패러다임에 부합하는 연구방법론, ④ 연구의 이해관계자 참여, ⑤ 연구의 이해관계자 영향력 고려, ⑥ 질적 및 양적 연구방법론의 균형, ⑦ 연구 결과의 개방적 공유 등 책임경영학 연구의 7가지 원칙을 설정하고, 경영학 분야에서 학문적 · 사회적 책임을 다하는 책임경영학 연구의 비전을 제시했다(https://rrbm.network/wp-content/uploads/2020/04/Position-Paper_revised_8April2020.pdf).
2. UN PRME 회원 대학은 매 2년 PRME 6대 원칙 준수 성과보고서(Sharing in Progress ; SIP)를 사무국에 제출하고 이를 전 회원 대학과 공유한다. 또한 지역 및 전 세계 포럼을 정기적으로 개최하여 회원 대학 간의 책임경영교육 활동 관련 정보와 경험을 공유한다(ttps://www.unprme.org/).
3. 『노자(老子)』 42장의 영어 번역은 미국 반탐출판사에서 펴낸 Mair 저 1990년 판본을 따랐고 영어 번역과 한문 원전을 바탕으로 필자가 우리말로 옮겼다. Lao Tzu & Mair, V.H. *Tao Te Ching : The Classic Book of Integrity and the Way*. New York : Bantam Books, 1990.

찾아보기

ㄴ

ㄷ

ㄹ

ㅁ

ㅂ

ㅇ

ㅈ

ㅊ

ㅋ

ㅌ

ㅍ

ㅎ

책임경영

경영학의 큰 전환

초판 1쇄 발행 2021년 8월 5일
초판 3쇄 발행 2024년 8월 9일

지은이 박용승
펴낸이 박기남
기획 · 영업 박정헌
펴낸곳 율곡출판사
08590 서울시 금천구 가산디지털1로 84(에이스하이엔드 8차), 803호
전화 (代) 02) 718-9872/3
팩스 02) 718-9874
홈페이지 http://www.yulgokbooks.co.kr
이메일 yulgokbook@naver.com
등록 1989.11.10. 제2014-000031호
ISBN 979-11-91812-01-5 93320

정가 28,000원

"이 연구는 2019학년도 경희대학교 연구비 지원에 의한 결과임."(KHU-20191227)